FICTITIOUS RIGHT

魏道明 著

虚拟的权利

中国古代容隐制度研究

STUDY ON THE SYSTEM OF
CONCEALMENT IN ANCIENT CHINA

前　言

　　容隐，又称"亲亲相隐"，是中国古代重要的伦理学说和法律制度，极富研究价值，历来受到哲学界、法学界及史学界的重视。大体而言，学界对于容隐制度的探讨，可分为史实考证和学理辨析两个方面，前者主要涉及容隐制度的概念界定以及起源、发展过程，后者则涉及容隐制度的性质、宗旨、意义、价值等。

　　从现有研究状况来看，容隐制度研究的主流是学理辨析，在法理分析和价值判断方面，不仅论著数量多，议题也很广泛。21世纪初，围绕容隐的价值与正当性等问题，学术界还展开了热烈讨论，话题涉及容隐是否符合人性和人道精神、是否权利平等、是否尊重与维护人权、是否有碍社会公义的实现、是否滋生腐败现象、是否有借鉴价值等，并延伸至如何历史地评价儒家伦理及其现代意义等问题。发表的论文数以百计，一时成为学术焦点。相较而言，史实考证一类的研究，缺位比较明显，绝大多数考察中国古代容隐制度的论著，着重点还在于分析解释，并不刻意追求史料的搜集与史实的考证，以致容隐制度的概念、起源、流变等基本史实，至今仍未能厘清。

　　本书内容以史实考证为主，在尽力占有材料的基础上，通过史料辨析、考订与比较，从以下四个方面考索古代容隐的制度原貌和运行实际，描述真实的容隐制度。

　　一是容隐的概念。主要依据各朝法典细致说明容隐的含义、手段、亲属范围、适用范围等问题。其中的亲属范围与适用范围，律典规定较为明确，发展变化的脉络比较清晰，争议较少，故将重点放在了说明容隐的含义、手段两个问题上。

关于容隐的含义，通过比较各朝法典中允许亲属容隐和禁止常人容隐的条文及司法判例，辨析沉默权与容隐权的区别，解释何为法律意义上的容隐，是否客观上能够起到隐匿他人罪行的行为都属于法律意义上的容隐；讨论容隐属于不应受惩罚的正当合法行为还是免于处罚的违法犯罪行为。关于容隐的手段，主要分析法律确定容隐手段的法理原则和法律边界，推测法律许可的容隐手段，说明容隐手段在时间节点上的限制，讨论容隐与共犯、容隐与纵容的区别。

在如何对待亲属犯罪行为的问题上，除了容隐制度，古代法律还有"干名犯义"的规定，即不得告发尊长的犯罪行为，否则予以制裁。本书也设立专节探究容隐与干名犯义的关系问题，讨论不得告发是否意味着必须容隐，是否意味着容隐具有义务属性，是否意味着尊卑之间容隐权利不平等。

二是容隐制度的起源与发展。综合各类文献记载，分阶段详述容隐制度的形成与变迁过程，主要包括容隐思想的起源、容隐制度的确立及社会背景、容隐制度在各阶段的发展变化、各朝法典中关于容隐制度的具体规定等，其中将着重考辨儒家的容隐诉求及容隐制度的确立时间这两个问题。

三是制约容隐制度的社会因素。主要从儒家亲属伦理主旨的转变，重视株连、强调废私的法律文化，什伍（保甲）纠告制度，族刑（缘坐）制度等方面讨论限制容隐制度的文化因素和制度因素；考察法律规范中与容隐重合、交叉的条款对容隐制度的实施造成的限制与影响。

四是容隐制度的实际运行。在搜集容隐案例的基础上，对案例进行列表整理，统计审判结果，归纳法司肯定或否定容隐权的理由、方式等，考察行为主体、容隐手段、案件性质、被容隐罪行的严重程度与审判结果之间的关系，说明容隐权究竟只是法条层面上的虚拟权利还是有司法保障的实际权利。

一部优秀的史实考证之作，应该史料基础扎实，史实考证详备，结论依据充分，为学理辨析提供可信的分析依据。这也是笔者一直努力的方向。在写作之初，笔者也曾以复原古代容隐制度的真实面貌为己任，力求准确阐释容隐制度的概念，梳理容隐制度的发展轨迹与历史脉络，再现容隐制度的司法实践场景。但囿于学力，加之记载不足等客观因素，最终呈现于大家面前的这部书稿离原定目标"复原真实面貌"有不小的距离，缺憾与问题依然很多。

容隐是指庇护犯罪的亲属，而庇护手段多种多样，是否可以穷尽一切手段来庇护犯罪人，哪些是法律许可的合法容隐手段，这是界定容隐概念时必须明确的一点。但古代各朝法典对于容隐手段并未作出明确说明或限制，本书只能依据法理、司法实践进行判断，或是根据法条中对常人容隐行为的限制反推法律许可的容隐手段。判断与推测方法是否合适，结论是否准确，有待验证。

梳理容隐制度的发展轨迹，探讨该制度产生的具体时间自然是重要内容。学界一般以汉宣帝地节四年（前66）的诏令作为容隐制度开始的标志，但此诏令疑点颇多，似是而非，我们认为不能将其作为确立标志。但否定之后却也未能考证出容隐制度产生的确切时间，只是笼统断定或不晚于东晋十六国。这不能不说是很大的缺憾。

容隐制度在唐代定型后，少有变化，历代法典中的容隐制度，从唐律到清律，内容简略且高度一致，"律"之外的其他法律形式中也少见容隐的内容，故书中呈现给大家的从唐至清的容隐制度，几乎是一个静态的样貌，缺少动态变化的内容。

笔者原本希望通过考察容隐制度的运行实际来弥补制度叙述上的缺憾。但考察容隐制度的运行实际离不开司法案例，清代以前的容隐案例极难寻觅，偶尔的一二例不足以作为分析依据，只得以清代为例来考察容隐制度的运行。于是，写出容隐制度动态变化的愿望，最终只是奢望而已。这也是有愧于读者的地方。

就清代而言，虽然搜寻到七十五个容隐案例，但这些基本不是现成的容隐案例，多数是在其他类型的案例中发现有容隐行为而被选入的，而且案例性质高度类似，多为容隐杀人重罪，未能找到容隐斗殴、盗窃一类寻常犯罪的案例。案例的代表性也成问题。

本书的内容在接受项目结项鉴定及投稿审查时，已有匿名评审专家对缺少容隐制度动态变化的内容和所用容隐案例的单一性问题提出了批评。除此之外，评审专家还给出了许多修改建议，择其要者：一是设立专门的学术史梳理章节；二是增加容隐制度在近代演变、改革的内容；三是尽量以"得以容隐"来替代"容隐权"或"有权容隐"一类的表述，因为"在近现代法律体系中，当我们说某人有某种'权利'时，表示他可以积极主张享有法律所承认的某种利益，而在此种利益无法被满足时，能借由国家提供的法律途径争取；在传统中国，人民对于国家所为的任何不利措施，似乎没有以自己名义请求国家更正之制度性管道"。这些意见建议都很中肯，也很有见地。但限于学力以及这样那样的原因，本次出版未能修缮，这也是需要向读者和匿名评审专家道歉的地方。

总之，把这样一部不成熟的作品公开出来，目的在于抛砖引玉，希望得到方家学者的批评指正，共同推进容隐制度的研究。

目　录

第一章　容隐的概念界定

第一节　容隐的含义

一　古籍中"容隐"一词的用法

考稽古代文献，"容隐"的用法，大致可分为两类。一是指事物状况（态）或自然现象。如曹植《髑髅说》：

> 曹子游乎陂塘之滨……顾见髑髅，块然独居……于是伻若有来，恍若有存，影见容隐。[1]

这是古籍中首次出现"容隐"二字连缀使用，《佩文韵府》也以此作为"容隐"一词的出处。[2] 这里的"容隐"与"影见"相对而言，"容"指面貌，"隐"为不显，"影见容隐"意为形迹可见而真容不显。与之类似，事物及现象被遮蔽、掩藏，也可称为容隐：

---

① （魏）曹植：《曹子建集》卷一○《髑髅说》，文渊阁四库全书本，台北：台湾商务印书馆，1986 年影印本，第 1063 册，第 326 页上、下栏。

② 参见《佩文韵府》卷四二《上声·十二吻韵》，文渊阁四库全书本，台北：台湾商务印书馆，1986 年影印本，第 1019 册，第 172 页下栏。

人都说皮面相觑，夫子独说肺肝如见。以此见肚皮盖屋，都是晶亮东西，容隐不得一物半物。①

又，病症藏伏、稽留也可称容隐：

感冒一证，风寒所伤之最轻者，尚尔头疼身痛，四肢拘急，鼻塞声重，痰嗽喘急，恶寒发热，当即为病，不能容隐。今冬时严寒所伤，非细事也，反能藏伏过时而发耶？②

以上是明末医学家吴有性对于风寒病症发作时间的看法。传统中医理论认为，冬时严寒所伤导致的伤寒，不一定立即发病，病症有可能藏伏至春、夏变为温病和暑病。但在吴有性看来，风寒所伤，轻则感冒重则伤寒，感冒病症，头疼身痛、恶寒发热，当即为病，症候都不能"容隐"，伤寒病症又怎么能够藏伏过时才发病呢？这里的"容隐"显然是指病症藏伏、稽留、拖延一类。

二是指人的行为。这是最常见的用法，含义广泛。"容"有容留、宽容之意，"隐"为藏匿、隐瞒之类；容隐合称，泛指沉默、隐瞒、隐漏、掩盖、宽容、容忍、不追究、回护、容留、庇护等行为。综合史籍记载来看，凡不揭发犯罪行为、庇护犯罪人、宽容或不追究犯罪行为、隐瞒及掩盖事实真相、回护和容忍他人的不当言行、隐漏户口及资财、容留不当人员等，皆可称为容隐。分述如下。

（甲）对他人的犯罪行为保持沉默、知而不告、听之任之。

① （清）黄宗羲：《明儒学案》卷五六《诸儒学案下四·忠烈黄石斋先生道周》，文渊阁四库全书本，台北：台湾商务印书馆，1986 年影印本，第 457 册，第 969 页下栏。
② （明）吴有性《瘟疫论·补遗》，文渊阁四库全书本，台北：台湾商务印书馆，1986 年影印本，第 779 册，第 55 页上、下栏。

会除太常博士马端为监察御史，（苏）绅所荐也。（欧阳）修即上言："端性憸巧，往年常发其母阴事，母坐杖脊。端为人子，不能以礼防闲，陷其母于过恶；又不能容隐，使其母被刑。理合终身不齿官职，岂可更为天子法官？"①

（已征钱粮）倘前官亏空，后官容隐不报，出结接受，至本身离任始称前任亏空者，将欠项追赔外，仍治以瞻徇私受之罪。②

上举第一例中，马端"发其母阴事"的行为被称为"不能容隐"，第二例所谓"容隐不报"是指隐瞒"前官亏空"的行为。显然，容隐是指对犯罪行为知而不告、听之任之一类的沉默行为。

（乙）庇护他人犯罪行为。庇护不同于沉默，程度甚于后者。沉默只是不揭发犯罪行为，属于被动行为。而庇护则是主动行为，是以实际行动帮助犯罪人逃脱法律制裁，也即包庇他人的犯罪行为，如藏匿犯罪人、帮助逃亡、帮助毁灭犯罪证据、阻止知情人告官等。

提举河北保甲司言："保甲逃亡，免教乞给捕赏外，更立藏隐之家追赏法，所藏家虽误相容隐，亦不免追赏钱。"③

严懋田杀死陈标案内之严懋连，系严懋田胞弟，明知伊兄纵

---

① （宋）李焘：《续资治通鉴长编》卷一四二《仁宗》"庆历三年秋七月戊辰"条，文渊阁四库全书本，台北：台湾商务印书馆，1986年影印本，第316册，第313页下栏。
② 《大清律例》卷一二《户律·仓库下》"那移出纳"条附例，法律出版社，1999，第233~234页。
③ （宋）李焘：《续资治通鉴长编》卷三四二《神宗》"元丰七年春正月壬子"条，文渊阁四库全书本，第319册，第718页下栏。

妻傅氏与陈标通奸，既不能劝阻于前，又复帮同埋尸于后……该督亦称律得容隐，竟予免议，核与律例不符，并请改拟。（乾隆五十六年说帖）①

查王超民知伊子谋死苗赵氏，辄敢硬将尸身棺殓，阻禁（他人）不令告官。虽律得容隐，但几致凶徒漏网，所得杖罪虽事犯在恩诏以前，不准援免。②

以上三例中的容隐，虽皆指庇护行为，但指向具体明确，分别指藏匿犯罪人、埋藏尸体帮助毁灭犯罪证据、阻止知情人报官。有时，容隐是泛指一切庇护犯罪人的行为：

《刑律》"知情藏匿罪人"条内，凡容隐漏泄，及指引、资给致令罪人隐匿逃避者，减罪人罪一等，盖指凡人而言。此则亲族容隐，皆得免罪，所以重人伦、厚风俗也。③

按本条所言，凡有助于犯罪人隐匿逃避的"漏泄，及指引、资给"等行为，都属于"亲族容隐"的范围，法律不予追究。

（丙）宽容或不追究罪行。

世祖檄京邑曰："……先旨以王室不造，家难亟结，故含蔽

---

① （清）祝庆祺、鲍书芸辑《刑案汇览》卷五《名例·亲属相为容隐》"犯奸不得容隐埋尸亦系侵损"条，北京古籍出版社，2004，第185页。
② （清）全士潮、张道源辑《驳案新编》卷二二《刑律·斗殴下》"毒死继母之母按照新定服制斩决"条，（清）全士潮、张道源等纂辑，何勤华、张伯元、陈重业等点校《驳案汇编》，法律出版社，2009，第415页。
③ 郭成伟主编《大清律例根原》卷一四《名例律下》"亲属相为容隐"条按语，上海辞书出版社，2012，第201页。

容隐，不彰其衅，训诱启告，冀能革音。"①

　　上谕朝鲜国曰："尔国君臣……助明害我……当时犹念大义，姑为容隐，未遽加兵。"②

　　孔冕之罪，朝议特为容隐，不令按问。③

　　上举第一例是刘宋孝武帝刘骏讨伐其兄刘劭、刘濬的檄文。是说文帝刘义隆宽容忍让刘劭、刘濬的各种不端行为，希望他们自行悔过。但二人"狂慝不悛，同恶相济，肇乱巫蛊，终行弑逆"。④ 第二例为清太宗皇太极对朝鲜的诏谕，文中的"容隐"是指宽容朝鲜帮助明朝对抗清廷的行为。第三例发生于北宋真宗时期，知制诰王会在孔冕家中饮茶中毒，事发，王会表示"愿罢推究"，朝议也以孔冕为孔子之后，决定不予追究。孔冕之罪，业已公开，且经朝议讨论，所谓的"特为容隐"，似乎不能理解为隐瞒或庇护，解释为不追究，较为合理。

　　（丁）隐瞒、掩盖事实真相。

　　夫间阎之情，郡县不得而知也。郡县之情，庙堂不得而知也。庙堂之情，九重亦不得而知也。始于容隐，成于蒙蔽。容隐之端甚小，蒙蔽之祸甚深。⑤

① 《宋书》卷九九《二凶传·刘劭传》，中华书局，1974，第2429页。
② 《太宗文皇帝圣训》卷三《谦德》，文渊阁四库全书本，台北：台湾商务印书馆，1986年影印本，第411册，第69页上栏。
③ 《宋史》卷二八七《王嗣宗传》，中华书局，1977，第9649页。
④ 《宋书》卷九九《二凶传·刘劭传》，第2429页。
⑤ 《明史》卷一八一《李东阳传》，中华书局，1974，第4821页。

但外省官吏，以认真办事据实说话者为刻薄，以含混容隐听信情面者为宽厚。此实容奸长恶之陋习。①

石文焯若能如汝所奏，则与之同心一德，协力为之；倘或不肯悛改，惮于振兴，觉有掣肘光景，丝毫毋为容隐，一切直陈于朕。②

以上第一例中，李东阳将下情不能上达归结于各级官吏"容隐"，也即隐瞒、掩盖事实真相。第二例与之类似，"容隐"与"据实说话"相对而言，也是指隐瞒事实。第三例中，雍正皇帝要求田文镜"直陈"实情而"毋为容隐"，容隐显然也是指隐瞒事实真相。

（戊）容忍和回护他人的不当言行。

伏见太学试博士弟子，皆以意说，不修家法，私相容隐，开生奸路。③

陌内欠钱，法当禁断……如有容隐，兼许卖物领钱人纠告。④

（知举人不贤而）惟恐结怨于朋友，不若徇情容隐，自保功名。⑤

① 《世宗宪皇帝朱批谕旨》卷五六《朱批伊拉齐奏折》，文渊阁四库全书本，台北：台湾商务印书馆，1986 年影印本，第 418 册，第 710 页上栏。
② 《世宗宪皇帝朱批谕旨》卷一二六之一《朱批田文镜奏折》，文渊阁四库全书本，第 421 册，第 3 页上、下栏。
③ 《后汉书》卷四四《徐防传》，中华书局，1965，第 1500 页。
④ 《旧唐书》卷四八《食货志上》，中华书局，1975，第 2102 页。
⑤ 《世宗宪皇帝圣训》卷一九《训臣工一》"雍正元年十月戊午"条，文渊阁四库全书本，台北：台湾商务印书馆，1986 年影印本，第 412 册，第 258 页下栏。

如有巡哨不力者，立即揭参，徇情容隐，一并严加议处。①

以上四例中的容隐，分别指容忍或回护"不修家法""陌内欠钱""举人不贤""巡哨不力"等不当行为。

（己）隐漏户口、资财、官粮等。

高祖令州县大索貌阅，户口不实者，正长远配，而又开相纠之科。大功已下，兼令析籍，各为户头，以防容隐。②

御史大夫王銲犯法，籍没其家，（韩）洽兄（韩）浩为万年主簿，捕其资财，有所容隐，为京兆尹鲜于仲通所发，配流循州。③

查年文煜家曾否寄放财物，著协参领严究。据年文煜坚称，并无容隐寄放。并取协参领，不致扶同隐讳，各甘结存据。④

宋文思院小口斛，出入官粮，无所容隐。⑤

以上第一例中的"以防容隐"系指隐漏户口，第二、三例中的"有所容隐""并无容隐"是指隐漏财物，第四例是说宋代文思院制造的"小口斛"，计量精准，用以量衡官粮时，"无所容隐"，也即不

---

① 《世宗宪皇帝朱批谕旨》卷一五九《朱批万际瑞奏折》，文渊阁四库全书本，第422 册，第 650 页下栏。
② 《隋书》卷二四《食货志》，中华书局，1973，第 681 页。
③ 《旧唐书》卷九八《韩休传附韩洽传》，第 3079 页。
④ 《世宗宪皇帝朱批谕旨》卷二〇《朱批何天培奏折》，文渊阁四库全书本，第 417 册，第 285 页下栏。
⑤ 《元史》卷一七三《崔彧传》，中华书局，1976，第 4041 页。

会出现官粮隐漏的情形。

（庚）容留特殊人员。

    宪宗皇帝圣旨："（净身之人）都逐回，原籍收管，不许投托在外。王府容隐潜住，事发，重罪不饶。钦此。"①

    其有擅自修盖（寺观）者，即便拆毁，如无度牒，僧道行童发回当差。敢有私创寺观及容隐僧道行童者，僧道官并住持，俱发附近卫分充军，所司官员不举，以枉法论。②

    凡秧歌脚、堕民婆，令五城司坊等官尽驱回籍，毋令潜住京师。若有无藉之徒，将此等妇女容隐在家，因与饮酒者，职官照挟妓饮酒例治罪。③

    前富顺县陈令桢刑幕王恩溶即王兆臣，系浙江人，佻薄轻浮，声名甚劣，虽现经辞退，难保不钻谋他就，为害官民。除饬藩司……如遇该劣幕王恩溶即王兆臣潜匿境内，立即查明驱逐，倘敢容隐或私招入幕，查出，定予参处不贷。④

    以上四例中，严禁私自容留的人员，并非犯罪人，而是身份或行

---

① （明）俞汝楫编《礼部志稿》卷七九《宗藩备考·藩鉴》"私收净身"条，文渊阁四库全书本，台北：台湾商务印书馆，1986 年影印本，第 598 册，第 411 页上栏。

② （明）俞汝楫编《礼部志稿》卷四五《奏疏·类奏疏》"覆奏四事疏"条，文渊阁四库全书本，第 597 册，第 847 页下栏。

③ 《钦定大清会典则例》卷一五〇《都察院六》，文渊阁四库全书本，台北：台湾商务印书馆，1986 年影印本，第 624 册，第 694 页下栏~695 页上栏。

④ 《清代南部县衙档案》"保宁府札：驱逐劣幕王恩溶不准容隐事"条，光绪三十三年一月二十四日，南充市档案馆藏，档案号：18-00432-01。

为不当人员，前三例是基于特殊身份，如净身之人、僧道行童、秧歌脚、堕民婆等；第四例是基于品行，为"佻薄轻浮，声名甚劣"的幕僚。

二　法律意义上的容隐

在法律层面上，容隐是专指隐匿他人的犯罪行为，如宋代法典中的"有罪相容隐"条、明清法典中的"亲属相为容隐"条，都是亲属之间可以互相隐匿罪行的专门规定。在先秦、秦汉及魏晋时期，一般以"隐"或"匿"来表达容隐之意，如《礼记·檀弓上》中"事亲有隐而无犯"；《论语·子路》中"父为子隐，子为父隐"；《白虎通义·德论上·谏诤》中"兄弟相为隐乎"；《二年律令·亡律》中"匿罪人，死罪，黥为城旦春，它各与同罪"；[①] 东汉班固《汉书》中"自今子首匿父母，妻匿夫，孙匿大父母，皆勿坐"；[②] 东晋范宁所说："今王法，则许期亲以上得相为隐，不问其罪"；[③] 等等。从南北朝开始，隐匿他人的犯罪行为多用容隐一词：

> 先是岑晊以党事逃亡，亲友多匿焉，（贾）彪独闭门不纳，时人望之。彪曰："《传》言'相时而动，无累后人'。公孝以要君致衅，自遗其咎，吾以不能奋戈相待，反可容隐之乎？"于是咸服其裁正。[④]

---

① 张家山二四七号汉墓竹简整理小组编《张家山汉墓竹简（二四七号墓）》，文物出版社，2001，第155页。
② 《汉书》卷八《宣帝纪》，中华书局，1962，第251页。
③ 萧梁皇侃疏《论语》时引晋人范宁语。参见（魏）何晏集解，（梁）皇侃义疏《论语集解义疏》卷七《子路》，文渊阁四库全书本，第195册，第461页上栏。
④ 《后汉书》卷六七《党锢列传·贾彪传》，第2216页。

（姚）兴下书听祖父母、昆弟得相容隐。①

太安元年（455）夏六月癸酉，诏曰："其不孝父母，不顺尊长，为吏奸暴，及为盗贼，各具以名上。其容隐者，以所匿之罪罪之。"②

以上三条记载分别出自刘宋范晔《后汉书》、北魏崔鸿《十六国春秋》和北齐魏收《魏书》，这说明南北朝时期，用容隐来概指隐匿犯罪行为，已是较为普遍的做法。③ 但用"隐"来表达容隐的习惯依旧存在，如《唐律疏议》中虽有容隐一词，④ 但关于容隐的条款仍题为"同居相为隐"，《宋刑统》中才改为容隐。

容隐的目的在于隐匿他人的犯罪行为，就实际效果而言，消极行为和积极行为都可以起到隐匿的作用。前者属于不作为，即不告诉、不揭发等沉默行为；后者属于作为，即藏匿罪犯、湮灭证据、隐瞒或掩盖实情、帮助逃亡、通报消息、拒绝作证等庇护行为。但客观上起到隐匿作用的行为都属于法律意义上的容隐吗？这是我们在界定容隐概念时需要认真考虑的问题。

目前学界涉及容隐问题的各种论著，大多没有将其作为一个问题

---

① （北魏）崔鸿：《十六国春秋》卷五六《后秦录四·姚兴上》，文渊阁四库全书本，台北：台湾商务印书馆，1986年影印本，第463册，第780页上栏。

② 《魏书》卷五《高宗纪》，中华书局，1974，第115页。

③ 范晔的《后汉书》记述的是东汉历史，《后汉书》中出现"容隐"，说明东汉时期有可能已出现"容隐"一词，当然也可能是作者范晔用刘宋时期的用语来概括东汉时期的现象。综合各种记载来看，后一种可能性更大，故笔者以南北朝作为"容隐"一词出现的时期。

④ 参见《唐律疏议》卷二八《捕亡律》"知情藏匿罪人"条律注及疏议，中华书局，1983，第540~541页。

来看待，① 习惯上将沉默与庇护一并看作容隐行为。如瞿同祖先生认为不揭发亲属犯罪是容隐制度的基本要求；② 戴炎辉先生说相容隐者，有隐无犯，负有不告言之义务；③ 范忠信先生将不得告发尊亲犯罪作为容隐制度形成的标志。④ 实际上，这些都是将沉默行为看作容隐。刘俊文先生说"告祖父母父母……此类行为既违礼经'起敬起孝'之义，复违律典'同居为隐'之条"，⑤ 说亲属相告违背容隐律条，无疑是将沉默行为纳入容隐的概念之中。陈光中先生将容隐界定为"亲属之间有罪应当互相隐瞒，不告发和不作证的不论罪，反之要论罪"的制度。⑥ 黄源盛先生认为容隐制度下，亲属之间不仅有罪可以庇护，而且不准相互告发和作证。⑦ 笔者以前的论著，也不区分沉默与庇护，将二者一并看作容隐行为。⑧ 可以说，将沉默与庇护一并看作容隐行为，是学界通行的做法。

---

① 只有个别学者如林桂榛先生对容隐究竟是指沉默还是庇护进行了考释，认为容隐仅仅是指沉默行为，不包括各种庇护行为（参见林桂榛《关于"亲亲相隐"问题的若干辨正》，《哲学动态》2008年第4期）。虽然其结论有误，但无疑开了一个好头。后有张传玺先生在《再议古代法律中的"亲属容隐"规定》（《法制史研究》第15期，2009年）一文中认为，唐代法条中的容隐是专指藏匿行为，与告发无关。虽然把容隐仅仅局限于藏匿行为并不合适，包括藏匿在内各种庇护行为都属于容隐，但张文指出唐律中的容隐与告发无关，事实上已将沉默行为剔除在容隐之外，这无疑是非常有见地的。但遗憾的是，张文认为，容隐与告发无关，仅限于唐律，明清律的容隐则包含不得告发的内容，终究还是将沉默与庇护一并看作容隐行为。

② 瞿同祖：《中国法律与中国社会》，中华书局，1981，第56~60页。

③ 戴炎辉：《唐律通论》，台北："国立"编译馆，1977，第438页。

④ 范忠信：《中西法律传统中的"亲亲相隐"》，《中国社会科学》1997年第3期。

⑤ 刘俊文：《唐律疏议笺解》卷二三《斗讼律》"告祖父母父母"条"解析"，中华书局，1996，第1626页。

⑥ 《中国大百科全书·法学》（修订版）"亲亲相隐"条，中国大百科全书出版社，2006，第405页。与之类似，《法学词典》将"亲亲相隐"界定为"亲属之间可以相互隐瞒罪行而不论罪，反之要科以罪"的制度，参见《法学词典》（第三版），上海辞书出版社，1989，第788页。

⑦ 黄源盛：《人性、情理、法意——亲亲相隐的传统与当代》，《法制史研究》第29期，2016年。

⑧ 魏道明：《始于兵而终于礼——中国古代族刑研究》，中华书局，2006，第51~63页。

这无疑抹杀了容隐制度的特殊性。

其实，单纯的沉默行为并不是法律意义上的容隐行为。容隐具有主动性，应该是积极行为，消极被动的不作为即便起到了隐匿他人犯罪行为的作用，也不能称为容隐。而且，容隐是亲属间的权利，常人之间不得为，故容隐制度也被称为"亲亲相隐"制度。如果说沉默行为就是容隐，其前提是常人之间对于他人的犯罪行为无权沉默，必须告发，那么，中国古代法律是否规定常人之间必须互相纠告犯罪行为呢？

中国古代各朝，一般规定伍保组织内必须互相纠告。战国时期，商鞅在秦主持变法，就曾经"令民为什伍，而相牧司连坐。不告奸者腰斩，告奸者与斩敌首同赏，匿奸者与降敌同罚"。① 所谓什伍之内"而相牧司连坐"，唐代司马贞《史记索隐》解释说："'牧司'谓相纠发也。一家有罪而九家连举发，若不纠告，则十家连坐。"② 按此，什伍之内既然实行连坐，免除连坐唯有纠告，可以看作什伍之内必须互相告发犯罪行为。

所谓"不告奸者腰斩"，其中的"奸"罪显然不是指普通犯罪，而是指谋反一类针对君主的重大犯罪行为。③ 否则，对不告奸者处以

---

① 《史记》卷六八《商君列传》，中华书局，1982，第 2230 页。
② 《史记》卷六八《商君列传》，第 2230 页。
③ 对不告发者处以腰斩之刑，按照常理推测，对所不告发的原犯罪行为，法律规定的处罚，决不应低于腰斩。腰斩是死刑之最，在汉代，专用于大逆不道罪的惩处，早在 20 世纪 50 年代，日本学者布目潮沨就已证明此点（参见〔日〕布目潮沨《试论汉律体系化：围绕列侯的死刑》，《东方学报》第 27 册，1957 年。转引自〔日〕冨谷至《秦汉刑罚制度研究》，柴生芳、朱恒晔译，广西师范大学出版社，2006，第 173 页）。从新发现的简牍资料来看，这一结论仍具有可信度。在《二年律令》中，死刑在适用上就已呈现出分工态势，腰斩刑专用于大逆不道罪的惩处（参见魏道明《汉代"殊死"考》，《青海民族大学学报》2018 年第 1 期）。所谓大逆不道罪，按照汉人"侮上者，逆道也"的解释，其含义较广，凡不利于皇室、社稷的言行，皆是；对于杀父、杀母一类的行为，也以大逆不道罪比照论处，具体包括近二十个罪名，涵盖了后世法律中"十恶"罪的前四项，即谋反、谋大逆、谋叛、恶逆诸罪（参见魏道明《汉代的不道罪与大逆不道罪》，《青海社会科学》2003 年第 2 期）。从秦汉律的密切关系来看，秦国及秦朝或许与汉代类似，故推测所谓的"奸"罪是指谋反一类针对君主的重大犯罪行为。

腰斩的规定，就太过于离谱：难道不揭发窃盗一类的轻罪也要被腰斩吗？那么，必须"告奸"是针对什么人而言的呢？如果是针对什伍之内而言，意味着什伍之内强制互相纠告的只是重大犯罪而非所有犯罪行为。这似乎太过于宽松。故"告奸"很可能不只是对什伍之人的要求，而是对所有人的要求。按此理解，商鞅的法令，是要求什伍之内必须互相纠告各种犯罪行为，而反逆一类的重大犯罪，全社会的人都有纠告义务。

可以说，商鞅变法已经定好了古代社会常人之间纠告犯罪的基调，后世法令一脉相承。

关于重大犯罪行为的纠告，唐宋明清的法律规定，常人之间有义务告发，《唐律疏议》及《宋刑统》规定，知谋反、谋叛、大逆、指斥乘舆、妖言而不告者，治罪。[①] 元代规定："诸谋反……知情不首者，减为从一等流远……诸匿反、叛不首者，处死。"[②] 明清律也规定谋反、大逆、谋叛必须告官，知谋反大逆而不首，杖一百，流三千里；知谋叛不首，杖一百，徒三年。[③]

关于特殊群体之人的互相纠告，唐宋法律规定："同伍保内，在家有犯，知而不纠者，死罪，徒一年；流罪，杖一百；徒罪，杖七十。"[④] 但伍保内，并非所有的犯罪行为都必须纠告。《二年律令·户律》规定："自五大夫以下，比地为伍，以辨为信，居处相察，出入相司。有为盗贼及亡者，辄谒吏、典。"[⑤] 要求告发的只有"盗贼"

---

① 参见《唐律疏议》卷二二《斗讼律》"知谋反逆叛不告"条，第427页；《宋刑统》卷二三《斗讼律》"告反逆"门，法律出版社，1999，第410~411页。
② 《元史》卷一〇四《刑法志三》，第2651页。
③ 参见《大明律》卷一八《刑律·贼盗》"谋反大逆"条、"谋叛"条，法律出版社，1999，第134、135页；《大清律例》卷二三《刑律·贼盗》"谋反大逆"条、"谋叛"条，第365、366页。
④ 《唐律疏议》卷二四《斗讼律》"监临知犯不举劾"条，第450页；《宋刑统》卷二四《斗讼律》"部内犯罪不纠举"门略同，第433页。
⑤ 张家山二四七号汉墓竹简整理小组编《张家山汉墓竹简（二四七号墓）》，第175页。

"（逃）亡"。宋代法条规定："同保内有犯，除强窃盗、杀人、放火、强奸、略人、传习妖教、造畜蛊毒，知而不告，并依从伍保法科罪。其余事不干己者，除依律许诸色陈告，人皆不得论告。若知情不知情，并不科罪。"① 要求保人必须告发的都是较为严重的犯罪行为。

　　按此，常人之间只需纠告重大犯罪，其他罪行，不告者，无罪。伍保或保甲以内，虽有告发义务，但还应该看到，伍保或保甲成员，不一定包括所有民众。如唐代伍保制的成员，一般是年十六岁以上之男夫，老小疾及妇女并不承担责任，而官人之家、僧道之徒与贱民阶层，原则上亦不列入。② 伍保之内并非任何时候都必须告发犯罪人，也并非所有罪行都必须告发，更并非人人都有揭发犯罪的义务："犯百杖以下，保人不纠，无罪。其伍保之家，唯有妇女及男年十五以下，不堪告事，虽知不纠，亦皆勿论。虽是伍保之内，所犯不在家中，知而不纠，不合科罪。"③ 按此规定，同时符合以上三个条件，才必须纠告。

　　除去伍保之内及重大犯罪，古代法律并没有要求常人之间必须互相举报犯罪行为，只是禁止藏匿犯罪人一类的庇护行为。唐律规定，知情藏匿犯罪人，"过致资给"逃亡罪犯，各减罪人罪一等；④ 若"罪人非被刑戮而自死者，又听减罪二等"。⑤ 按此，唐律只处罚知情藏匿罪人的行为，具体包括两种情形：一是知罪人之情而藏匿犯罪

---

① （清）徐松辑《宋会要辑稿》兵二之五～六，中华书局，1957 年影印本，第 6774 页上、下栏。
② 罗彤华：《唐代伍保制》，《新史学》1997 年第 8 期。
③ 《唐律疏议》卷二四《斗讼律》"监临知犯不举劾"条，第 450 页；《宋刑统》卷二四《斗讼律》"部内犯罪不纠举"门，第 433 页。
④ 《唐律疏议》卷二八《捕亡律》"知情藏匿罪人"条，第 540 页。
⑤ 《唐律疏议》卷五《名例律》"犯罪共亡捕首"条，第 108 页。

人，二是协助被官府追捕及亡叛上道者逃亡。① 知情不告发，显然不属于处罚对象。宋、明规定略同。② 这一原则在清律中可能表述得更为明确："凡知他人犯罪事发，官司差人追唤而将犯罪人藏匿在家，不行捕告，及指引所逃道路，资给所逃衣粮，送令隐匿他所者，各减罪人罪一等……其事未发，非官司捕唤而藏匿，至问不应。"③

由此可见，古代法律着重处罚的是犯罪事发、官司差人追唤而藏匿犯罪人的行为，事未发、非官司追捕而藏匿，仅以"不应为"处置，比藏匿罪人程度更轻的知情不告行为，并不在处罚之列。

综上所述，古代法律仅要求"什伍"一类的特殊群体有纠告犯罪的义务，超过此范围，则只负有纠告谋反一类重大犯罪的义务。由此而言，除去一些特殊情况，可以说常人之间并无纠告犯罪的义务，这就意味着常人之间也可以对他人的犯罪行为保持沉默。如把沉默行为也纳入容隐中，无疑是说社会上的一般人之间都有权相互容隐。

正是因为沉默权不为亲属独享，而为一般人所共有，故法律所言的容隐，系指比沉默更进一步的隐匿行为，也即庇护行为。以下我们以《唐律》为例进行说明。

　　　　诸知情藏匿罪人，若过致资给（谓事发被追及亡叛之类），
令得隐避者，各减罪人罪一等。④

---

① 《唐律疏议》卷二八《捕亡律》"知情藏匿罪人"条疏议曰："'知情藏匿'，谓知罪人之情……注云'谓事发被追'，若非事发，未是罪人，故须事发被追，始辨知情之状。'及亡叛之类'谓逃亡或叛国，虽未追摄，行即可知。"第541页。
② 参见《宋刑统》卷二八《捕亡律》"部内容止逃亡"门，第525页；《大明律》卷二七《刑律·捕亡》"知情藏匿罪人"条，第209页。
③ 《大清律例》卷三五《刑律·捕亡》"知情藏匿罪人"条，第552页。
④ 《唐律疏议》卷二八《捕亡律》"知情藏匿罪人"条，第540页。后世各朝法律略同，参见《宋刑统》卷二八《捕亡律》"知情藏匿罪人"门，第525页；《大明律》卷二七《刑律·捕亡》"知情藏匿罪人"条，第209页；《大清律例》卷三五《刑律·捕亡》"知情藏匿罪人"条，第552页。

> 诸捕罪人，有漏露其事，令得逃亡者，减罪人罪一等。①

> 诸同居，若大功以上亲及外祖父母、外孙，若孙之妇、夫之兄弟及兄弟妻，有罪相为隐；部曲、奴婢为主隐，皆勿论；即漏露其事及擿语消息，亦不坐。其小功以下相隐，减凡人三等。若犯谋叛以上者，不用此律。②

以上所列为相互对应的律文，前两条禁止常人之间进行诸如藏匿罪人、过致资给（帮助逃亡）、漏露其事、擿语消息（通报消息）等庇护行为；③ 后一条题为"同居相为隐"，则允许亲属之间的庇护。对此，《大明律集解附例》《大清律例根原》"亲属相为容隐"条按语专门解释说：

> 言此见凡人容隐罪人及漏泄等项律，各有禁。惟亲属得相容隐者，不禁。④

> 《刑律》"知情藏匿罪人"条内，凡容隐漏泄，及指引、资

---

① 《唐律疏议》卷二八《捕亡律》"捕罪人漏露其事"条，第 529 页。后世法律皆有相同的规定，不过律无专条，宋律并入《宋刑统》卷二八《捕亡律》"将吏追捕罪人"门中（第 514 页），明清律则并入上注所列"知情藏匿罪人"条中。

② 《唐律疏议》卷六《名例律》"同居相为隐"条，第 130 页。后世宋元明清各朝法律略同，参见《宋刑统》卷六《名例律》"有罪相容隐"门，第 106 页；《元史》卷一〇五《刑法四·诉讼》，第 2671 页；《大明律》卷一《名例律》"亲属相为容隐"条，第 18 页；《大清律例》卷五《名例律》"亲属相为容隐"条，第 120~121 页。

③ 为避免误会，《大清律例》"知情藏匿罪人"条下专门注明"（此条）以非亲属及罪人未到官者言"（《大清律例》卷三五《刑律·捕亡》"知情藏匿罪人"条，第 552 页）。

④ （明）高举等纂《大明律集解附例》卷一《名例律》"亲属相为容隐"条纂注，高柯立、林荣辑《明清法制史料辑刊（第三编）》，国家图书馆出版社，2015，第 5 册，第 457 页。

给致令罪人隐匿逃避者，减罪人罪一等，盖指凡人而言。此则亲族容隐，皆得免罪，所以重人伦、厚风俗也……夫事未发之先，既许其相为容隐；则事发之后，虽官司拘捕而漏泄通报，致其逃避者，亦皆不坐。①

就是说，知情藏匿罪人、捕罪人漏露其事一类，问罪是针对常人而言，亲属之间则允许藏匿、漏露等庇护行为。此为容隐系专指庇护行为的明确证据。

尤其值得注意的是，上引《唐律》律文中说"小功以下相隐，减凡人三等"，《唐律·斗讼律》也曾明确表示："小功、缌麻，非相容隐。"②按此，小功、缌麻亲属之间不能相隐，若相互容隐，仍属于犯罪行为，是要被治罪的，只是比常人相隐减等而已。但法律又规定：

诸告期亲尊长、外祖父母、夫、夫之祖父母，虽得实，徒二年……告大功尊长，各减一等；小功、缌麻，减二等。③

诸告缌麻、小功卑幼，虽得实，杖八十。④

---

① 郭成伟主编《大清律例根原》卷一四《名例律下》"亲属相为容隐"条按语，第201页。

② 《唐律疏议》卷二四《斗讼律》"告期亲以下缌麻以上尊长"条疏议，第436页。宋律略同，参见《宋刑统》卷二四《斗讼律》"告周亲以下"门疏议，第419页。明清律中虽无这样的直接说明，但从《名例律》中小功、缌麻亲属容隐仍治罪的规定中可以推出"小功、缌麻，非相容隐"之意。

③ 《唐律疏议》卷二四《斗讼律》"告期亲以下缌麻以上尊长"条，第435页。后世各朝法律略同，参见《宋刑统》卷二四《斗讼律》"告周亲以下"门，第418~419页；《元史》卷一〇五《刑法四·诉讼》，第2671页；《大明律》卷二二《刑律·诉讼》"干名犯义"条，第178页；《大清律例》卷三〇《刑律·诉讼》"干名犯义"条，第486~487页。

④ 《唐律疏议》卷二四《斗讼律》"告缌麻以上卑幼"条，第436页。宋代略同，参见《宋刑统》卷二四《斗讼律》"告周亲以下"门，第418~419页。明清律则取消了尊长实告卑幼也有罪的规定，仅诬告有罪，但卑幼犯罪，尊长有权保持沉默。

按此，小功、缌麻亲之间禁止互相告发，有权利或有义务对他们的犯罪行为保持沉默。那么，从法律条文既允许小功以下对亲属的犯罪行为保持沉默又明确表示"小功、缌麻，非相容隐"的规定来看，法律意义上的容隐并不包括沉默行为，而是专指各种庇护行为。

尽管可以从逻辑上推导出法律意义上的容隐专指庇护行为，并不包括沉默行为，但古代法典律注、附例中的某些表述容易引起读者的错觉，让人误以为保持沉默就是容隐。如明清律"亲属相为容隐"条律注云："虽有服亲属，犯谋反、谋大逆、谋叛，但容隐不首者，依律治罪。"① 这里所谓"容隐不首"的表述，很容易让人误以为不首（告）也属于容隐。其实，为了防范谋反叛逆一类的行为，明律除了规定谋叛以上罪不得容隐外，又专门规定："凡谋反大逆……知情故纵隐藏者，斩……（知而）不首者，杖一百，流三千里。"② 所以律注专门强调不得容隐、不得知情不告。这里的"容隐不首"不能连读而要断开为"容隐、不首"。换言之，律条中的"容隐""不首"系分指两事，处罚也不同：容隐者斩，不首者流。这恰恰说明如果仅仅是知情不告，还算不得容隐行为。至于清代条例中，类似"容隐""不首"并列的表述更为常见，以下略举数例：

> 凡有奸匪之徒，将各种避刑邪术私相传习者……保甲邻里知而容隐、不首者，照知而不首本律笞四十。③

> 沿海一应采捕及内河通海之各色小船……如有私造、私卖及

---

① 《大明律》卷一《名例律》"亲属相为容隐"条律注，第18页；清律同，参见《大清律例》卷五《名例律》"亲属相为容隐"条律注，第121页。
② 参见《大明律》卷一八《刑律·贼盗》"谋反大逆"条、"谋叛"条，第134~135页；清律同，参见《大清律例》卷二三《刑律·贼盗上》"谋反大逆"条、"谋叛"条，第365~366页。
③ 《大清律例》卷一六《礼律·祭祀》"禁止师巫邪术"条附例，第278页。

偷越出口者，俱照违禁例治罪。甲邻不行呈报，一体连坐。倘船只有被贼押坐出洋者，立即报官，将船号姓名移知营汛缉究。容隐、不首，日后发觉，以接济洋盗治罪。①

　　凡粮船水手，伙众十人以上，执持器械抢夺，为首照强盗律治罪，为从减一等……如容隐、不首及徇庇不拿者，照强盗窝主律分别治罪。②

　　以上三条例文中的"容隐"与"不首"，皆分指两事。但一般连读不断开，遂令人误以为不首（告）即是容隐。这种误解，虽是律学家或法吏，也在所难免。如《大清律例》"亲属相为容隐"条下唯一的一条附例中，似乎已将"隐忍不言"的沉默行为看作容隐。③ 又如明代高举等人修撰的《大明律集解附例》纂注云："容隐，谓应首

---

① 《大清律例》卷二〇《兵律·关津》"私出外境及违禁下海"条附例，第337页。
② 《大清律例》卷二四《刑律·贼盗中》"白昼抢夺"条附例，第389页。
③ 乾隆五十三年（1788）发生了一例妻杀夫案件。冯克应父亲冯青被母亲冯龚氏殴死，冯克应容隐母亲的罪行，与母亲一起潜逃，到官后也不主动供述。四川地方官在判决时，依据容隐原则，对冯克应的处置意见是"请免置议"。此案上报中央后，直到乾隆六十年（1795），刑部才奉旨批覆认为，律虽准子容隐父母，但父母尊卑有别，母被父杀，可以容隐；而父被母杀，如迫于母命，当时未敢声张，到官后也应立即供述，方为人子折中之道。而冯克应到官后仍不主动供述，至破案后才供明实情，不得免议。遂制定新例云："父为母所杀，其子隐忍，于破案后始行供明者，照不应重律杖八十。如经官审讯，犹复隐忍不言者，照违制律杖一百。若母为父所杀，其子仍听，依律容隐免科。"参见郭成伟主编《大清律例根原》卷一四《名例律下》"亲属相为容隐"条附例，第202页。这是《大清律例》"亲属相为容隐"条下唯一的一条附例。此案审理及条例的制定过程中，地方及中央法司对于何为容隐没有理解清楚，对于冯克应行为的性质也是认识不清的。冯克应与母亲一起潜逃，其实是帮助罪犯逃亡，是实实在在的容隐行为，但法司视而不见，却将不主动供述的沉默行为看作容隐，以至于在制定条例时，以"隐忍"来定义容隐。

告而不首告或曲为回护、扶同保结，皆是。"① 这已经把不告发当作容隐的组成部分。当代学界，也有学者受困于此。②

但同居亲属之间，因为共同居住的关系，"知情"与"藏匿"是一体的，只要有共同居住的亲属犯罪，知情不告似乎就可以看作容留藏匿，"不首"即"容隐"。如清代律例规定，"凡有疯病之人，其亲属、邻佑人等……容隐、不报，不行看守，以致疯病之人自杀者，照不应重律，杖八十；致杀他人者，照知人谋害他人不即阻当首报律，杖一百"。③ 条例中的"不报"针对"邻佑"而言，"容隐"针对"亲属"而言，但容隐的意思显然不是把疯病之人隐（藏）匿起来，否则就不会有"不行看守"之语，所以，这里的"容隐"即"不首"一类。清代的一些司法案例中，也将同居亲属之间的知情不告看作容隐行为。乾隆四十二年（1777），吴升远私铸钱币，其子吴廷元知情不报，刑部说帖中称"其知情不首，系子为父隐，律得勿论"；④ 又嘉庆十八年（1813），刘世佰私开圈店，宰杀耕牛，其子刘臣知情不告，刑部说帖中有"（刘臣）明知不首，系律得容隐"⑤ 之语。这两例都是将同居亲属之间"知情不告"一类的行为也看作容

---

① （明）高举等纂《大明律集解附例》卷一《名例律》"亲属相为容隐"条纂注，高柯立、林荣主编《明清法制史料辑刊（第三编）》第 5 册，第 457 页。

② 张传玺先生在《再议古代法律中的"亲属容隐"规定》（《法制史研究》第 15 期，2009 年）一文中，虽认识到容隐应是专指藏匿行为，与告发无关，但受困于明清律条中"容隐不首"的表述等因素，认为唐代法律中的容隐是专指藏匿行为，与告发无关，而明清法条中的容隐兼有"不告"和"藏匿"双重含义，终究未能将"容隐"与禁止告发的"干名犯义"区分开。

③ 《大清律例》卷二六《刑律·人命》"戏杀误杀过失杀伤人"条附例，第 434 页。

④ （清）祝庆祺、鲍书芸辑《刑案汇览》卷五一《刑律·诈伪·伪造印信时宪书等》"父主令子私雕假印诈差吓索"条，第 1904～1906 页。

⑤ （清）祝庆祺、鲍书芸辑《刑案汇览》卷一二《兵律·厩牧·宰杀马牛》"盗牛宰杀为从复又私开圈店"条，第 430～431 页。

隐行为。①

我们认为，犯罪人本来就居住在家，住在自己的住所，不能说是被谁"容留藏匿"。同居亲属之间，如果没有实际的帮助行为，仅仅是知情不告，从逻辑上讲，是不能称为容隐的。如清嘉庆十年（1805），向思希寻回久出不归之兄向思武，但在回家路上二人发生争执，向思希失手打死向思武。其父向春阳知情后选择隐匿实情，对向思武之妻向田氏称寻无踪迹，后向田氏从别人处得知其夫已被向思希寻得，父子又称寻回途中跌岩身死，向田氏惊骇不已，哭嚷吵闹。后经官差访闻，缉获凶犯起获尸身。② 又嘉庆十九年（1814），邱冲斗因茶山纠纷致死其胞兄邱受华，二人之父邱文明将邱受华棺殓埋葬，为邱冲斗容隐罪行，嘱咐邻右不要声张，并看管邱受华之妻邱丁氏不许其具报。最后邱丁氏不忍丈夫冤死，乘机逃出报案。③ 这两个案例，案情大致类似，都是弟杀兄，死者之妻都不愿意容隐杀人者，但她们却都和杀人者共同居住，总不能说她们"容留藏匿"杀人凶手吧？

所以，上述清代律例中，将知情不告一类称为容隐，的确有混淆之嫌。好在这种混淆都出现在律典的疏议、注释和附例中，在律典的原文中，容隐权和沉默权还是泾渭分明的。我们在界定容隐概念时，

---

① 清代将同居亲属间"知情不告"看作容隐行为的案例不在少数，除了上举两例，还有道光十二年（1832），贵州冉老七知情分赃案内，其同居继子汪童三知情。判词中称"惟该犯系冉老七同居义子，例得相为容隐"；又同年同省发生的苗人抱九荡事后戳伤窃贼抱白党身死一案，判词中也有"知情不报，律得容隐"之语，显然都是将同居亲属间的"知情不告"看作容隐。分见（清）祝庆祺、鲍书芸辑《刑案汇览》卷五六《刑律·捕亡·罪人拒捕》"继父知窃分赃其子殴死捕人"条，第2126页；（清）祝庆祺、鲍书芸辑《续增刑案汇览》卷七《刑律·贼盗·发冢》"苗人将弟尸烧化"条，北京古籍出版社，2004，第189页。
② 杜家骥编《清嘉庆朝刑科题本社会史料辑刊》"贵州铜仁府民向思希因口角致死胞兄藏尸匿报案"，天津古籍出版社，2008，第84~85页。
③ 杜家骥编《清嘉庆朝刑科题本社会史料辑刊》"广东乐昌县民邱冲斗致伤胞兄邱受华身死伊父匿报案"，第1847~1848页。

应该依据律典原文，慎用其他。

以上对于何为容隐的论证，或许有人觉得缺乏实际意义。因为有权庇护自然也意味着有权保持沉默，或者说庇护行为中已经包含了沉默，将沉默与庇护一并看作容隐行为，也无不妥之处。其实，将沉默行为排除在容隐制度之外是必要的，除了事关概念准确，更重要的是关系到容隐的性质界定和价值评判。之所以这样说，是因为中国古代亲属间（主要是卑亲属对尊亲属）的沉默行为具有特殊性。为维护尊卑秩序，古代礼法不许子孙告发直系尊亲的犯罪行为，法律设有"干名犯义"专条，重惩此类行为。正是因为对尊亲属的沉默行为是以义务形式体现的，如果认同沉默行为就是容隐，那么，中国古代的容隐便具有了义务属性。[①] 故概念界定是必要的，也是必需的。

三 法律许可的容隐手段

上节论述已证明，法律意义上的容隐，系专指各种庇护行为，但庇护的含义极广，凡对犯罪人的各种实际帮助行为，皆是。如果无条件地允许亲属庇护，国家司法活动将难以进行；尤其是掌权者，可以利用职务之便进行庇护，司法腐败也在所难免。故此，必须对容隐手段进行界定或限制。

尽管现存的古代法典都在《名例律》部分设有"同居相为隐"或"亲属相为容隐"的专条，但对容隐手段的说明却皆不详尽。典型者如《唐律》：

> 诸同居……有罪相为隐；部曲、奴婢为主隐，皆勿论……即

---

① 详论参见本章"容隐与干名犯义"一节。

漏露其事及擿语消息，亦不坐。①

　　律条提及的容隐具体手段只有"漏露其事"和"擿语消息"。所谓"漏露其事"，《唐律疏议》解释说"假有铸钱及盗之类，事须掩摄追收，遂'漏露其事'"；所谓"擿语消息"，按《唐律疏议》的解释，是指"报罪人所掩摄之事，令得隐避逃亡"。从解释来看，所谓"漏露其事"和"擿语消息"，所指类似，都是向犯罪人通报消息一类的行为。

　　依据常识而言，助人隐匿犯罪行为和逃避法律制裁、藏匿人犯、湮灭证据、隐瞒或掩盖实情、帮助逃亡等行为可能比通报消息更为常见，为何法条中只列举了"漏露其事"和"擿语消息"呢？

　　我们注意到，法典将"漏露其事""擿语消息"看作"为通相隐"的行为，② 即这两种行为不属于通常意义上的容隐但与容隐类似，换言之，这两种行为并非法律许可的正常容隐手段，而是容隐手段的扩张或例外。

　　之所以被看作扩张或例外，一是因为此类行为发生的时间较特殊。《大清律例根原》言："夫事未发之先，既许其相为容隐；则事发之后，虽官司拘捕而漏泄通报，致其逃避者，亦皆不坐。"③ 按此，"漏露其事"和"擿语消息"是指犯罪事发、官府追捕之时，向犯罪人通报消息助其逃避的行为。二是此种行为有利用职务之便之嫌，因为在官司追捕犯罪人时，只有知情者才能如此作为。

　　或因为此，各朝法典"同居相为隐"或"亲属相为容隐"条采

---

① 《唐律疏议》卷六《名例律》"同居相为隐"条，第130页。后世宋元明清各朝法律略同，参见《宋刑统》卷六《名例律》"有罪相容隐"门，第106页；《大明律》卷一《名例律》"亲属相为容隐"条，第18页；《大清律例》卷五《名例律》"亲属相为容隐"条，第120~121页。

② 参见《唐律疏议》卷六《名例律》"同居相为隐"条疏议，第130页。

③ 郭成伟主编《大清律例根原》卷一四《名例律下》"亲属相为容隐"条按语，第201页。

用的是递进表述方式：容隐（勿论）→漏露其事及擿语消息（亦不坐）。按此，"漏露其事"和"擿语消息"与一般的容隐行为性质有别：一般的容隐行为，是法律许可的正当权利，故曰"勿论"；而"漏露其事""擿语消息"，已经超出了容隐的权限，原本应该受到制裁，只是考虑到此类行为与容隐类似，才规定"亦不坐"。

所以，法典专门罗列"漏露其事"和"擿语消息"，并非为了列举容隐手段，而是为了限制犯罪事发之后的容隐行为，当然也有限制以权力、身份、地位进行容隐的意图。这也表明，法律要求容隐行为主要在犯罪事发之前进行。

但法典规定容隐的专条，对于犯罪事发前的容隐手段缺乏具体说明和限制。这虽不意味着亲属在犯罪事发之前可以穷尽一切手段来庇护犯罪人，但情理之内的或者说不过分的容隐手段都应该是法律许可的。不妨这样认为，"漏露其事"和"擿语消息"是容隐手段的最高上限，凡程度不超过此的行为，都是法律所许可的容隐手段。当然，法律许可的容隐手段具体有哪些，需要参照法典其他条目及司法实践来确定。

古代各朝律典中均设置有"知情藏匿罪人"条，禁止常人之间进行"知情藏匿""过致资给"一类的容隐行为。依此推论，亲属之间既然准许容隐，则可以"知情藏匿"和"过致资给"。《大清律例》"知情藏匿罪人"条下注曰"以非亲属及罪人未到官者言"，在条文又专门注明："若亲属纠合外人藏匿，亲属虽免罪、减等，外人仍科藏匿之罪。"[1] 可见，知情藏匿一类是合法的容隐手段。所谓"知情藏匿"，《唐律疏议》解释为"谓知罪人之情，主人为相藏匿"，也就是藏匿人犯。所谓"过致资给"，则为"指授道途，送过险处，助其运致，并资给衣粮，遂使凶人潜隐他所"，[2] 也就是帮助逃亡。

---

① 《大清律例》卷三五《刑律·捕亡》"知情藏匿罪人"条，第552页。
② 《唐律疏议》卷二八《捕亡律》"知情藏匿罪人"条疏议，第541页。

　　"知情藏匿"和"过致资给"一类的行为，在司法实践中也被看作法定容隐手段。乾隆五十八年（1793），王夏氏因丈夫王大立出外佣工，家贫难度，起意逃走，堂姊宋夏氏明知王夏氏背夫私自外逃，却收留在家，复为主婚嫁与他人为妻。法司虽最终判宋夏氏有罪，但判词中有"亲属收留在逃，系律得容隐"之语；① 又，道光十四年（1834），王潮雄抢夺贾士成钱物案内，罗建中明知王潮雄犯罪事发，官司正在追捕，却将王潮雄藏匿在家。罗建中与王潮雄属外姻无服亲属，按清代法条，无服之亲容隐可较常人减等处罚。故事发之后，地方咨部罗建中是否可以减等处罚，刑部认为王潮雄系罗建中祖母族曾孙，《大清律例·丧服图》外姻亲属项下并未载有此项服制，故罗建中不适用外姻无服之亲得相容隐减等之律。② 以上两例都认可"知情藏匿"是合法的容隐行为。③

　　除此之外，还有一些隐匿行为，如毁灭犯罪证据、隐瞒实情、藏匿赃物、阻拦报官、贿（私）和等，在清代的司法实践中，也被认可为合法的容隐手段。

　　关于毁灭犯罪证据方面，乾隆四十六年（1781）张翔鹄杀妻案中，雇工武清成帮助主人埋尸灭迹，法司判词中有"（武清成）系张

---

① （清）祝庆祺、鲍书芸辑《刑案汇览》卷九《户律·婚姻·嫁娶违律主婚媒人罪》"背夫改嫁系由出嫁堂姊主婚"条，第329~330页。
② （清）祝庆祺、鲍书芸辑《续增刑案汇览》卷二《名例·亲属相为容隐》"祖母之族曾孙并非律得容隐"条，第32页。
③ 又据《续增刑案汇览》载："赖武列与赖逢春等同族无服，赖逢春等因抢夺勒赎逃逸，经赖武列容留住宿，后闻兵役查拿，复通信令逃。该抚将赖武列依官司追捕罪人而漏泄其事，至令罪人逃避减罪人一等律拟以满徒，本部以赖武列与赖逢春等系无服之亲，应再减一等，改为杖九十，徒二年半。"（清）祝庆祺、鲍书芸辑《续增刑案汇览》卷二《名例·亲属相为容隐》"无服之亲藏匿罪人律得递减"条，第32页。此案也可说明容留住宿是法定容隐手段。

翔鹄雇工，律得容隐”① 之语；又道光十年（1830），席加积杀人案中，席加仁帮助其兄埋尸灭迹，法司判词中也有"情切同胞，律得容隐"② 之语。③

隐瞒实情不同于消极的知情不报，而是以积极的行为掩盖事实真相，如谎报案情或替犯罪人开脱罪行等。咸丰三年（1853），德克精额之父特依清被胞叔特升阿殴伤身死，其祖母"隐匿捏报案情"，德克精额"听从隐匿"。法司认为其祖母的行为"原属律得容隐"，④ 这是认可隐瞒、掩盖实情为容隐行为。

---

① （清）全士潮、张道源辑《驳案新编》卷一六《刑律·人命》"听从妻母将妻勒毙"条，（清）全士潮、张道源等纂辑，何勤华、张伯元、陈重业等点校《驳案汇编》，第329~331页。

② （清）祝庆祺、鲍书芸辑《续增刑案汇览》卷七《刑律·贼盗·发冢》"兄谋杀人其弟事后听从埋尸"条，第195页。

③ 以"埋尸"的方式消灭犯罪证据，被认同为容隐，可能与"善待"尸体有关。如果以毁弃尸体的方式来消灭犯罪证据，因为清律中有毁弃尸体的罪名，则有可能不会被认同为容隐。如乾隆五十二年（1787），"潘连因次子潘彭殴妻赵氏致死，情急求救，该犯起意焚尸灭迹，即同潘彭将尸身抬至山内烧化。是潘连因虑子抵罪，忍于惨毁媳尸。律例内并无翁姑毁弃媳尸作何治罪专条，该抚以毁弃卑幼死尸律，按大功服制递减拟徒"〔律例馆编《说帖类编》卷一四《刑律·贼盗下》"山西司"条（乾隆五十二年），高柯立、林荣辑《明清法制史料辑刊（第二编）》，国家图书馆出版社，2014，第58册，第242页〕；又如道光十六年（1836），"周继善之妻赵氏因子媳李氏贪懒，不听管教，将李氏踢伤身死。周继善问悉情由，恐报案受累，将李氏尸身撩弃河内，漂失无获。该督将……周继善依毁弃子孙死尸者，杖八十……本部查……今周继善将长子妇李氏之尸撩弃水中无获，自应依毁弃卑幼死尸律，按服制递减，于凡人弃尸水中，满流罪上递减四等，杖七十，徒一年半"〔（清）祝庆祺、鲍书芸辑《续增刑案汇览》卷七《刑律·贼盗·发冢》"弃子妇尸身灭迹依服制拟徒"条，尤韶华等点校《刑案汇览全编》，法律出版社，2009，第369页〕。道光四年（1824）刑部说帖言："详绎毁弃尊长死尸律意，或取而焚烧肢体不全方谓之毁，或掷于水中漂没无存方谓之弃，则以罪名綦严，倘弃而不失，即行减等问拟。若仅止私行抬埋，并无毁弃之心，不得照毁弃律科断，自应酌量比例问拟。"（清）祝庆祺、鲍书芸辑《刑案汇览》卷三六《刑律·尊长为人杀私和》"胞叔被兄殴死听从埋尸匿报"条，第1338~1339页。按此，"私行抬埋"不属于毁弃，帮助埋尸属于合法的容隐手段。

④ 《沈家本辑刑案汇览三编》卷六《名例·亲属相为容隐》"父被胞叔殴死听从祖母捏保"条，凤凰出版社，2016，第4册，第167页。

关于藏匿赃物，嘉庆二十年（1815），石贵偷窃母舅家牛只，寄交外甥李宗太收养，事发之后，法司认为“李宗太受寄窃赃……系窃贼石贵小功外甥，本系律得容隐之人”。① 这是认可帮犯罪人收藏赃物的行为属于容隐。

关于阻拦报官，乾隆四十一年（1776），王锦杀人案中，其父王超民“硬将尸身棺殓，阻禁不令告官。虽律得容隐，但几致凶徒漏网，所得杖罪虽事犯在恩诏以前，不准援免”。② 虽然王超民被治罪处以杖刑，但法司还是承认阻拦报官属于合法的容隐手段。

关于贿（私）和一类，嘉庆六年（1801），在拟定制裁行贿私和条例时，成德上奏言“其以财行求者，如亦系凶犯之祖父母、父母，究系律得容隐”；③ 嘉庆十四年（1809），陕西紫阳县王黄氏殴死小功堂侄王玉，王黄氏长子王仲“恐伊母问罪，恳求（王玉之弟）王臣免报，并给银私和，律得容隐，应予免议”。④ 贿和多少有赔偿受害人及亲属的成分，这可能是法司将之认可为合法容隐行为的重要理由。

亲属犯罪后，花钱买通他人替亲属顶罪的行为，较为常见。⑤ 对于此类行为是否属于正当的容隐，法司的看法并不一致。清乾隆五十七年（1792），江士连致伤无服族叔祖江文川身死，欲贿赂江车俚顶罪。可能是因为钱款不足，自己又不识字，于是央求胞兄江士珍代写

① （清）祝庆祺、鲍书芸辑《刑案汇览》卷五一《刑律·诈伪·诈称内使等官》“假差索诈受寄窃赃之人自尽”条，第1921页。
② （清）全士潮、张道源辑《驳案新编》卷二二《刑律·斗殴下》“毒死继母之母按照新定服制斩决”条，（清）全士潮、张道源等纂辑，何勤华、张伯元、陈重业等点校《驳案汇编》，第414~417页。
③ 郭成伟主编《大清律例根原》卷八二《刑律·人命》“尊长为人杀私和”附例引案，第1310页。
④ 杜家骥编《清嘉庆朝刑科题本社会史料辑刊》“陕西紫阳县民妇王黄氏殴伤小功堂侄王玉身死私和匿报案”条，第1750页。
⑤ 清代贿买顶凶的情形极为常见，详论可参见李明《为爱鬼头银，命比鸿毛轻——清代命案中的贿买顶凶》，《法制史研究》第29期，2016年。

欠条。江西地方官认为江士珍的行为属于容隐，不予追究；中央法司却不认可这一无罪判决，以说合罪减二等处罚，"拟以满徒"。① 乾隆四十八年（1783），云南省民徐三踩踏张文耀地内豆苗，引起斗殴，结果徐三胞兄徐刚殴死张文耀。徐三恐连累到自己，于是出钱让唐二顶认凶手。事发，刑部以说合人本律处绞监候。②

如果顶替（凶）认罪发生在父母、子女之间，清代法条有特别规定："如有子犯罪而父代认，其子除罪应立决者毋庸另议外，如犯应斩候、绞候者，俱拟以立决。军、流、徒罪，各照例递加。"③ 按此，若子女犯罪父母顶替，子女的罪等加重。这可能是子女忍心让父母顶替自己，有违基本孝道之故。但条例中没有规定要处罚顶罪的父母；反过来若是子女顶替父母认罪，更不会被处罚，因为符合孝悌伦理，子女甚至可以公开请求代父母受刑。在古代中国，亲属请求代刑而被获准的事例很多，散见于各代史书的《孝义传》《孝友传》。有时候国家甚至在制度层面上允许代刑。④ 故顶替（凶）认罪，我们认为也是合法的容隐手段。

按法律规定，对犯罪亲属的实际帮助行为也即上述各项容隐手段，只能在罪人被捕之前行使。《刑统赋解》一书曾专门说道："同居大功，外戚义崇。未到官司，罪许相容。"⑤ 言外之意，是说犯罪

---

① （清）祝庆祺、鲍书芸辑《刑案汇览》卷五〇《刑律·受赃·有事以财请求》"犯弟起意贿买顶凶犯兄写票"条，第 1878~1879 页。

② （清）祝庆祺、鲍书芸辑《刑案汇览》卷五〇《刑律·受赃·有事以财请求》"犯弟起意贿买顶凶犯兄写票"条，第 1878~1879 页。

③ 郭成伟主编《大清律例根原》卷九五《刑律·受赃》"有事以财请求"条附例，第 1525 页。

④ 如汉明帝永平八年（65）曾下诏："三公募郡国中都官死罪系囚，减罪一等，勿笞，诣度辽将军营，屯朔方、五原之边县；妻子自随，便占著县；父母同产欲相代者，恣听之。"参见《后汉书》卷二《明帝纪》，第 111 页。

⑤ （宋）傅霖撰，（元）郄□韵释，（元）王亮增注《刑统赋解》卷下"罪相为隐外止及于祖孙"条，杨一凡编《中国律学文献》（第一辑）第 1 册，黑龙江人民出版社，2004，第 121 页。

人被捕到官之后，不许容隐。前引《大清律例》"知情藏匿罪人"条下注"以非亲属及罪人未到官者言"，也是要求藏匿一类的容隐行为应当在犯罪人被捕之前进行。

之所以这样规定，就是充分考虑了权利平等的因素，防止可能由容隐权衍生出腐败行为。因为在犯罪亲属被捕之前，个人无论地位、权势方面有多大的差异，容隐手段无非藏匿罪犯、湮灭证据、隐瞒实情、通报消息、帮助逃亡一类，地位、权势很难在容隐行为中发挥作用，至少是作用不大。

在庇护犯罪亲属方面，地位、权势能够真正发挥作用，是在案件进入诉讼程序以后。故法律规定，罪人被捕之后，亲属只享有拒绝作证的权利，而不能进行其他实际的帮助行为。唐宋明清各朝法律都规定不得强迫亲属作证："其于律得相容隐……皆不得令其为证，违者，减罪人罪三等。"[①] 在这方面，各朝还制定有一些具体的规定，如元成宗大德十年（1306），针对"近年有罪者子证其父，弟证其兄，妇证其夫，奴证其主"的现象，刑部认为大失刑法本意，有违纲常之礼，"理宜禁治"。[②] 又如明洪武三十年（1397）规定"亲属得相容隐……告人祖父不得指其子孙为证，弟不证兄，妻不证夫，奴婢不证主"。[③]

若亲属自愿作证，那肯定是受欢迎的。然而，一旦自愿作证，就必须诚实，出于为亲属开脱罪责的目的去作伪证，是要受处罚的：

---

① 《唐律疏议》卷二九《断狱律》"议请减老小疾不合拷讯"条，第551页。后世各朝法律略同，参见《宋刑统》卷二九《断狱律》"不合拷讯者取众证为定"门，第536页；《大明律》卷二八《刑律·断狱》"老幼不拷讯"条，第215~216页；《大清律例》卷三六《刑律·断狱》"老幼不拷讯"条，第573页。

② 《元典章》卷五三《刑部十五·诉讼·折证》"词讼不指亲属干证"条，陈高华、张帆等点校，中华书局、天津古籍出版社，2011，第1778~1779页。

③ 《续文献通考》卷一三六《刑考·刑制》，文渊阁四库全书本，台北：台湾商务印书馆，1986年影印本，第629册，第750页上栏。

"诸证不言情及译人诈伪，致罪有出入者，证人减二等，译人与同罪。"① 其他实际的帮助行为，如劫（窃）囚或助囚逃狱、自杀等，即使是子孙帮助祖父母、父母，法律都要追究其责任：

> 若窃囚而亡者，与囚同罪……疏议曰："假使得相容隐，亦不许窃囚。"②

> 诸以金刃及他物，可以自杀及解脱，而与囚者，杖一百；若囚以故逃亡及自伤、伤人者徒一年，自杀、杀人者徒二年。若囚本犯流罪以上，因得逃亡，虽无伤杀，亦准此……即子孙以可解脱之物与祖父母、父母，部曲、奴婢与主者，罪亦同。③

为防止掌权者利用职务之便在诉讼时对亲属进行庇护，唐宋明清各朝还制定有诉讼回避制度，官吏听讼，若诉讼人有五服以内亲属及婚姻之家，则必须回避。④ 唐高宗龙朔二年（662），左相许圉师之子许自然游猎时践踏田地并箭射田主，圉师杖自然一百，隐而不报。田

---

① 《唐律疏议》卷二五《诈伪律》"证不言情及译人诈伪"条，第475页。后世各朝法律略同，参见《宋刑统》卷二四《斗讼律》"证人译人不实"门，第457页；《大明律》卷二八《刑律·断狱》"狱囚诬指平人"条，第217页；《大清律例》卷三六《刑律·断狱》"狱囚诬指平人"条，第578页。

② 《唐律疏议》卷一七《贼盗律》"劫囚"条，第330页。

③ 《唐律疏议》卷二九《断狱律》"与囚金刃等物"条，第546页。后世各朝法律略同，参见《宋刑统》卷二九《断狱律》"与囚金刃等令自杀及得解脱者"门，第531页；《大明律》卷二八《刑律·断狱律》"与囚金刃解脱"条，第213页；《大清律例》卷三六《刑律·断狱律》"与囚金刃解脱"条，第568页。

④ 参见〔日〕仁井田陞《唐令拾遗·狱官令》"开元七年、二十五年令"，东京：东京大学出版会，1983，下册，第786页；《宋刑统》卷二九《断狱律》"讯囚"门，第539页；《元史》卷一〇二《刑法一·职制上》，第2619页；《大明律》卷二二《刑律·诉讼律》"听讼回避"条，第176页；《大清律例》卷三〇《刑律·诉讼律》"听讼回避"条，第480页。

主诉官，司宪大夫杨德裔因许圉师故而不立案，西台舍人袁公瑜遂上书皇帝。结果，杨德裔以阿党流庭州，许圉师罢相。[①] 许圉师被罢相，不是因为诉讼前对儿子的罪行隐而不报，而是在进入诉讼程序后，涉嫌以权干预司法。

曾有学者担心中国古代的容隐制度必然会因地位、权势的不同而有所差异，难以做到权利平等。[②] 但从制度设计来看，法律将容隐的权利主要限定在罪犯被捕之前，这有效地限制了权力干预司法的行为，既能维持国家司法活动的正常运行，也使社会中每个人的容隐权利趋向平等，不因地位的不同而有所差异。当然，仅靠制度设计其实很难保证权利平等，尤其是在专制社会中，权利总是受制于权力，也不可能存在真正意义上的平等权利。容隐权在实际运行中，完全有可能存在学者所谓权利不平等的情况。

综上所述，法律许可的容隐手段以犯罪人是否被逮捕为界，前后有所不同：被捕之前，亲属有权对犯罪的亲属进行各种庇护行为，包括藏匿罪犯、通报消息、帮助逃亡、毁灭犯罪证据、隐瞒实情、贿（私）和、阻拦报官等，甚至利用职务之便向犯罪人"漏露其事"和"摘语消息"，这些行为也不会被治罪；被捕以后，亲属只享有拒绝作证的权利，其他的实际帮助行为，诸如作伪证、帮助逃狱、协助自

① 参见《资治通鉴》卷二〇一《唐纪》"高宗龙朔二年冬十月癸丑"条、"高宗龙朔三年三月"条，上海古籍出版社，1987，第1349、1350页。

② 这方面的担心、质疑较多，其中以刘清平先生为代表，他说："只有君主官员才能凭借手中的权力、关系和门路，在自家亲属犯下罪行（尤其是针对普通人的不义罪行）之后，依据'事亲为大'的儒家精神，将亲情私利凌驾于法律典章之上，采取隐瞒伪证、包庇窝藏、协助潜逃、重罪轻判等途径，帮助自家亲属逍遥法外，结果导致正义不能伸张、受害者的冤屈无法洗雪。试问，即便在今天，同样处于'其父杀人'的情境，同样按照'亲亲相隐'的原则，究竟是高官、还是平民更容易将其'窃负而逃、遵海外而处、终身欣然'？从这个角度看，儒家的亲亲相隐观念归根结底还是为权势者利用不正当的制度谋取私利鸣锣开道。"参见刘清平《父子相隐、君臣相讳与即行报官——儒家"亲亲相隐"观念刍议》，《人文杂志》2009年第5期。

杀或利用权力干预司法审判等均在禁止之列。这样的区别，按照古代律学家的解释，是因为"在家以恩掩义，在官以义断恩"。①《大清律例根原》"亲属相为容隐"条按语中也说："盖官司未经拘执，得以恩掩义，而拘执在官，即当以义断恩故也。"②

此外，法律还强调了容隐与共犯的区别。容隐是犯罪行为结束后，帮助犯罪人逃避法律制裁的庇护行为；若犯罪行为正在进行，帮助行为则属于共同犯罪，帮助者以从犯论。之所以要强调这样的区别，是因为在持续性的犯罪活动中，他人的帮助行为，究竟属于容隐还是共同犯罪，可能容易混淆。如拐逃人口案中，亲属帮助逃亡，是按亲属有权容隐免责还是按共同犯罪来制裁？

关于此，古代法典中虽没有明确规定，但司法实践中是按从犯来处置的。如清乾隆三十二年（1767），四川仁寿县刘镇奸拐林张氏同逃，其兄刘镒知情护送。结果刘镇被发遣为奴，刘镒"知情护送，实系为从，合依为从减等满刑（徒）例，应杖一百，徒三年"。③ 又如乾隆三十六年（1771），湖南永顺县潘文科杀彭金贵，拐带其妻彭彭氏同逃，潘文科乞求母潘匡氏将其送往原籍芷江县老家躲避，因潘文科不识路途，潘匡氏遂令其子潘文鳌、孙潘开崟带路同行。事发，潘匡氏、潘文鳌、潘开崟三人均依"和诱知情为从"律各杖一百、徒三年。④

在持续性犯罪活动中，还可能存在鼓励、支持或祖护犯罪活动的

---

① （明）雷梦麟：《读律琐言》卷一《名例律》"亲属相为容隐"条，法律出版社，2000，第52页。
② 郭成伟主编《大清律例根原》卷一四《名例律下》"亲属相为容隐"条按语，第201页。
③ 四川省档案馆编《清代巴县档案汇编（乾隆卷）·刑房·人犯管理·人犯移解》"乾隆三十二年六月二十四日巴县申册"，档案出版社，1991，第69页。
④ （清）全士潮、张道源辑《驳案新编》卷一二《刑律·人命》"因奸同谋杀死亲夫"条，（清）全士潮、张道源等纂辑，何勤华、张伯元、陈重业等点校《驳案汇编》，第238~240页。

行为，这些行为不属于直接协助犯罪的行为，不能构成从犯或共犯。但鼓励、支持一类可能有助于犯罪活动的进行，可以称为纵容犯罪。纵容行为也容易与容隐行为混淆。《唐律疏议》的作者就已经将二者混为一谈：

> 诸知情藏匿罪人，若过致资给，令得隐避者，各减罪人罪一等。（藏匿无日限，过致资给亦同。若卑幼藏隐，匿状已成，尊长知而听之，独坐卑幼。部曲、奴婢首匿，主后知者，与同罪。即尊长匿罪人，尊长死后，卑幼仍匿者，减五等）。
>
> 疏议曰："'藏匿无日限'者，谓不限日之多少，但藏匿即坐。过致资给，亦同无日限。若卑幼藏隐，匿状既成，以其同居，得相容隐，故尊长知而听之，独坐卑幼，尊长不坐。部曲、奴婢作首，隐匿罪人，'主后知者，与同罪'，谓同部曲、奴婢，各减罪人罪一等。以主不为部曲、奴婢隐故也。"①

这是一条关于卑幼及部曲、奴婢擅自藏匿罪人，尊（家）长如果"知而听之"（放任、鼓励一类）是否处罚的规定。那么，尊长"知而听之"的行为属于纵容还是容隐呢？这里有一个基本的判断标准：如果"知而听之"的行为有利于犯罪活动的继续，就是纵容；如果"知而听之"的行为有利于犯罪人逃脱法律制裁，那就是容隐。从律文内容来看，显然是说尊（家）长"知而听之"的行为让犯罪活动得以持续，所以才考虑是否制裁尊（家）长，疏议的作者以容隐权来解释是否制裁尊（家）长，其实是曲解了律文的原义。如疏议作者言，尊长既然有权容隐，律文就没有必要专门为尊长开脱罪责，这正好反证律文中的"尊长知而听之，独坐卑幼"并非基于容

---

① 《唐律疏议》卷二八《捕亡律》"知情藏匿罪人"条律注及疏议，第541页。

隐原则。

司法实践中，法官有时也分不清楚纵容与容隐。清乾隆年间，孙万全之胞姊陈孙氏与陈固荣通奸，后陈孙氏被陈固荣杀死。因孙万全知晓其姊奸情，也遭逮捕，但四川地方法司认为孙万全律得容隐，并未治罪。[①] 孙万全清楚其姊通奸并未阻止，应该是纵容通奸行为，但法司认为其行为属于容隐。又道光七年（1827），于六因女姐儿夫故，将其接回改许与杨大为妻，尚未迎娶，姐儿与张八通奸并产下一子，后被詹泳贵看破，向杨大告知，致杨大闻而退婚。于六查知气忿，起意揉瞎了詹泳贵两眼。姐儿与人通奸生子的过程，于六是知情允许的。他的行为属于"纵容"还是"容隐"？刑部法司也没搞清楚，在说帖中，先说于六"知情纵容"，后又认为属于"容隐"。[②]"纵容"和"容隐"确实存在区分不清的问题，或许只能以犯罪活动是否结束作为界限，犯罪活动结束以后的帮助行为属于容隐，在此之前的帮助行为只能以从犯或纵容论。

四　容隐与干名犯义

古代法律中，在如何对待亲属犯罪行为的问题上，除了容隐制度外，还有禁止"干名犯义"的法条，即不得告发尊亲属的犯罪行为，否则制裁。春秋时代可能就已出现此类规定；[③] 秦律则明确禁止"子告父母，臣妾告主"一类的行为；[④] 汉代法律不准"子告父母，妇告

---

① （清）祝庆祺、鲍书芸辑《刑案汇览》卷五《名例·亲属相为容隐》"犯奸不得容隐埋尸亦系侵损"条，第 185 页。

② （清）祝庆祺、鲍书芸辑《刑案汇览》卷三八《刑律·斗殴·威力制缚人》"父子揉瞎人眼睛抽风身死"条，第 1409~1411 页。

③ 《太平御览》卷六二四《治道部五·政治三》引《孙卿子》载曰："鲁有子讼父者，康子曰杀之。"（中华书局，1960 年影印本，第 2797 页下栏）康子即鲁国大夫季孙肥，他要杀告父之子，说明鲁国法律可能以告尊亲为罪。

④ 睡虎地秦墓竹简整理小组编《睡虎地秦墓竹简》，文物出版社，1978，第 196 页。

威公，奴婢告主、主父母妻子"；① 北魏法律规定子孙告父祖死罪。②
唐宋法律中，五服之内的尊长，卑幼皆不得告，告直系尊亲，处以绞
刑；③ 告期亲尊长，徒二年；告大功尊长，减一等处罚；告小功、缌
麻尊长，减二等处罚。④ 元明清律也设有"干名犯义"的专条，严惩
告发尊长的行为。⑤

干名犯义与容隐的法条虽同样涉及如何对待亲属犯罪的问题，但
二者属性不同，至少有以下显著的区别。

首先，作用不同。确立容隐制度的目的在于维护"亲亲"原则，
规定干名犯义则是为了贯彻"尊尊"原则。"亲亲"与"尊尊"虽
同是儒家亲属伦理的两大原则，但"亲亲"尚"仁"，"尊尊"重
"义"，故曰："厚于仁者薄于义，亲而不尊；厚于义者薄于仁，尊而
不亲。"⑥"亲亲"原则下，亲属之间的关系以和为贵，道德要求是双
向的，故容隐也是双向的——尊卑、长幼之间可以互相容隐。"尊
尊"则追求尊卑有序，道德要求是单向的，故干名犯义的禁忌只适
用于卑幼告尊长。而直系尊亲告卑幼，哪怕是诬告，也不治罪；旁系
尊长告卑幼，除去唐宋两朝，其余各朝也均不治罪。

其次，性质不同。容隐是权利，干名犯义则是义务，从法律
规范的种类上说，分别属于授权性规范和禁止性规范。作为权利

① 张家山二四七号汉墓竹简整理小组编《张家山汉墓竹简（二四七号墓）》，第151页。
② 《魏书》卷八八《良吏传·窦瑗传》，第1909页。
③ 《唐律疏议》卷二三《斗讼律》"告祖父母父母"条，第432页。《宋刑统》卷二三《斗讼律》"告祖父母父母"门略同，第414页。
④ 《唐律疏议》卷二四《斗讼律》"告期亲以下缌麻以上尊长"条，第435页。《宋刑统》卷二四《斗讼律》"告周亲以下"门略同，第418~419页。
⑤ 参见《元史》卷一〇五《刑法四·诉讼》，第2671页；《大明律》卷二五《刑律·诉讼》"干名犯义"条，第178~179页；《大清律例》卷三十《刑律·诉讼》"干名犯义"条，第486~487页。
⑥ 《礼记·表记》，（清）阮元校刻《十三经注疏》，中华书局，1980年影印本，下册，第1639页上栏。

的容隐，具有自主性，既可以行使也可以放弃，法律从来不曾规定不容隐有罪。而干名犯义则属于消极义务，必须遵守，不具有自主性。

最后，亲属范围不同。容隐重亲情，亲属范围富有弹性，并不固定，只有大功以上亲及外祖父母、外孙、孙之妇、夫之兄弟、兄弟妻，属于固定的容隐范围；① 其余的小功、缌麻及无服亲，是否属于容隐范围，取决于是否具备同财共居的生活情义。而干名犯义则重服制，亲属范围固定在五服以内，同居与否，并无影响。

尽管容隐与干名犯义有着如上的显著区别，但在论述中，我们往往还是将二者混淆，② 把干名犯义的规定看作容隐制度的组成部分。造成这一错误认识的原因，一是如前所述，古代法典中类似"容隐不首"的表述容易引起误会，让人误以为保持沉默、不告发亲属就是容隐。二是我们自身存在的非此即彼的思维方式：干名犯义规定不得告发亲属，就是要求对亲属的犯罪行为必须容隐，故干名犯义当然是容隐制度的组成部分。

其实，容隐是权利，是否容隐，取决于个人意志，而不取决于能否告发。同时，禁止干名犯义只是要求卑幼对于尊长的犯罪行为必须保持沉默，而法律意义上的容隐系指比沉默更进一步的庇护行为，故必须沉默并不等于必须容隐。换言之，干名犯义与容隐之间完全可以存在中间状态——对亲属的犯罪行为既不揭发也不庇护。

因将容隐与干名犯义混为一谈，学界在讨论容隐的性质问题时，一般认为中国古代的容隐具有义务属性或是兼具权利与义务的双重属

---

① 以上是唐宋律中固定的容隐范围，明清律则在此基础上增加了岳父母和女婿。

② 只有个别学者对容隐和亲属间的讼权限制（干名犯义）在性质和法律关系上进行了区分。参见宋大琦《亲属容隐制度非出秦律说》，《内蒙古大学学报》2005 年第 6 期，第 80~83 页。

性。如瞿同祖先生认为卑幼必须为尊长容隐罪行。① 陈光中先生在
《中国大百科全书·法学》中将"亲亲相隐"定义为"亲属之间有
罪应当互相隐瞒，不告发和不作证的不论罪，反之要论罪"，言外
之意也是说必须容隐，否则治罪。② 刘俊文先生说，法律之所以规
定不许告发尊亲是出于容隐精神的考虑。③ 范忠信先生说，在中国古
代"为近亲属容隐的义务重于为远亲属容隐的义务，为尊亲属容隐
的义务重于为卑亲属容隐的义务"，并认为包括中国在内的古代各国
容隐制度的共同特征就是"把容隐主要作为子孙对尊长的义务规定
下来"。④ 邓晓芒先生认为，容隐制度以伦常为本，尊卑之间权利、
义务不对等。⑤ 黄源盛先生认为容隐制度下，亲属之间不仅有罪可以
庇护，而且不准相互告发和作证。⑥ 崔发展先生也认为，中国古代
"亲属之间的容隐并不是'可以容隐'的权利，而是'必须容隐'的
义务"。⑦ 韩树峰先生同样认为容隐不仅是权利，更是义务，他甚至
强调义务性"是'亲亲相隐'制度存在的前提"。⑧ 俞荣根先生认
为，容隐"既为伦理权利，又系伦理义务"。⑨ 类似的言论还有很多，

① 参见瞿同祖《中国法律与中国社会》，第 57 页。
② 《中国大百科全书·法学》（修订版）"亲亲相隐"条，第 405 页。
③ 参见刘俊文《唐律疏议笺解》卷二三《斗讼律》"告祖父母父母"条"解析"，
　　第 1626 页。
④ 范忠信：《中西法律传统中的"亲亲相隐"》，《中国社会科学》1997 年第 3 期。
⑤ 参见邓晓芒《再议"亲亲相隐"的腐败倾向：评郭齐勇主编的〈儒家伦理争鸣
　　集〉》，《学海》2007 年第 1 期。
⑥ 黄源盛：《人性、情理、法意——亲亲相隐的传统与当代》，《法制史研究》第 29
　　期，2016 年。
⑦ 崔发展：《缘情立法——中西法律中的容隐制的情感本源》，《北京青年政治学院
　　学报》2008 年第 3 期。
⑧ 韩树峰：《汉魏无"亲亲相隐"之制论》，中国政法大学法律古籍整理研究所编
　　《中国古代法律文献研究》（第六辑），社会科学文献出版社，2012，第 229 页。
⑨ 俞荣根：《私权抗御公权——"亲亲相隐"新论》，《孔子研究》2015 年第 1 期。

不再逐一列举。① 所以，区分容隐与干名犯义，对于认识容隐制度的性质具有十分重要的意义。

第二节　容隐的亲属范围

一　法律确定容隐亲属范围的标准

古代法律基本依据生活情义和亲等来确定容隐的亲属范围，如《唐律》规定：

> 诸同居，若大功以上亲及外祖父母、外孙，若孙之妇、夫之兄弟及兄弟妻，有罪相为隐；部曲、奴婢为主隐，皆勿论。②

这里，法律在确定容隐范围时，主要考虑了四个因素：一是具有同居生活情义的亲属，二是亲等在大功以上的亲属，三是一些服制在

---

① 学界一般不对容隐与干名犯义作区别，而是把干名犯义当作容隐制度的组成部分，并由此认为容隐具有义务属性。这一点鲜有例外，包括笔者以前对容隐制度的论述（参见魏道明《始于兵而终于礼——中国古代族刑研究》，第51~63页）。林桂榛认为干名犯义是不同于容隐的另类诉讼制度（参见林桂榛《关于"亲亲相隐"问题的若干辨正》，《哲学动态》2008年第4期）。但有意思的是，林桂榛先生一方面认为干名犯义不同于容隐，另一方面却考证出中国古代法典中的容隐是专指沉默行为而不包括庇护行为。如此一来，在逻辑上就出现了问题，两个结论互相矛盾：容隐是允许沉默，干名犯义是必须沉默，二者岂不是两位一体？至少可以说干名犯义是容隐制度的保障机制，又如何能说干名犯义是不同于容隐的另类诉讼制度呢？所以，只有把容隐的含义界定为庇护行为，所谓干名犯义是不同于容隐的另类诉讼制度的说法才可以成立。张传玺在《再议古代法律中的"亲属容隐"规定》（《法制史研究》第15期，2009年）一文中认为，中国古代法律中的容隐专指藏匿行为，与告发无关。但他认为，容隐是专指藏匿行为仅仅局限于唐代法条，明清律已经发生了变化。容隐有藏匿和不告两种含义，实际上他未能真正将容隐与干名犯义区分开。

② 《唐律疏议》卷六《名例律》"同居相为隐"条，第130页。

大功以下且又不同居但情义深重的亲属，四是家奴。第三、四种情况属于补充和例外，可以说，法律确定容隐范围的主要标准是同居关系和大功以上亲。

1. 同居

同居，按照字面意思，就是共同居住、共同生活。但法律意义上的同居，要复杂得多。《唐律疏议》曰：

> 诸同居……有罪相为隐。疏议曰："'同居'谓同财共居，不限籍之同异，虽无服者，并是。"①

按此，构成同居关系，不仅要共同居住、共同生活在一起，还要彼此之间保持财产共有关系。而且，判断同居的主要依据是共财而非共同居住，只要保持财产共有，哪怕是异地分居，也可以视为同居。② 如汉代张释之在都城居官十余年，却一直与家乡的兄长保持共财，《史记》《汉书》均称其兄弟同居。③ 仅仅是共同居住而缺少共财关系，并不视为同居。如家中的部曲、奴婢，虽与主人共同居住、共同生活，但主奴之间不同财，并非法律上的同居关系。

既然同居关系主要由是否同财来确定，那么，某些亲属虽共同居住，但也不能称同居，彼此无权相互容隐，如继父、继子之间。

《仪礼·丧服》《礼记·丧服小记》将继父区分为同居继父和不同居继父两种。有些论著以为区分的标准在于继子是否随母与继父共同居住、生活，④ 其实不然。孔颖达在释《礼记》中的"继父不同

---

① 《唐律疏议》卷六《名例律》"同居相为隐"条，第130页。
② 〔日〕牧野巽：《支那家族研究》，东京：生活社，1944，第153页。转引自〔日〕滋贺秀三《中国家族法原理》，张建国、李力译，法律出版社，2003，第57页。
③ 《史记》卷一〇二《张释之传》，第2751页；《汉书》卷五〇《张释之传》，第2307页。
④ 参见陈鹏生主编《中国古代法律三百题》，上海古籍出版社，1991，第368页。

居"时说："继父者，谓母后嫁之夫也。若母嫁而子不随，则此子与母、继父，固自路人，无继父之名。"① 所以，只有随母与其后嫁之夫共同居住、生活，才有继父之称。

显然，同居继父和不同居继父的区别标准，与是否共同居住无关。判断继父与继子同居与否，主要看他们之间是否同财。《礼记·丧服小记》中说，继父和继子"同财而祭其祖祢为同居"；② 贾公彦在疏《仪礼·丧服》中的"继父同居者"时也说："子家无大功之内亲；继父家亦无大功之内亲；继父以财货为此子筑宫庙，使此子四时祭祀不绝；三者皆具，即为同居……三者一事阙，虽同在继父家，亦名不同居。"③ 可见，继父与继子只有形成了共财及祭祖的密切关系，方可称同居。法律判断继父与继子是否同居的标准，完全遵循了礼制的规定。《唐律疏议》曰：

> 疏议曰：继父者，谓母后嫁之夫。注云"谓曾经同居，今异者"，依礼继父同居服期。谓妻少子幼，子无大功之亲，与之适人，所适者亦无大功之亲。而所适者以其资财，为之筑家庙于家门之外，岁时使之祀焉，是谓"同居"……其不同居者，谓先尝同居今异者。继父若自有子及有大功之亲，虽复同住，亦为异居。若未尝同居，则不为异居，即同凡人之例。④

按此，继父与继子之间如不符合同居的三个条件，"虽复同住，亦为异居"。已形成同居关系的继父与继子，若以后继父有子，也就是说继父有了大功以上亲，继父与继子的关系又疏远了，变成了不同

---

① （清）阮元校刻《十三经注疏》，下册，第1500页中栏。
② （清）阮元校刻《十三经注疏》，下册，第1500页中栏。
③ （清）阮元校刻《十三经注疏》，上册，第1108页下栏。
④ 《唐律疏议》卷二三《斗讼律》"殴妻前夫子"条疏议，第419页。

居关系，称先同居后异居继父。

总之，礼法将继父与继子关系分为不同居、同居、先同居后异居三类。形成同居关系的继父、继子间，自然适用"同居相为隐"的法条，未形成同居关系的继父、继子间，则无权相互容隐。至于先有同居关系后又变为异居关系的继父、继子，在同居关系存续期间，当然可相互容隐罪行，同居关系终止后，按理来说，已不能互相容隐。但法律准许容隐的亲属范围，还有大功以上亲，而继子对先同居后异居的继父服齐衰三月，① 亲等在大功之上，仍可以相互容隐。

如上所述，继父与继子同住，也不一定能够相互容隐。继母与继子则非。礼法没有像区分继父那样来区别继母身份，《仪礼·丧服》篇说"继母如母"，就是说继母没有身份上的差别，皆等同于亲生母亲，只要共同生活，继母与继子就可相互容隐。这其中的理由，一方面是为了尊父。《仪礼·丧服》篇曰："继母何以如母？继母之配父，与因母同。故孝子不敢殊也。"② 另一方面，按照礼制要求，子妇无私货，继母如有财产，也应归夫掌管，自然无法按是否同财来区分继母、继子关系。

一般而言，同居共财者必定同籍，同居共财又称同籍共财，即为明证。《史记》《汉书》称异居的张释之兄弟同居，应是兄弟虽异居但不别（异）籍。秦简《法律答问》中说："可（何）谓'室人'？可（何）谓'同居'？'同居'，独户母之谓殹（也）。'室人'者，一室，尽当坐罪人之谓殹（也）。"③ 日本学者冨谷至认为，"户母"通"户戊（牡）"，也即门闩，"独户母"就是"独立的户母"；所

---

① 因同居继父、异居继父和不同居继父与继子的亲等关系各不相同，故《仪礼·丧服》篇中分别规定了继子对三种继父不同的服制："同居则服齐衰期，异居则服齐衰三月。"联系上下文，继子对同居继父、先同居后异居的继父分别服齐衰一年和齐衰三月，而对于从未形成同居关系的不同居继父，继子则无须为之服表。

② （清）阮元校刻《十三经注疏》，上册，第1103页下栏。

③ 睡虎地秦墓竹简整理小组编《睡虎地秦墓竹简》，第238页。

谓同居就是拥有同一个门闩居住房屋的人群，而户籍正是依据同一居住房屋制定的，故同居也就是同一个户籍的群体。① 《汉书·惠帝纪》中有"今吏六百石以上父母、妻子与同居"之语，唐人颜师古注曰："同居，谓父母妻子之外若兄弟及兄弟之子等见（现）与同居业者，若今言同籍及同财也。"② 即认为同籍与共财并行发生——同籍者一般共财、共财者必然同籍。但上引疏议却说"'同居'谓同财共居，不限籍之同异"，说明当时存在由不同户籍者组成的同财团体。

姑且不论此种异（别）籍同财团体形成的原因及形式，但作为有权相互容隐的团体，异（别）籍同财应是由亲属组成的团体，并不是说彼此没有亲属关系、不同户籍者组成的共财群体也可以互相容隐。所以，明、清律虽然继承了唐律对同居的解释，但为了避免误会，在释文中专门加了"亲属"二字："同居谓同财共居亲属，不限籍之同异，虽无服者，亦是。"③

由亲属组成的同居共财群体，其规模经历了一个从大到小的变迁过程。先以同祖之亲属为共同生活的单元，如氏族；后缩小为同父，即由同父之数代直系亲属组成同居团体。若父亡，兄弟则分家另立。此类同居团体内所能包含的直系后代，取决于父的寿命，一般来讲，父的寿命可以坚持到三代同居，故三代同居大概是古代社会的一般情形。故同居相隐，所包含的亲属范围，通常情况下只有三代，与大功亲属范围相当。

当然，由于儒家伦理倡导家族世代不分居、财产共有，故父死兄

---

① 〔日〕冨谷至：《秦汉刑罚制度研究》，柴生芳、朱恒晔译，第 155~156 页。
② 《汉书》卷二《惠帝纪》，第 88 页。
③ 《大明律》卷一《名例律》"亲属相为容隐"条，第 18 页；《大清律例》卷五《名例律下》"亲属相为容隐"条，第 120 页。

弟继续同财共居乃至累世（代）同居者，也不罕见。① 此类同居群体所包含的人口众多，有数百口乃至上千口，远远超过了大功亲的范围。如唐代张公艺，九世同居共财;② 又如江州陈氏，累代同居，族中千余口。③ 按照容隐律条中"同居……虽无服者，并是"的规定，累世同居的家族，成员之间无论亲疏远近，皆可以互相容隐。司法实践也依循了此项原则。清代乾隆六十年（1795）的刑部"说帖"就曾明确指出："容隐之亲属虽首重服制，但同居共财，即无服之亲皆得勿论。"④

然而，累代同居需要强大的经济实力和高度的道德教化，二者缺一不可,⑤ 一般人家很难做到。父死子分家另立，是古代社会的常态。不妨这样认为，古代法律虽规定容隐的亲属范围包括同居亲属及大功亲属，但二者往往是重合的，大功亲属就是同居亲属，同居亲属就是大功亲属。或因为此，古人习惯以"同居"或"大功"来概括容隐的亲属范围。前者，如唐宋明清各朝律典皆以"同居相为（容）隐"作为容隐律条名称；后者，如孔颖达概括唐律"今之律令，大功已上得相容隐"及邢昺概括宋律"今律，大功已上得相容隐"。⑥

① 史书上将这种以族为家、家族一体又获得旌表的团体称为"义门"。累代同居的义门历代皆有，从《宋书》开始，历代正史中的《儒林传》《孝友传》《孝义传》等多有记载。据黎小龙、王善军的统计，历代正史记载的"义门"计有：南北朝时 23 家，隋 2 家，唐 41 家，五代 2 家，宋 54 家，元 28 家，明 28 家，清 7 家，合计 185 家。参见黎小龙《义门大家庭与宗族文化的区域特征》，《历史研究》1998 年第 2 期；王善军《关于义门大家庭分布和发展的几个问题——与黎小龙先生商榷》，《历史研究》1999 年第 5 期。

② 《旧唐书》卷一八八《孝友传·刘君良传附张公艺传》，第 4920 页。

③ 《宋史》卷四五六《孝义传·陈竞传》，第 13392 页。

④ （清）祝庆祺、鲍书芸辑《刑案汇览》卷四《名例律·犯罪自首》"小功缌麻首告应查是否同居"条，第 136 页。

⑤ 瞿同祖：《中国法律与中国社会》，第 5 页。

⑥ 参见《尚书·康诰》孔颖达，（清）阮元校刻《十三经注疏》，上册，第 204 页下栏；《论语·子路》邢昺疏，（清）阮元校刻《十三经注疏》，下册，第 2507 页下栏。

2. 大功以上亲

所谓大功，原是指丧服，即居丧时的穿戴。与斩衰、齐衰、小功、缌麻共同构成"五服"。在中国古代社会中，服饰被看作区别尊卑等级的重要标志，不仅平常所穿的"吉服"有等级之别，居丧时生者为死者守丧所穿的"凶服"（即丧服）也有区别。由于丧服制度是根据血缘关系的远近及尊卑关系制定的，丧服等级即亲等的差别，故礼制中的丧服名称就转化为法律上的亲等名称。

但丧服等级与亲等略有差异，不能完全对应。丧服制度中父、母不同制，分别有斩衰、齐衰三年、齐衰杖期，而法律中父母则并列，单用斩衰或齐衰不能包容，故法律中的亲等不直接使用斩衰、齐衰之名，而是将齐衰杖期以上的直接称父、母、夫，其他属于齐衰服制的亲属（包括齐衰不杖期及齐衰五月、三月）统称为期亲，其余大功、小功、缌麻等丧服名称则直接转化为法律上的亲等名称。其具体的范围：直系亲属除去父母，祖父母（包括曾祖父母、高祖父母）、子女为期亲，孙（包括曾孙、玄孙）为大功；旁系亲属，范围大体上如《礼记》孔颖达注："同父则期，同祖则大功，同曾祖则小功，同高祖则缌麻。"[①]

法律规定大功以上亲可相互容隐，包含了父母、期亲、大功三个亲等，范围大约是所有的直系亲属和同一祖父也即三代以内的旁系亲属。

古代服制有所谓加服和降服。加服，本服轻因特殊情况而加重。加重的原因多种多样。如继母，原本服小功，若有养育之恩，便加重为齐衰三年。降服，本服重而降之从轻。如堂兄弟、堂姊妹，本服大功，若出继或出嫁，降为小功。

此类情形，《唐律》"同居相为隐"条疏议中说"若大功以上亲，

---

① 《礼记·丧服小记》孔颖达注，（清）阮元校刻《十三经注疏》，下册，第1495页中栏。

各依本服"。那么，服制加、降理应不影响容隐范围。① 堂兄弟、堂姊妹，若出继或出嫁虽降为小功，但本服为大功，互相仍可容隐。至于有养育之恩的继母，虽加重为齐衰三年，本服仅为小功，按理不能相互容隐，但继母一般为同财共居亲属，仍符合同居相容隐的条件。即便是父子财产分立、结束共财关系，继母虽已不属于同财共居亲属，但按照礼制"继母如母"的原则，继子、继母之间仍可相互容隐。

古代丧服并非完全按血缘关系的远近来确定，也考虑了尊卑长幼身份，故有尊卑不同服的现象。凡卑幼为尊长之服，称"制服"，尊长为卑幼之服，称"报服"。在旁系尊、卑服制中，制服与报服是对等的，如叔侄互服齐衰不杖期。但在直系尊、卑服制中，制服与报服不相等，制服高于报服。② 如按清代规定，曾孙为曾祖父母服齐衰五月，元（玄）孙为高祖父母服齐衰三月，而曾、高祖父母为曾、元（玄）孙只服缌麻。③ 按照律条大功以上相为容隐的规定，非同财共居的亲属间，势必会出现曾、高祖父母可容隐曾、元（玄）孙而曾、元（玄）孙不能容隐曾、高祖父母的情形。为解决这一矛盾，《唐律》规定：

> 诸称"期亲"及称"祖父母"者，曾、高同。称"孙"者，曾、玄同。④

---

① 刘俊文：《唐律疏议笺解》卷六《名例律》"同居相为隐"条解析，第 470 页。
② 参见丁凌华《五服制度与传统法律》，商务印书馆，2013，第 150 页。
③ 参见《大清律例》卷三《服制》，第 76~78 页。
④ 《唐律疏议》卷六《名例律》"称期亲祖父母等"条，第 136 页；宋、明、清律略同，参见《宋刑统》卷六《名例律》"杂条"门，第 112 页；《大明律》卷一《名例律》"称期亲祖父母"条，第 21 页；《大清律例》卷五《名例律下》"称期亲祖父母"条，第 124 页。

依此，曾祖父母、高祖父母同祖父母，曾孙、元（玄）孙同孙，祖、孙之间亲等在大功以上，既然能容隐，他们之间也可以互相容隐。但这种曾祖父母、高祖父母同祖父母，曾孙、元（玄）孙同孙的规定，只适用于本宗亲属，外亲并不适用。所以，唐宋法律一方面规定外祖父母、外孙之间有罪可相互容隐，同时又专门说明"此等外祖不及曾、高，外孙不及曾、玄也"。① 明清法律虽无这样的专门说明，但法律精神应该是与唐宋一致的，外曾、高祖父母与外曾、元（玄）孙之间不可以互相容隐。

二　各朝容隐制度中亲属范围的变化

汉代是中国古代容隐制度形成的重要阶段，法律中很有可能已经出现了容隐制度，但可容隐的亲属范围不得而知。地节四年（前66），宣帝下诏曰："自今子首匿父母、妻匿夫、孙匿大父母，皆勿治；其父母匿子、夫匿妻、大父母匿孙，罪殊死以下，皆诣廷尉以闻。"② 这条诏令虽不是一般意义上允许亲属容隐的规定，只是亲属间不适用"首匿之科"的诏令，但此诏令可以看作允许亲属容隐的前奏曲，似乎可以作为推测汉代容隐亲属范围的依据。诏令中提及的亲属有子、孙、父母、大父母（也即祖父母）、夫、妻，按照亲等来划分，基本属于期亲以上的范围。据此，我们或许可以认为，汉代如果有容隐，其亲属范围应以期亲为限。③

---

① 《唐律疏议》卷六《名例律》"同居相为隐"条，第130页；宋代略同，参见《宋刑统》卷六《名例律》"有罪相容隐"门，第107页。

② （汉）荀悦：《汉纪》卷一八《宣帝纪二》，文渊阁四库全书本，台北：台湾商务印书馆，1986年影印本，第303册，第368页下栏。

③ 东汉大将军梁商党政时，有人诬陷霍谞之舅宋光，霍谞上书梁商，为宋光辩诬，称"（霍）谞与（宋）光骨肉，义有相隐"（《后汉书》卷四八《霍谞传》，第1616页）。按中国古代容隐的一般原则，或是大功以上或是同居，方可相互容隐。甥舅之间，服制不过缌麻，也不同居，如果如霍谞所言能够"相隐"，显然范围太大了。要注意霍谞说的不是律有相隐而是"义有相隐"，只是他个人的看法与主张。

　　魏晋南北朝时期，容隐的亲属范围多以期亲为限。萧梁皇侃疏《论语》时引晋人范宁语"今王法，则许期亲以上得相为隐，不问其罪"；① 北魏律也有期亲相隐之条，② 可知当时的容隐范围一般为期亲。十六国时，后秦姚兴"下书听祖父母、昆弟得相容隐"。③ 祖父母、兄弟皆为期亲，容隐范围仍限定在期亲之内。

　　到了唐代，允许容隐的亲属范围拓宽了许多。《唐律》规定："诸同居，若大功以上亲及外祖父母、外孙，若孙之妇、夫之兄弟及兄弟妻，有罪相为隐。"④ 按此，以下三类亲属之间都可以互相容隐：一是具有同居生活情义的亲属，无论亲疏远近；二是亲等在大功以上的亲属，无论同居、异居；三是一些服制在大功以下且又不同居但情义深重的亲属，如外祖父母、外孙一类。其中，第三种情况属于补充，可以说，唐代容隐的范围主要是同居亲属和大功以上亲。

　　两宋法律中，关于容隐的亲属范围一如唐律。《宋刑统》规定："诸同居，若大功以上亲及外祖父母、外孙，若孙之妇、夫之兄弟及兄弟妻，有罪相为隐。"⑤ 但宋人著述中，却不时出现五服之内亲属许相容隐的说法。以下略举几例：

　　　　刑部言：五服许相容隐。⑥

---

① （魏）何晏集解，（梁）皇侃义疏《论语集解义疏》卷七《子路》，文渊阁四库全书本，第 195 册，第 461 页上栏。
② 参见《魏书》卷一一一《刑罚志》，第 2887 页。
③ 《晋书》卷一一七《姚兴载纪》，中华书局，1974，第 2980 页。
④ 《唐律疏议》卷六《名例律》"同居相为隐"条，第 130 页。
⑤ 《宋刑统》卷六《名例律》"有罪相容隐"门，第 106 页。
⑥ （宋）李焘：《续资治通鉴长编》卷二五三"神宗熙宁七年五月癸亥"条，文渊阁四库全书本，第 318 册，第 321 页上栏。

其在五服之内于法许相容隐者，皆不得为代。①

在法：五服内许相容隐，而辄告论者，并同自首。②

为何宋人将律文中大功以上相容隐表述为五服相容隐？笔者揣测，可能的原因有二。一是按《宋刑统》的规定，小功以下亲属虽然无权相隐，但考虑到其间的亲属关系，故又规定"其小功以下相隐，减凡人三等"。③ 小功、缌麻亲属相隐既然减等处罚，从一定意义上讲，他们之间也"有权"容隐。④ 二是《宋刑统》规定，除去谋叛以上罪，五服之内亲属不得互相告发。⑤ 时人或许以为，五服之内亲属不得互相告发犯罪行为，就意味着他们之间有罪必须相互容隐。⑥

无论何种缘由，将律文中大功以上相容隐表述为五服相容隐，都是极不妥当的。如前所言，大功以上相容隐，法律规定"皆勿论"，属于法律许可的正当合法行为，并非犯罪行为；⑦ 小功以下亲属乃至

---

① （宋）刘敞：《公是集》卷三三"奏外官亲戚相代"条，文渊阁四库全书本，台北：台湾商务印书馆，1986年影印本，第1095册，第691页下栏。

② 《名公书判清明集》卷一三《惩恶门·告讦》"告讦服内亲"条，中华书局，1987，第494~495页。

③ 《宋刑统》卷六《名例律》"有罪相容隐"门，第106页。

④ 在当代，也有学者将小功、缌麻亲属相隐减等处罚看作具有"半容隐权"，参见范忠信《中国亲属容隐制度的历程、规律及启示》，《政法论坛》1997年第4期。

⑤ 参见《宋刑统》卷二三《斗讼律》"告祖父母父母"门、卷二四《斗讼律》"告周亲以下"门，第414~416、418~421页。

⑥ 类似的误解不仅仅出现在宋代，明清律中规定，常人容隐，减罪人罪一等，小功、缌麻相隐，减常人三等，无服之亲相隐，减常人一等。遂有人认为容隐的范围包括"大功、小功及无服之亲，兼本宗外姻"[参见（明）高举等纂《大明律集解附例》卷一《名例律》"亲属相为容隐"条纂注，高柯立、林荣辑《明清法制史料辑刊（第三编）》，第5册，第457页]。因造成误解的原因相同，后文不再赘述。

⑦ 在古代各朝法典中，主人杀伤夜无故入人家者、官吏及旁人捕杀强盗及拒捕者，法律也规定皆"勿论"，属于法律赋予权利。这也可作为"勿论"属于法律许可的正当合法行为而非犯罪行为的旁证。

常人相隐，属于违法犯罪行为，只是减轻处罚而已：常人容隐，减罪人罪一等，小功、缌麻相隐，减常人三等，也即按减罪人罪四等处罚。① 故大功以上相隐与小功以下相隐，一为无罪，一为有罪但减轻刑事处罚，性质迥然不同。如果把小功以下容隐减轻处罚也看作有权容隐，因为常人容隐也减罪处罚，势必会得出常人之间也有权相互容隐的结论。至于不得告发，只是要求对亲属的犯罪行为保持沉默，而容隐是指有实际帮助的庇护行为，如销毁罪证、帮助逃亡一类，沉默与容隐行为之间存在中间状态，不得告发并不意味着必须容隐。

元朝容隐的具体亲属范围，因律典残缺，难以尽知。综合史籍记载来看，其容隐范围，与唐宋有相似之处。《元史》中说"诸子证其父，奴讦其主，及妻妾弟侄不相容隐……并禁止之……凡夫有罪，非恶逆重事，妻得相容隐"。② 又《元典章》："亲属许相容隐者，旧例也。近年哗讦之徒，首告官吏赃罪，动辄攀指其父母、兄弟、妻子为证……大有戾孔门父为子隐、子为父隐之意。"③

其中提到可以容隐的亲属有父子、夫妻（妾）、兄弟、叔侄等，基本属于大功亲以上的范围。这一点可以说是承袭了唐宋的规定。但同居亲属以及服制在大功以下且又不同居但情义深重的亲属（外祖父母、外孙，若孙之妇、夫之兄弟及兄弟妻一类），是否可以互相容隐，则不易确定。

明代初建，朱元璋极为重视法典的编纂，他主持甚至亲自参与法

---

① 《唐律疏议》卷六《名例律》"同居相为隐"条、卷二八《捕亡律》"知情藏匿罪人"条，第130、540页。后世各朝法律略同，参见《宋刑统》卷六《名例律》"有罪相容隐"门、卷二八《捕亡律》"知情藏匿罪人"门，第107、525页；《大明律》卷一《名例律》"亲属相为容隐"条、卷二七《刑律·捕亡》"知情藏匿罪人"条，第18、209页；《大清律例》卷五《名例律》"亲属相为容隐"条、卷三五《刑律·捕亡》"知情藏匿罪人"条，第121、552页。

② 《元史》卷一〇五《刑法志四》，第2671页。

③ 《元典章》卷五三《刑部十五·诉讼·折证》"词讼不指亲属干证"条，第1778页。

典的编撰工作。明律从草创到定型，经历了整个洪武朝，时间跨度达三十年之久，分别形成过洪武元年（1368）律、七年（1374）律、九年（1376）律、二十二年（1389）律和三十年（1397）律。这五种版本的明律在体例、条目及内容上均不尽相同。如在容隐的亲属范围方面，七年律与三十年律便有所差异。

《续文献通考》载洪武六年重修、次年颁行的七年律规定：

> （洪武六年）八月，更定亲属相容隐律：凡同居、大功以上亲及外祖父母、外孙，若孙之妇、夫之兄弟及兄弟妻，若妾之父母、女婿，许相容隐。或奴婢为本使隐者，皆勿论。其小功以下相容隐，减凡人三等。若无服之亲，姑姊妹，夫、妻之兄弟，姑夫、妻侄相容隐者，亦减二等。①

洪武三十年律规定：

> 凡同居（同居谓同财共居亲属，不限籍之同异，虽无服者，亦是），若大功以上亲（谓另居大功以上亲属）及外祖父母、外孙、妻之父母、女婿，若孙之妇、夫之兄弟及兄弟妻，有罪相为容隐。奴婢、雇工人为家长隐者，皆勿论。若漏泄其事及通报消息，致令罪人隐匿逃避者，亦不坐。其小功以下相容隐及漏泄其事者，减凡人三等。无服之亲减一等。②

对比以上两条规定，容隐的亲属范围大致相同。不同的是，三十年律中"妻之父母"在允许容隐的亲属范围内，而七年律中却作

---

① 《续文献通考》卷一三六《刑考·刑制》，文渊阁四库全书本，第 629 册，第 744 页上栏。
② 《大明律》卷一《名例律》"亲属相为容隐"条，第 18 页。

"妾之父母"。怀疑《续文献通考》的记载有误，或缺漏"妻"字，应作"妻妾之父母"。也就是说，七年律中容隐的亲属范围比三十年律多了"妾之父母"。比之唐宋，亲属范围基本相同，只是增加了妻之父母和女婿。

清律中，容隐的亲属范围完全同于明律。为避免误会，《大清律例》对"同居若大功以上亲"作了专门的说明："（同居）谓同财共居亲属，不限籍之同异，虽无服者亦是；（大功以上亲）谓另居大功以上亲属，系服重。"①

明清律对于出嫁、出继降服者是否可以按本服容隐，没有明确规定。

第三节 容隐的适用范围

一 古代法律对容隐适用范围的限制

并非所有的罪种都可以适用容隐，各朝法律对容隐的适用范围皆有所限定。这些限制规定，有些属于各朝的通行原则，有些属于某朝的特殊规定。以下分述。

关于通行原则，北魏律规定"'期亲相隐'之谓凡罪"，② 意思是说容隐只限于普通犯罪行为，重大犯罪则不适用容隐。但哪些犯罪属于重大犯罪，史籍缺载。唐代之后，各朝法典都规定谋叛以上罪不适用容隐，如《唐律疏议·名例律》"同居相为隐"条特别说明"若

---

① 《大清律例》卷五《名例律》"亲属相为容隐"条，第120~121页。
② 《魏书》卷一一一《刑罚志》，第2887页。"之"，《册府元龟》作"指"，参见《册府元龟》卷六一五《刑法部·议谳二》，中华书局，1960年影印本，第7398页上栏。《魏书》点校者认为应以《册府元龟》所载为是（第2892页）。

犯谋叛以上者，不用此律"。① 宋、明、清律略同。②

谋叛以上，是指谋反、谋大逆、谋叛罪，此三项为针对君主、社稷的犯罪行为，位列"十恶"罪的前三项，罪大恶极，自然不能容隐。《唐律疏议》中解释说："谓谋反、谋大逆、谋叛，此等三事，并不得相隐，故不用相隐之律，各从本条科断。"③ 所谓"各从本条科断"是指如果亲属之间容隐谋反、谋大逆、谋叛这三种行为，则按《捕亡律》"知情藏匿罪人"条处罚，④ 即"减罪人罪一等"。⑤

值得注意的是，唐宋律只是规定亲属容隐谋叛以上的罪行要治罪，如果仅仅是不告发、保持沉默，并没有治罪的条文。唐宋时期的《斗讼律》虽设有"知谋反逆叛不告"的专条，但这只是针对容隐范围以外的远亲及常人而言的，容隐范围以内的亲属并没有告发的义务。到了明清时期，规定开始严酷。《大清律例》注云："虽有服亲属，犯谋反、谋大逆、谋叛，但容隐、不首者，依律治罪。"⑥ 所谓"不首"就是指不告发。至此，谋叛以上罪，亲属包括容隐范围内的亲属不仅不能容隐——对犯罪人逃脱法律制裁给予实际的帮助，就是知而不告、保持沉默，也要被治罪。

总之，各朝法典一般都不允许容隐谋叛以上罪。但据《元史·

---

① 《唐律疏议》卷六《名例律》"同居相为隐"条，第 130 页。
② 参见《宋刑统》卷六《名例律》"有罪相容隐"门，第 106 页；《大明律》卷一《名例律》"亲属相为容隐"条，第 18 页；《大清律例》卷五《名例律》"亲属相为容隐"条，第 120~121 页。
③ 《唐律疏议》卷六《名例律》"同居相为隐"条，第 131 页。宋律略同，参见《宋刑统》卷六《名例律》"有罪相容隐"门，第 107 页。
④ 刘俊文先生认为"各从本条科断"是指按《斗讼律》"知谋反逆叛不告"条处罚（参见氏著《〈唐律疏议〉笺解》卷六《名例律》"同居相为隐"条注释，第 469 页）。疑误。因为，容隐指对罪犯逃避法律制裁的各种实际帮助而非保持沉默、不告发，与之相应的是实际帮助犯罪人的"知情藏匿罪人"条而非"知谋反逆叛不告"条。所以，"各从本条科断"是指按《捕亡律》"知情藏匿罪人"条来处罚。
⑤ 参见《唐律疏议》卷二八《捕亡律》"知情藏匿罪人"条，第 541 页。
⑥ 《大清律例》卷五《名例律》"亲属相为容隐"条，第 121 页。

英宗本纪二》记载："驸马许讷之子速怯诉曰：'臣父谋叛，臣母私从人。'帝曰：'人子事亲，有隐无犯。今有过不谏，乃复告讦。'命诛之。"① 速怯告发其父反叛，英宗却以"人子事亲，有隐无犯"而诛杀速怯，似乎说明元代允许容隐反、叛一类的罪行。但仔细斟酌，此案或别有隐情，速怯不仅告父谋叛，也告母私从人，而其母为英宗之女，故英宗羞怒而杀告者。换言之，速怯被杀，是因为告母私从人，而非告父谋叛。显系英宗法外用刑，并不能证明元代允许容隐谋反一类的罪行。

除去以上的通行原则，有时还会有一些亲属之间不得容隐某类罪行的特殊条款。明代曾规定"轮操官军逃在京城内外潜住者……其有亲邻容隐者一体治罪"；② 清代也有类似条例，"逃兵拐带饷米，盗骑马匹脱逃者，俱充军；知情之同居父兄及知情容隐之窝家，照知情窝藏律，俱杖一百，发附近充军"。③ 按此，明清两代均不得容隐"逃军"罪。

乾隆二十八年（1763）四月，湖南巡抚陈宏谋上奏，要求制定条例，对于逃回原籍之军、流人犯，一经回籍，立即首报，不得容留。"容隐之亲属，即照保邻原例杖八十，不得援（亲属）得相容隐之条。"如果此修例的动议获得通过，容留逃犯将成为容隐的新禁忌。好在有人对陈宏谋的奏章提出异议，认为若祖、父逃回原籍，子、孙自然可以容隐，妻对于夫、奴仆对家长，也是同理。于是新条例规定："容留（逃犯）之亲属，除祖、父、子、孙、夫妻、奴仆

---

① 《元史》卷二八《英宗本纪二》，第621页。
② （明）张潢：《图书编》卷一一七《国朝兵制·京营练兵事宜》，文渊阁四库全书本，台北：台湾商务印书馆，1986年影印本，第972册，第570页上、下栏。
③ 《皇朝文献通考》卷二〇二《刑考·刑制》，文渊阁四库全书本，台北：台湾商务印书馆，1986年影印本，第636册，第659页上栏。

外，俱照不应重律，杖八十，不得援亲属得相容隐之条。"① 实际上变成了对容隐亲属范围的限制。

以上所论，均为明确不准亲属相互容隐某种罪行的规定，因为容隐是亲属间的权利，故对亲属的限制属于对容隐适用范围的限制。至于不准同僚、邻佑、常人容隐的规定，史籍中还有一些记载，而在清代条例中，甚至可以用比比皆是来形容。但他们之间本无权容隐，故此种限制不属于对容隐适用范围的限制，不在讨论之列。

关于容隐的适用范围，史籍中还有一些与上述法典规定看似不同的记载。如《元史》中说："凡夫有罪，非恶逆重事，妻得相容隐。"② 又如《续文献通考》记载："（洪武六年）八月，更定亲属相容隐律……犯谋反恶逆，不用此律。"③ 按此，元代及明初，"恶逆"犯罪不得容隐。以上两处记载中的"恶逆"，是专指"十恶"中杀伤尊亲的"恶逆"罪还是泛指一切严重犯罪？史籍中没有给出具体解释。

从情理上讲，所谓"恶逆"，应该是指严重或重大犯罪行为。④ 如果专指杀伤尊亲属，那么《元史》所言只有"恶逆"罪不得容隐，而"恶逆"以外的犯罪包括谋反都能容隐，显然于理难通；也与前引《元史》"诸匿反、叛不首者，处死"⑤ 的记载相互矛盾。因此，《元史》《续文献通考》中的所谓"恶逆"，应该是一个泛称，是指严重犯罪，主要指谋反、谋大逆、谋叛一类的重大犯罪行为。

那么，以上泛指严重犯罪的"恶逆"中是否包括杀伤尊亲属的"恶

---

① 郭成伟主编《大清律例根原》卷九五《刑律·捕亡》"徒流人逃"条附例，第1685页。
② 《元史》卷一〇五《刑法志四》，第2671页。
③ 《续文献通考》卷一三六《刑考·刑制》，文渊阁四库全书本，第629册，第744页上栏。
④ 张晋藩总主编、韩玉林主编《中国法制通史》第六卷《元》，法律出版社，1999，第751页。
⑤ 《元史》卷一〇四《刑法志三》，第2651页。

逆"罪呢？换言之，元代及明初，除去谋反、谋大逆、谋叛各罪，杀伤尊亲属的"恶逆"罪是否也不得容隐呢？目前缺乏证据，难以确定。

此外，各朝法律还有某些犯罪必须告发的特殊规定。如《唐律疏议》《宋刑统》中的《斗讼律》都规定：

> 诸知谋反及大逆者，密告随近官司，不告者，绞。知谋大逆、谋叛不告者，流二千里。知指斥乘舆及妖言不告者，各减本罪五等。[①]

法条中规定必须告发的犯罪行为包括谋反、谋大逆、谋叛、指斥乘舆和妖言五种。必须告发，意味着保持沉默就要被治罪，自然更不允许进行容隐。但按照《名例律》的规定，只有谋反、谋大逆、谋叛罪不适用容隐，《斗讼律》又为何将指斥乘舆、妖言与反、叛一类同列为必须纠告的犯罪行为呢？

笔者以为，《名例律》和《斗讼律》看似互相冲突的规定，实际上并不矛盾。《名例律》中允许容隐的规定是针对亲属而非常人而言的，《斗讼律》中必须告发的规定则是针对常人而非亲属而言的。故《斗讼律》所列必须纠告的犯罪行为，其实与容隐的适用范围并无直接关联。确定容隐的适用范围，应以《名例律》"同居相为隐"条为准。

综上所述，按照各朝法典规定，唐宋律中不准容隐的罪种为谋反、谋大逆、谋叛三项，明清条例中增加了"逃军"罪。除此之外，其余各罪均可适用容隐制度。

二 亲属相犯是否适用容隐

关于容隐制度的适用范围，学界有一种观点认为亲属间互相侵害

[①] 《唐律疏议》卷二二《斗讼律》"知谋反逆叛不告"条，第 427 页；《宋刑统》卷二三《斗讼律》"告反逆"门，第 410~411 页。

的犯罪行为不适用容隐。① 这一说法并无直接依据，应该是从能否告发亲属相犯的其他条文中推论而来的。古代法律对于亲属间的侵犯，一般规定，尊犯卑，不得告；卑犯尊，得告。论者或许将"不得告"错认为必须容隐，随之也将"得告"误解为不能容隐，故有此论。其实，如前所言，"不得告"并不意味着必须容隐，同理，"得告"也不意味着不能容隐。为了更能说明问题，我们以唐、宋律的规定为例：

> 其有五服内亲自相杀者，疏杀亲，合告；亲杀疏，不合告。亲疏等者，卑幼杀尊长，得告；尊长杀卑幼，不得告。其应相隐者，疏杀亲，义服杀正服，卑幼杀尊长，亦得论告；其不告者，亦无罪。②

> 诸被人殴击折伤以上若盗及强奸，虽旁人皆得捕系，以送官司。疏议曰：若男女俱是本亲，合相容隐，既两俱有罪，不合捕格、告言。③

按以上两条的规定，一般亲属之间若发生亲杀疏、尊长杀卑幼的行为，不能告发；而疏杀亲、卑幼杀尊长的行为，可以告发；至于相奸（包括强奸、和奸）行为，则可直接捕捉送官。而容隐范围内的亲属之间发生亲杀疏、尊杀卑或是相奸行为，不得告；若是疏杀亲、卑杀尊，得告。

---

① 参见《中国大百科全书·法学》"亲亲相隐"条，第 475~476 页；《辞海》（第六版）（缩印本）"亲亲相隐"条，上海辞书出版社，2010，第 1503 页。
② 《唐律疏议》卷一七《贼盗律》"亲属为人杀私和"条，第 333~334 页；《宋刑统》卷一七《贼盗律》"亲属被杀私和"门同，第 316 页。
③ 《唐律疏议》卷二八《捕亡律》"被殴击奸盗捕法"条，第 528 页；《宋刑统》卷二八《捕亡律》"旁人捕送"门同，第 513 页。

　　这里，"得告"一词的含义至关重要：如果"得告"是指"必须告"，那就意味着此类罪行不能容隐；若"得告"只是指"可以告"，那就意味着也可以不告，言外之意是说可以容隐。

　　从律文本意来看，"得告"只是"可以告"而非"必须告"，为了防止人们将"得告"误解为"必须告"，律文中还专门强调"其不告者，亦无罪"。所以，容隐范围内亲属的各种相犯行为，按唐宋律的规定，都可以不告。可以不告，虽不是说必须容隐，但至少有了容隐的基础，亲属对于各种亲属相犯行为，拥有充分的选择权：可以告发；也可以不告发；在不告基础上进行容隐，当然也是被允许的。南宋时，黄十诬告父黄乙奸己妻，法官认为"纵使果有新台之事，在黄十亦只当为父隐恶，遣逐其妻足矣，岂可播扬于外"，于是，杖黄十一百，编管邻州。① 这证明，亲属间的各种侵犯行为是可以容隐的。

　　唐宋律规定亲属相犯也能容隐，可能是基于这样的逻辑：亲属相犯，本身就是悲剧，加害之人也是亲人，也应该庇护；若不许容隐，无疑是雪上加霜，有可能使他们面临再度失去亲人的境地。但这只是问题的一个方面。换个角度来看，亲属间的侵犯，属于背叛亲情的行为，允许容隐，有违容隐维护亲情的立法精神。而且，准许容隐奸罪，与法律严厉制裁乱伦行为的规定构成冲突。② 更为严重的是，不加限制地允许容隐各类亲属相犯，对法律刻意维护的尊卑秩序也构成

---

① 参见《名公书判清明集》卷一〇《人伦门·乱伦》"子妾以奸妻诬父"条，第388页。

② 众所周知，古代法律对亲属间性侵犯的行为处罚非常严厉，奸（强奸、通奸）小功以上亲，即构成"十恶"中的"内乱"罪。而容隐范围内的亲属，多是近亲，他们之间若发生性侵犯或通奸行为，处罚应该更为严厉才是。故有人认为上引唐宋律中所谓相奸行为"若男女俱是本亲，合相容隐，既两俱有罪，不合捕格、告言"的规定，若是指可以容隐亲属间的性侵犯，与法理不符。所以，律文中的本亲，实指小功以下亲，即大功以上亲无论是强奸、和奸都可捕送官府，而小功以下亲和奸则可容隐（参见陈慧萍《〈唐律〉中的"礼"——以"亲亲相隐"为中心》，硕士学位论文，青海师范大学，2009，第28页）。这样的解释，可能有些牵强，但论述中对于唐宋律允许容隐亲属相奸行为合理性的质疑，还是值得肯定的。

挑战，假如发生子杀父、母杀父的行为，若允许容隐，岂不是纵容此类以下犯上的行为吗？

因此，明清律典中对于亲属间的杀伤行为，不再刻意区分是否属于容隐范围，纯粹以亲疏、尊卑关系来决定该不该告：亲杀疏、尊杀卑，不得告；疏杀亲、卑杀尊，听告。[1] 按此，明清律对于亲杀疏、尊杀卑的态度，与唐宋律保持一致，应当看作允许容隐此类行为。至于疏杀亲、卑杀尊，规定"听告"，删除了唐宋律中"其不告者，亦无罪"的说明，立法者似乎已觉察到唐宋律允许容隐此类行为所带来的尊卑失序的危险性，倾向于鼓励告发此类行为。但严格意义上讲，所谓"听告"，只是说"允许告"，是指告发卑杀尊不触犯"干名犯义"的条款，并不等于"必须告"，不告也是可以的。所以，按明清律文的本意，卑杀尊的行为，还是可以容隐的。

乾隆五十三年（1788）发生的一例妻杀夫案件。当年，冯克应父亲冯青被母亲冯龚氏殴死，冯克应容隐母亲的罪行，协助母亲潜逃，到官后也不主动供述。四川地方官在判决时，依据容隐原则，对于冯克应的处置意见是"请免置议"。这一判决就是贯彻了可以容隐卑杀尊行为的法条本义。

但允许容隐卑杀尊的行为，的确有悖于尊卑伦理，尤其是"乾隆中叶后，为弘扬伦纪纲常而进行的服制立法空前增多……目的在于树立并维护秩序等级，使卑幼不敢稍有凌犯于尊长"。[2] 在这一大背景下，地方法司准许容隐卑杀尊行为的判决，特别不合时宜，故此案上报中央后，迟迟得不到刑部的批覆意见。直到乾隆六十年（1795），刑部才奉旨批覆认为，律虽准子容隐父母，但父母尊卑有别，母被父

---

[1] 参见《大明律》卷二二《刑律·诉讼》"干名犯义"条，第178～179页；《大清律例》卷三〇《刑律·诉讼》"干名犯义"条，第486～487页。

[2] 边芸：《清代服制命案中的夹签制度研究》，博士学位论文，青海师范大学，2020，第195页。

杀，可以容隐；而父被母杀，如迫于母命，当时未敢声张，到官后也应立即供述，方为人子折中之道。而冯克应到官后仍不主动供述，至破案后才供明实情，不得免议。遂制定新例云："父为母所杀，其子隐忍，于破案后始行供明者，照不应重律杖八十。如经官审讯，犹复隐忍不言者，照违制律杖一百。若母为父所杀，其子仍听，依律容隐免科。"① 这样一来，母杀父的行为，子女不仅不能容隐，而且必须告发。其后，嘉庆十九年（1814），又有"子妇殴毙翁姑之案，如犯夫有匿报、贿和情事，拟绞立决"的条例。② 按此，如果妻殴死舅姑，丈夫匿报也即隐瞒不报就要被治罪，自然不能容隐。

以上两个条例，并非禁止容隐卑杀尊的行为，只是禁止卑幼容隐杀害尊长的凶手，如果被杀者并非容隐者的尊长，案件的性质即便是卑杀尊，按照法条本意，还是可以容隐的。举例来说，若出现母杀父的案件，子女按规定不能容隐，但祖父可以容隐；同理，若媳妇杀害了婆母，丈夫固然不能容隐，但公爹可以容隐。这其中的逻辑是，卑幼无权决定尊长的生死，故不能无视尊长被害的事实而庇护加害人；但尊长有权决定卑幼的生死，自然可以帮助行凶者逃脱法律制裁。所以，卑杀尊的行为，按照清代法条，除去特定亲属，其他在容隐范围内的亲属，还是可以容隐的。上举条例与其说是对容隐适用范围的限制，还不如说是对容隐亲属范围或是对特定亲属容隐权利的限制。

与此同时，明清律也取消了唐宋律中所谓容隐范围内亲属相奸"不合捕格、告言"的限制，允许本夫捉奸，③ 清代条例更是规定服

① 《大清律纂修条例（乾隆六十年）·名例下》"亲属相为容隐"条续纂条例，刘海年、杨一凡总主编《中国珍稀法律典籍集成》丙编第 1 册，科学出版社，1994，第 810~811 页。
② 郭成伟主编《大清律例根原》卷八八《刑律·斗殴下》"殴祖父母、父母"条所附条例，第 1416 页。
③ 参见《大明律》卷一九《刑律·人命》"杀死奸夫"条，第 151~152 页；《大清律例》卷二六《刑律·人命》"杀死奸夫"条，第 423~424 页。

亲属皆有捉奸的权利;① 同时法律还禁止尊长纵容妻妾、女儿、子孙之妇与人通奸,② 这表明法律已不提倡容隐此类行为。但法典中毕竟没有明确规定奸罪不得容隐,故乾隆五十六年（1791）,四川省孙万全纵容其姊陈孙氏的奸情,地方官就以律许容隐判孙万全无罪。此案上报中央后,刑部"说帖"却提出了完全相反的意见：

> （律载）大功以上亲有罪相为容隐者勿论。又例载本夫本妇之有服亲属皆许捉奸各等语。详绎律例,盖亲属得相容隐,系指寻常犯罪而言。至犯奸则辱没祖宗,在亲属均有义忿防闲之责,故尊长有纵奸科罪之条,即卑幼亦在应许捉奸之列。如有知情容隐,自不得援照得相容隐之律予以免议。③

值得注意的是,"说帖"同时引用了允许容隐和允许捉奸的条文,并以后者来限定前者,得出了奸罪不在容隐范围之列的结论。这是非常片面的解释。允许捉奸并不意味着不能容隐,法律中同时出现允许容隐和允许捉奸的条文,无非让人们对于亲属间的奸情,多了一个选择,既可以容隐,也可以捉奸告官。相比而言,地方官的处置意见比刑部的"说帖"更符合律意。虽然本案最后的处置要遵循刑部"说帖"的意见,但"说帖"只是司法实践上的变通,按照律文本意,奸罪也是可以容隐的。

总而言之,除去清代对于卑杀尊的行为规定特定亲属不能容隐外,其他各朝均无特别限制,亲属间的各种侵犯行为,均可适用容隐制度。

---

① 参见《大清律例》卷二六《刑律·人命》"杀死奸夫"条附例,第424~425页。
② 参见《大明律》卷二五《刑律·犯奸》"纵容妻妾犯奸"条,第198页;《大清律例》卷三三《刑律·犯奸》"纵容妻妾犯奸"条,第523页。
③ 参见（清）祝庆祺、鲍书芸《刑案汇览》卷五《名例·亲属相为容隐》"犯奸不得容隐埋尸亦系侵损"条,第185页。

第二章　容隐制度的起源与发展

第一节　容隐思想的产生

一　容隐观念的起源考察

回护亲人，是人类的自然情感，天性使然；对自己亲人的过失或罪行，知情不报甚至进行庇护，也是极为常见的事情。由此而言，容隐的观念，应该有深厚的沃土及广泛的民间基础。当然，这仅仅是逻辑上的推理。在古代早期的文献中，我们却几乎找不到容隐的观念与思想。学界常常谈及所谓先秦典籍中的一些容隐思想，或似是而非，或为后人附会。

《礼记·檀弓上》要求"事君有犯而无隐"，但"事亲有隐而无犯"。郑玄注云："隐，谓不称扬其过失也；无犯，不犯颜而谏。"孔颖达疏曰："子之事亲，本主恩爱，不欲闻亲有过恶，故有隐；不欲违亲颜色，故无犯。臣之事君，利在功义，若有恶不谏，社稷倾亡，故有犯；君之过恶，众所同知，故云无隐也。"①

这一段话经常被学者引用，作为上古存在容隐观念的证据。仔细斟酌，《礼记》的要求与容隐观念还是有相当的距离。首先，容隐是

---

① 《礼记·檀弓上》，（清）阮元校刻《十三经注疏》，上册，第1274页上、中栏。

双向的行为，尊卑互隐；而《礼记》只是要求卑为尊隐。其次，容隐在法律上是指实际的庇护行为，而《礼记》只是要求保持沉默、不告发而已。所以，《礼记》"事亲有隐而无犯"的记载很难看作容隐观念的体现。

又《国语·周语》记载，卫国大夫元咺向晋文公讼其君卫成公，周襄王劝阻晋文公不要听理此案："夫君臣无狱，今元咺虽直，不可听也。君臣将狱，父子将狱，是无上下也。"① 这是反对臣诉君、子讼父的"无上下"行为，道德要求也是单向的。这段记载中并不包含容隐的观念，即便能从中推衍出容隐之意，也只是要求卑为尊隐。

上述反对子孙告发直系尊长的观念，反映到后世法律中，就是禁止告发直系尊亲。秦汉法律已有明确规定。其后，不许告的范围日趋扩大，唐宋律规定，五服之内的尊长，卑幼皆不得告，元明清律略同，并将此类行为称为"干名犯义"，予以重惩。而"干名犯义"与容隐，如前所言，是有本质区别的。因此，《礼记》《国语》的记载充其量只是"干名犯义"制度的观念起源。

上引《礼记》《国语》的记载虽不是真正意义上的容隐观念，但多少与容隐问题相关。以下典籍中所谓容隐思想的论述，基本上就是附会了。

> 元恶大憝，矧惟不孝不友。子弗祗服厥父事，大伤厥考心；于父不能字厥子，乃疾厥子。于弟弗念天显，乃弗克恭厥兄；兄亦不念鞠子哀，大不友于弟。惟吊兹，不于我政人得罪，天惟与我民彝大泯乱。曰：乃其速由文王作罚，刑兹无赦。②

---

① 《国语·周语》"襄王拒杀卫成公"条，上海古籍出版社，1998，第 59 页。
② 《尚书·康诰》，（清）阮元校刻《十三经注疏》，上册，第 204 页中、下栏。

　　以上是说最大的罪恶莫过于父子之间的不孝与兄弟之间的不友，对此应按文王之法严加惩治，不得赦免。这一段记载，所言明确，本无歧义，但后世儒生，演绎颇多，以此作为反对株连、提倡容隐的思想来源。

　　先是，春秋时期的臼季、苑何忌等人认为《康诰》之文具有罪不相及的含义。《左传》"僖公三十三年"载臼季曰："《康诰》曰：'父不慈，子不祗，兄不友，弟不恭，不相及也。'"与之类似，《左传》"昭公二十年"载苑何忌语："在《康诰》曰：'父子兄弟，罪不相及。'"①

　　所谓"罪不相及"，并非《康诰》原文，而是对上引《康诰》原文的引申，通过引申，赋予了《康诰》反对株连的含义。其实，《康诰》原文根本就没有罪不相及之意，②臼季、苑何忌的引申，非常勉强。孔颖达在注释时，又从中引申出容隐之义："《康诰》所云，以骨肉之亲得相容隐。"③孔颖达说《康诰》有亲属相隐之意，我们不清楚其依据何在，至少《康诰》原文的字面含义中并不包含亲属得相容隐之意。孔氏的说法，或是对《康诰》原文的推衍，或是以唐代制度反推周代。

　　公元前662年，鲁国庆父弑君公子般，《公羊传》中认为庆父之弟季友不杀兄长庆父是维护"亲亲之道也"。东汉何休注曰："论季子当从议亲之辟，犹律亲亲得相首匿。"④言外之意是当时已有容隐的观念。其实，从这件事的前因后果来看，季友不杀庆父，很难说是为了维护"亲亲之道"或出于容隐的观念。

---

① （清）阮元校刻《十三经注疏》，下册，第1833页下栏、2092页上栏。按顾颉刚、刘起釪先生的考察，类似的说法还见于《后汉书》之《肃宗纪》《杨彪传》《谢弼传》，《三国志·崔季珪传》，《郑志》及《潜夫论》等。参见顾颉刚、刘起釪《〈尚书〉校释译论》，中华书局，2005，第1341页。

② 参见吕思勉《吕思勉读史札记》，上海人民出版社，1982，第366页。

③ （清）阮元校刻《十三经注疏》，上册，第204页下栏。

④ 《公羊传》"闵公元年"，（清）阮元校刻《十三经注疏》，下册，第2243页下栏。

庆父、叔牙、季友同为鲁庄公之弟，其中，庄公与季友为同母兄弟，庆父与叔牙为同母兄弟。庄公无嫡子，有三个庶子：公子般、公子启方和公子申。庄公欲立公子般。为获得兄弟的支持，他先征询叔牙的意见，不料叔牙表示他支持庆父继位。支持公子般即位的季友就以庄公的名义让叔牙服毒自杀。季友可能认为庆父并没有自己即位的想法，所以在杀掉叔牙之后并没有为难庆父。不料庆父派刺客杀了刚刚即位的公子般，把公子启方扶上了君位，是为鲁闵公。季友自身难保，先出逃陈国，后又回到了鲁国。第二年，庆父又杀了闵公。季友再次出逃邾国，庆父也在一片反对声中跑到莒国去避难了。庆父一走，季友立即回国，立公子申为君，并要求莒国将庆父遣送回国。庆父希望季友宽恕他一命，未得允许，便在返回鲁国的途中上吊自杀了。

可见，季友在权力斗争中，并不是一个心慈手软、顾及兄弟情义的人，因为叔牙表示支持庆父继位，季友就逼他自尽。当庆父弑公子般后，季友自身难保，出逃陈国。季友不是不杀庆父，而是想杀杀不了。在自己地位稳固后，他还是要一心杀掉庆父。《公羊传》的作者认为季友讲"亲亲之道"，很是勉强；何休认为季友的行为就是容隐，更是勉强。

早期典籍中，之所以难觅容隐观念的踪迹，可能与其特性有关。以十三经为代表的早期文献，经过多次删修，目的在于树立伦理纲常，以便教化民众和服务政治，而对于民间观念和世俗人情，则选择性地进行吸收。容隐是要求庇护亲属的罪过，显然有害于统治秩序，不宜宣扬，但为了维护尊卑伦理，提倡卑幼对尊长"有隐而无犯"。这与真正的容隐观念还有相当的距离。

典籍中明确出现容隐观念，是在《论语》中。据《论语·子路》篇记载，叶公与孔子就曾讨论过亲属之间能否互相容隐的问题：

叶公语孔子曰："吾党有直躬者，其父攘羊而子证之。"孔子曰："吾党之直者异于是，父为子隐，子为父隐，直在其中矣。"①

叶公是春秋末期楚国政治家，因封地在叶邑，故称。叶公为政颇有名声，楚昭王二十七年（前489），孔子特地由蔡及叶，与叶公交流。《子路》篇所载应该是他们当时讨论的其中一个问题。

故事是说楚国某人的父亲藏匿了别人走失的羊，被失主告到官府，官府于是传唤他前去作证，这个人证明父亲确实有藏匿行为。叶公认为此人正直无私，故称其为"直躬者"。孔子却不以为然，认为父子之间互相容隐才属于真正的"直"。需要特别注意的是，与其他典籍单纯要求卑为尊隐不同，孔子提倡"父为子隐，子为父隐"的尊卑互隐行为；而且，孔子所谓的"隐"，不是简单地保持沉默、知而不告，而是拒绝证明亲属有罪，属于庇护行为，是真正意义上的容隐。故此，我们将《论语》视为最早出现容隐观念的古代典籍。

二 儒家容隐学说分析

《论语·子路》篇叶公所述故事中的"直躬者"，应该不是真实姓名，只是一种指代用法。"躬"亦写作"躳"，本义是身体、躯体，这里作动词，表示"躬行"。"直躬"是"以直躬"或"躬直"的意思，"直躬者"就是"直躬的人"。直躬者的故事，在先秦时代可能已广泛流传，《庄子》《韩非子》《吕氏春秋》《淮南子》等均有记述，其原文分别如下：

比干剖心，子胥抉眼，忠之祸也；直躬证父，尾生溺死，信之患也；鲍子立干，申子不自理，廉之害也；孔子不见母，匡子

---

① （清）阮元校刻《十三经注疏》，下册，第2507页下栏。

不见父，义之失也。此上世之所传，下世之所语。①

楚之有直躬，其父窃羊而谒之吏。令尹曰："杀之！"以为直于君而曲于父，报而罪之。以是观之，夫君之直臣，父之暴子也。②

楚有直躬者，其父窃羊而谒之上，上执而将诛之。直躬者请代之，将诛矣，告吏曰："父窃羊而谒之，不亦信乎？父诛而代之，不亦孝乎？信且孝而诛之，国将有不诛者乎？"荆王闻之，乃不诛也。孔子闻之曰："异哉！直躬之为信也，一父而载取名焉。"故直躬之信，不若无信。③

言而必信，期而必当，天下之高行也。直躬其父攘羊而子证之，尾生与妇人期而死之。直而证父，信而溺死，虽有直信，孰能贵之？④

以上各书记载虽同为一事，但颇有不同：《韩非子》《吕氏春秋》所记为"其父窃羊而谒之"；《论语》《淮南子》为"其父攘羊而子证之"；《庄子》为"直躬证父"。"窃羊"为偷羊。"攘"，曹魏时人周生烈解释说："有因而盗曰攘，谓他人物来己家而藏隐取之谓之攘也。"⑤"攘羊"指将别人走失的羊据为己有。

对于我们所讨论的主题而言，"窃羊"与"攘羊"的差别其实并不重要，要紧的差别在于"谒"和"证"："谒"为告，"证"为验。按前

---

① 《庄子·盗跖》，诸子集成本，中华书局，2006，第200页。
② 《韩非子·五蠹》，诸子集成本，中华书局，2006，第344~345页。
③ 《吕氏春秋·当务》，诸子集成本，中华书局，2006，第110~111页。
④ 《淮南子·氾论训》，诸子集成本，中华书局，2006，第221~222页。
⑤ 参见（魏）何晏集解，（梁）皇侃义疏《论语集解义疏》卷七《子路》引周生烈语，文渊阁四库全书本，第195册，第461页上栏。

者，是其父"窃羊"或"攘羊"的行为未被发觉之前，直躬者主动向官府告发了自己的父亲；按后者，是其父"窃羊"或"攘羊"的行为败露，官府逮捕后传唤直躬者去作证，直躬者证明其父有不法行为。①

如果是前者，叶公与孔子讨论的就不是该不该庇护（容隐）亲属犯罪行为的问题，而是该不该对亲属的犯罪行为保持沉默的问题。笔者以为，这一问题过于简单，不主动揭发犯罪的亲属，本是人之天性，法律也没有主动揭发的要求，想不出叶公有什么理由会拿如此平常不过的事情去自讨无趣。况且叶公也是后人屡屡称颂的贤良，两个圣贤之间就此进行论争，显然也不合情理。

认为他们之间争论的就是能否揭发亲属犯罪的问题，其实隐含着一个逻辑前提，那就是楚国以子告父为美德——因为楚国人将告发父亲的人称为"直躬者"，就蕴含着对告父行为的赞赏态度。② 而实际的情况却恰恰相反。楚康王时，弃疾之父被康王诛杀，弃疾痛恨自己不能救父，自缢身亡；③ 又楚昭王时，石奢故纵犯有杀人罪的父亲后自刎而死。④ 由此可见，楚国尚孝，在父亲犯罪时，以能救父为美德，或因救父而死，或因不能救父而死。

所以，叶公与孔子讨论的实际上是父亲攘羊行为事发、进入司法程序后儿子该怎么办的问题。这的确是一个难题，集中反映了"情"与"法"的冲突与对立。在攘羊行为事发之前，"情"与"法"的冲突尚不激烈，尚可"以恩掩义"，儿子若庇护父亲，孔子肯定是赞同的，叶公大

----

① 也有学者认为《论语》中"而子证之"的"证"应该当"揭发"讲，理由是《韩非子》和《吕氏春秋》都记载为"谒"。按此，各种记载皆同，并无"谒"和"证"的差别。参见杨伯峻《论语译注》，中华书局，1980，第139页。
② 后世儒生大多认为楚人为蛮夷，不知礼仪，不讲容隐。晋人江熙可称代表："叶公见圣人之训，动有隐讳，故举直躬欲以訾毁儒教，抗衡中国。夫子答之辞正而义切，荆蛮之豪丧其夸。"参见（魏）何晏集解，（梁）皇侃义疏《论语集解义疏》卷七《子路》引江熙语，文渊阁四库全书本，第195册，第461页上栏。
③ 《左传》"襄公二十二年"，（清）阮元校刻《十三经注疏》，下册，第1975页上栏。
④ 《史记》卷一一九《循吏列传·石奢传》，第3102页。

概也不反对。但被官府逮捕后，"情"与"法"就处于对立冲突状态，应该"以义断恩"，故孰是孰非，不易判断，难怪两位圣贤意见相左。

按照孔子的要求，"直躬者"不应证明父亲有罪。那么，当"直躬者"被官府传讯后，孔子希望他怎么做呢？是拒绝作证还是作伪证？从《论语》过于简略的记载中，我们看不出孔子的态度。而这一点恰恰又十分重要，涉及儒家容隐观念的具体要求以及法律对这一观念的贯彻程度甚至包括对儒家容隐思想的评价等重要问题。

如果孔子仅仅是要求"直躬者"拒绝作证，说明孔子认可的容隐手段只是限于事发之前的庇护及事发后的拒绝作证。这还属于公、私兼顾，此类行为的主观恶性不大，对国家司法的影响也有限，因为仅仅靠个人事前的庇护及事后的拒绝作证而使亲属逃脱制裁的可能性较小。后世法律中允许事发前的各种庇护行为及不得强迫亲属作证的规定，可以说是完全满足了儒家的要求。

如果说孔子还要求"直躬者"必要时可以作伪证，这一要求则属于先私后公，主张任何时候都要不择手段地庇护亲属，各种性质更为严重的庇护手段，如杀害证人、劫狱、干预司法等行为，也具有了某种正当性，国家司法将面临严重的挑战。更为严重的是，滥用权力进行庇护的现象将难以避免，容隐权利也会随权力的大小而有所不同，失去了权利平等的原则。故法律并没有贯彻儒家的容隐思想，不仅规定作伪证要被治罪，而且规定有回避制度。

因为事关重大，所以孔子的主张必须澄清。清代学者王懋竑认为：

《论语》"父为子隐，子为父隐"，此为证父攘羊言之，言断不可证父之事耳，非谓改易事实、颠倒是非、为亲饰辞怙过也。[1]

---

[1] （清）王懋竑：《白田杂著》卷六《书杜北征诗后》，文渊阁四库全书本，台北：台湾商务印书馆，1986年影印本，第859册，第732页上栏。

笔者赞同王懋竑的看法,认为孔子仅仅是要求"直躬者"拒绝作证父亲有罪,不是要求"为亲饰辞怙过",也不是要求"改易事实、颠倒是非"去作伪证。《左传》所载发生于晋国的叔鱼案及孔子的评价,似乎也为我们判断孔子的主张提供了参考依据。前528年,叔鱼在处理邢侯和雍子两人争田案件时,因接受了雍子的贿赂,断邢侯有罪。结果邢侯一怒之下,把叔鱼和雍子都杀了。当时主持朝政的韩宣子向叔鱼的兄长叔向询问这件事的是非曲直,叔向认为三人都有罪。并特别指出自己的弟弟叔鱼"鬻狱",是"贪以败官",如果活着,也应该处以死刑。孔子对此给予高度赞扬:"叔向,古之遗直也。治国制刑,不隐于亲。三数叔鱼之恶,不为末减……可谓直矣!"①

叔鱼案与直躬者案的相似之处在于两案都进入了司法程序,叔向不为弟弟的行为进行回护、辩解,类似于直躬者如实供述父亲的罪行,都是诚实的行为。孔子对叔向的赞誉,说明他不是要求直躬者去作伪证,只是认为直躬者应拒绝作证。

但是,孔子既然对直躬者作了应拒绝作证的要求,为什么不同样要求叔向,反而赞誉叔向类似作证的行为呢?可能是两个人的身份有别,直躬者为民,可以私德为先;叔向为官,理应以公德为上。这里隐含着孔子反对用权力去实现私德的主张。孟子显然继承了孔子的这一主张:

桃应问曰:"舜为天子,皋陶为士,瞽瞍杀人,则如之何?"孟子曰:"执之而已矣。""然则舜不禁与?"曰:"夫舜恶得而禁之,夫有所受之也。""然则舜如之何?"曰:"舜视弃天下犹弃敝蹝也,窃负而逃,遵海滨而处,终身欣然,乐而忘天下。"②

① 《左传》"昭公十四年",(清)阮元校刻《十三经注疏》,下册,第2076页下栏。
② (清)焦循:《孟子正义》,中华书局,1987,第930~932页。

在孟子口中，身为天子的舜，尽管是"爱江山更爱父亲"，但庇护父亲的手段也不过是带着他逃匿而已。孟子之所以没有替舜设计代价更小的救父方案，比如作伪证或是阻止皋陶逮捕自己的父亲之类，而是选择了"窃负而逃"这一最愚笨的方法，说明孟子也不主张为政者用手中的权力去实现私德。

当然，在孟子看来，因为执政者的身份而不能去实现私德——尤其是孝德，对执政者来说也是一种不公平。孟子于是"关上大门打开窗"，认为只要肯放弃职位与权力，执政者也可以去实现私德——舜就是放弃了天子的职位和所有的权力，背负父亲逃离的。

第二节　容隐制度的流变

一　容隐制度的产生

由于学界普遍将容隐与干名犯义混淆，所以在追溯容隐制度的源流时，往往将不得告亲属的规定作为容隐制度开始的标志。这一点少有例外。① 其实，在中国古代法律中，容隐与干名犯义的条款，分别是为了贯彻"亲亲""尊尊"原则而制定的不同制度，一为权利，一为义务，二者犹如两条并行线，互不交叉，有着各自的发展轨迹。为

---

① 几乎所有讨论古代容隐制度起源的论著，都以不得告发亲属作为容隐制度的源头，不再一一列举。笔者目力所及，只有杨辉撰文认为，秦律中的"非公室告"并非容隐制度的源头。在他看来，"非公室告"体现法家思想，容隐体现儒家思想；"非公室告"只适用于家庭内部的犯罪行为，而容隐除了家庭内部的犯罪，也适用于"公室罪"；所以容隐制度是汉代随着董仲舒的"春秋决狱"运动在司法实践中建立起来的（参见杨辉《中国"亲亲相隐"制度研究》，硕士学位论文，华东政法学院，2006，第9~15页）。但杨辉先生的文章还是认为"非公室告"与容隐在不能控告直系尊亲的人身侵犯方面有相似之处，同时也认为"非公室告"是义务，容隐也有义务特性，只是权利的属性更明显（第12页）。其终还是把不得告发亲属作为了容隐制度的源头，至少是源头之一。

说明问题，以下先简单交代干名犯义制度的发展线索，然后再详述容隐制度的发展过程。

中国古代早期的法律中，并无常人之间必须告发犯罪的规定，《周礼》中有"比伍相及"之法，商鞅变法的条令"令民为什伍，而相牧司连坐"，[①] 也只是规定什伍之内的人必须互相告发犯罪行为，常人之间并无这样的义务，这就意味着常人之间对他人的犯罪行为有权保持沉默。这势必会导致子孙被动或主动告发父祖犯罪的现象。如果子孙、父祖同什伍居住，因法律要求必须互相纠告犯罪行为，会出现子孙被动告发父祖犯罪的现象；如果子孙、父祖非同什伍居住，没有纠告义务，拥有沉默权，但沉默既然是权利，就可以按个人意志去自由行使，放弃沉默而选择告发也属正当，所以可能会出现子孙主动告发父祖犯罪的现象。

无论子孙主动还是被动告发父祖犯罪，皆有悖于尊卑秩序。为维护家长制，必须改变这一状态。但仅仅取消子孙、父祖同什伍居住必须互相纠告的义务，还不能防止子孙主动告发父祖犯罪的现象，故法律将子孙的纠告义务变成了沉默义务，不许子孙告直系尊亲，这就起到了彻底防范子孙告发父祖犯罪的作用。

禁止告发尊长，春秋时代就已初见端倪："鲁有子讼父者，康子曰杀之。"[②] 康子即鲁国大夫季孙肥，他要杀告父之子，至少说明鲁国司法中以告直系尊亲为罪。这在后世成为法律规定，秦律中有"子告父母，臣妾告主，非公室告，勿听……而行告，告者罪"[③] 的规定；汉律中有"子告父母，妇告威公，奴婢告主、主父母妻子，勿听而弃告

---

① 《史记》卷六八《商君列传》，第 2230 页。
② 《太平御览》卷六二四《治道部五·政治三》引《荀卿子》，第 2797 页下栏。
③ 睡虎地秦墓竹简整理小组编《睡虎地秦墓竹简》，第 196 页。

者市"① 的条令；北魏律规定"子孙告父母、祖父母者，死"。② 其后，不许告的范围日趋扩大。唐宋律规定，五服之内的尊长，卑幼皆不得告，"诸告祖父母、父母者，绞"；③ "诸告期亲尊长、外祖父母、夫、夫之祖父母，虽得实，徒二年……告大功尊长，各减一等；小功、缌麻，减二等"。④ 元明清律略同，并将此类行为称为"干名犯义"，予以重惩。⑤ 可见，干名犯义的发展历程，实际上是一个确定义务的过程。

与干名犯义不同，容隐制度的产生，是一个确立权利的过程。中国古代早期的法律中，只允许对他人的犯罪行为保持沉默，但不允许庇护犯罪人。如楚国在文王时（前689—前677）就制定有《仆区法》，禁止藏匿罪人。⑥ 楚康王九年（前551），楚国将讨令尹子南，子南之子弃疾为康王御士，康王将消息告诉了弃疾并试探其立场，弃疾选择了中立："父戮子居，君焉用之！泄命重刑，臣亦不为。"在父亡之后，弃疾痛恨自己不能救父，在安葬父亲后遂自缢而死。⑦ 又楚昭王时（前515—前489），石奢追捕杀人者，却发现杀人者为己父，于是纵父而上书昭王曰："夫以父立政，不孝也；废法纵罪，非

---

① 张家山二四七号汉墓竹简整理小组编《张家山汉墓竹简（二四七号墓）》，第151页。
② 《魏书》卷八八《良吏传·窦瑗传》，第1909页。
③ 《唐律疏议》卷二三《斗讼律》"告祖父母父母"条，第432页。《宋刑统》卷二三《斗讼律》"告祖父母父母"门略同，第414页。
④ 《唐律疏议》卷二四《斗讼律》"告期亲以下缌麻以上尊长"条，第435页。《宋刑统》卷二四《斗讼律》"告周亲以下"门略同，第418~419页。
⑤ 参见《元史》卷一〇五《刑法四·诉讼》，第2671页；《大明律》卷二五《刑律·诉讼》"干名犯义"条，第178~179页；《大清律例》卷三〇《刑律·诉讼》"干名犯义"条，第486~487页。
⑥ 《左传》"昭公七年"曰："周文王之法曰：'有亡荒阅'，所以得天下也。吾先君文王，作仆区之法。"杜预注"仆区，刑书也"；服虔注"仆，隐也；区，匿也。为隐匿亡人之法也"［（清）阮元校刻《十三经注疏》，下册，第2048页上栏］。是楚文王时已有不得匿逃亡之人及罪人的法律规定。
⑦ 《左传》"襄公二十二年"，（清）阮元校刻《十三经注疏》，下册，第1975页上栏。

忠也；臣罪当死。"自刭而死。①

弃疾所谓"泄命重刑"、石奢所谓"废法纵罪"，证明楚文王时不得匿罪人的法律规定同样适用于亲属之间。石奢身为捕吏，故意纵父，自然是庇护行为，为"废法"之举。弃疾所痛苦处也正是不能把王将讨伐的消息泄漏给父亲，这类行为，类似于《唐律》所说的"漏露其事及摘语消息"。

楚国的制度或许代表了先秦时期各国法律的一般状况，故容隐只在观念层面上存在，叶公与孔子就曾经讨论过亲属之间能否互相容隐的问题。可以肯定地说，儒家是明确主张容隐的，其他各家虽无孔子那样要求"父为子隐，子为父隐"的明确主张，但我们也找不到他们明确反对容隐的言论。这表明，先秦诸子各家至少不排斥容隐，这为容隐上升为法律权利奠定了思想文化基础。

当然，容隐从观念到法律权利，是需要过程的。有证据表明，孔孟关于容隐的主张，并没有被秦及汉初的法律所采纳。《岳麓书院藏秦简·亡律》："父母、子、同产、夫妻或有罪而舍匿之其室及敝（蔽）匿之于外，皆以舍匿罪人律论之。"② "舍匿"一词也见于传世文献，《汉书》有"亡之诸侯，游宦事人，及舍匿者，论皆有法"的记载，颜师古注曰："舍匿，谓容止而藏隐也。"③ 由此可知，舍匿与容隐意义相当。法条中专门强调亲属之间有罪不得舍匿，意味着秦代是禁止亲属容隐的。

"舍匿"或许可简称为"匿"。秦朝的"舍匿罪人律"在汉代也称作"匿罪人律"，④ 在《二年律令·亡律》中，匿与舍匿是混同使用的："匿罪人，死罪，黥为城旦舂，它各与同罪。其所匿未去而告

---

①　《史记》卷一一九《循吏列传·石奢传》，第 3102 页。

②　陈松长主编《岳麓书院藏秦简》（肆），上海辞书出版社，2015，第 137 页。

③　《汉书》卷四四《淮南王传》，第 2139~2140 页。

④　张家山二四七号汉墓竹简整理小组编《张家山汉墓竹简（二四七号墓）》，第 156 页。

之，除。诸舍匿罪人，罪人自出，若先自告，罪减，亦减舍匿者罪。"① 结合《二年律令·盗律》"诸予劫人者钱财，及为人劫者，同居智（知）弗告吏，皆与劫人者同罪"及《二年律令·钱律》"盗铸钱及佐者，弃市。同居不告，赎耐"② 的规定来看，汉代的法律最多也只是允许对亲属的犯罪行为保持沉默，庇护有罪的亲属仍属于犯罪行为：匿死罪，黥为城旦舂，匿其他犯罪各与同罪。像劫盗、盗铸钱之类一些较为严重的犯罪，亲属保持沉默都不被许可，更不要说进行庇护。其不准容隐的态度可见一斑。

但据东晋成帝咸和五年（330）散骑常侍贺峤妻于氏上"养兄弟子为后后自生子议"所引汉代故事，汉武帝时曾有藏匿犯罪儿子之父被判无罪的案例：

> 董仲舒，一代纯儒。汉朝每有疑议，未尝不遣使者访问，以片言而折中焉。时有疑狱曰："甲无子，拾道旁弃儿乙养之，以为子。及乙长，有罪杀人，以状语甲，甲藏匿乙，甲当何论？"仲舒断曰："甲无子，振活养乙，虽非所生，谁与易之？《诗》云：'螟蛉有子，蜾蠃负之。'《春秋》之义：'父为子隐。'甲宜匿乙。"诏不当坐。③

父藏匿子的行为，由皇帝专门下诏免罪，说明上引不得匿罪人的规定也适用于亲属之间，恰恰说明汉初无容隐制度。所以，藏匿犯罪的儿子而获得免罪，只是司法中的特例，不足以作为容隐制度存在的

---

① 张家山二四七号汉墓竹简整理小组编《张家山汉墓竹简（二四七号墓）》，第155页。
② 张家山二四七号汉墓竹简整理小组编《张家山汉墓竹简（二四七号墓）》，第144、160页。
③ 《通典》卷六九《礼典二十九·嘉礼十四》，中华书局，1984年影印本，第382页上栏。

证据。那么，制度层面的容隐始于何时呢？学界一般认为，最晚始于汉宣帝时期。① 这里需要说明的是，由于学界将沉默与庇护都看作容隐行为，或者说将干名犯义与容隐混为一谈，故在容隐制度开始的时间上，往往将不得告父母的法条出现作为容隐制度产生的标志。因睡虎地秦简中已有子告父母勿听的规定，《二年律令》则专门有《告律》，故有学者将容隐开始的时间提前到秦代②或汉初③。但容隐制度最晚始于汉宣帝时期，在这一点上，除去个别学者，④ 各家基本上是没有异议的。《汉纪》记载，地节四年（前66），宣帝下诏曰：

> 自今子首匿父母、妻匿夫、孙匿大父母，皆勿治；其父母匿子、夫匿妻、大父母匿孙，罪殊死以下，皆诣廷尉以闻。⑤

按此诏令，子孙首匿父母、祖父母，妻首匿夫，无论所匿为何种罪

---

① 瞿同祖：《中国法律与中国社会》，第56页；宋大琦：《亲属容隐制度非出秦律说》，《内蒙古大学学报》2005年第6期。

② 范忠信：《中西法律传统中的"亲亲相隐"》，《中国社会科学》1997年第3期。

③ 曹旅宁：《秦律新探》，中国社会科学出版社，2002，第90页。

④ 韩树峰先生认为，汉宣帝时期还没有出现容隐制度。因为宣帝的诏令与后世典型的容隐制度有很大的差异：首先诏令仍倾向于单向容隐，而非双向容隐；其次，诏书中仅仅承认直系亲属和夫妻之间的隐匿，范围非常窄，而后世的容隐范围至少涵盖了大功以上亲；最后，诏书的隐匿仅仅是一项权利，而后世典型的容隐制度中，容隐不仅是权利，也是义务。按照容隐是权利、义务混合体的标准，在韩树峰看来，不仅秦及汉初禁止子孙告父祖的法规不是容隐条文，就连"宣帝的诏书与'亲亲相隐'制度还有相当的距离，至多只能视为意义有限的隐匿制"。在他看来，不仅是汉魏，就是两晋南朝也不存在容隐制度。唐代的容隐制度源自北朝，因为既允许亲亲相隐，又禁止子孙告父祖。虽然这不意味着北朝已经出现了容隐制度，却为容隐制度的确立创造了条件〔参见韩树峰《汉魏无"亲亲相隐"之制论》，中国政法大学法律古籍整理研究所编《中国古代法律文献研究》（第六辑），第221~237页〕。韩树峰先生实际上也是将容隐与干名犯义混为一谈，所不同的是，其他学者是从义务性来考察容隐制度的起源，而他是从权利、义务的双重属性来考察容隐制度的产生，故将容隐产生的时间推至北朝以后。

⑤ （汉）荀悦：《汉纪》卷一八《宣帝纪二》，文渊阁四库全书本，第303册，第368页下栏。

行，皆勿治；反过来，父母、祖父母首匿子孙，夫首匿妻，若所匿罪行在"殊死"罪以下，虽原则上不准许，但罪行性质较轻，考虑到亲亲之情，故上报廷尉请示圣裁，决定是否治罪。由此可以推论，尊长首匿卑幼，若所匿罪行是罪大恶极、绝不宽待的"殊死"罪，则无须上请，严格按律条治罪即可。可以看出，宣帝的诏令仅允许卑幼首匿尊长，原则上不允许尊长首匿卑幼。《汉书》也载有此诏令，但有所不同：

　　　　自今子首匿父母，妻匿夫，孙匿大父母，皆勿坐。其父母匿子，夫匿妻，大父母匿孙，罪殊死，皆上请廷尉以闻。①

　　比之《汉纪》所载，前半句相同，虽然"皆勿治"变成了"皆勿坐"，但意思相同。而后半句在"罪殊死"下少了"以下"二字，含义发生了较大的变化：如果首匿犯殊死罪的卑幼，则要上奏中央决定是否制裁。按此推论，尊长首匿犯殊死以下罪的卑幼，应该是不坐罪的。

　　《汉纪》与《汉书》所记，孰是孰非，不易判断，笔者更倾向于以荀悦《汉纪》所记为准。但无论以哪部史籍所记为讨论依据，宣帝诏令都不像是准许亲属容隐的法令。

　　一方面，如果我们依从常说，将宣帝诏令看作一条允许庇护有罪亲属的法令，那么诏文中"子首匿父母、妻匿夫、孙匿大父母，皆勿治（坐）"的规定就太过离谱，难道父祖的一切犯罪行为子孙都可以庇护吗？庇护犯谋反罪的父祖也不治罪吗？这不仅与容隐的基本精神相违，也与汉律中的其他法条严重冲突。

　　中国古代的法律虽本于亲情而规定有容隐制度，但出于国家统治的需要，当涉及"忠"的问题时，则必须大义灭亲，不适用容隐制度。众所周知，现存历朝各代的法典，对于谋叛以上的"不忠"罪，

---

　　① 《汉书》卷八《宣帝纪》，第251页。

不仅不适用容隐，反而是株连亲属，实行族刑，同时又鼓励亲属间的告发，首告或逮捕者可免株连。汉代也不例外。如《二年律令·贼律》就规定，谋反、叛者，正犯腰斩，父母、妻子、同产无少长皆弃市；但能逮捕或首告谋反者，免株连。① 有证据表明，汉代对于"不忠"罪行的处罚有越来越严厉的趋势：同是"父母、妻子、同产无少长皆弃市"的惩罚，汉初《二年律令》只适用于"以城邑亭障反""降诸侯""谋反"等数项罪名；文帝、景帝之时则扩展适用于所有的"大逆不道"罪。②

所谓"大逆不道"，按汉人"侮上者，逆道也"③ 的解释，含义非常广泛，包括各种"不忠"类型的犯罪，具体的罪名达二十种以上。④ 这一类罪行是严禁容隐的。昭帝时，桑弘羊谋反，其子桑迁缘坐，侍御史觉得处罚过轻，认为桑迁"知父谋反而不谏争，与反者身无异"，⑤ 要求以谋反罪重惩；又宣帝五凤四年（前54），安平侯杨谭季父杨恽犯大逆不道罪，杨谭因"坐不谏正恽"而被免为庶人。⑥ 不诤争（谏正）即视同谋反或被免爵，按此逻辑，庇护谋反或大逆不道者更应该被治罪。其不准容隐的态度可见一斑。

所以，宣帝即使颁布允许亲属互相庇护的诏令，也应该加上反、叛或大逆不道罪不适用的限制，才合情合理；不加限制，难免令人疑窦丛生。那么，是否有这种可能，宣帝诏令中原本有限制原则，只是

① 参见张家山二四七号汉墓竹简整理小组编《张家山汉墓竹简（二四七号墓）》，第 133 页。
② 《汉书》卷四九《晁错传》："（晁错）亡臣子礼，大逆无道。错当要斩，父母妻子同产无少长皆弃市。臣请论如法"（第 2302 页）。具体论述也可参见魏道明《始于兵而终于礼——中国古代族刑研究》，第 105～114 页。
③ 《汉书》卷六八《霍光传》，第 2957 页。
④ 参见魏道明《汉代的不道罪与大逆不道罪》，《青海社会科学》2003 年第 2 期。
⑤ 《汉书》卷六〇《杜周传附杜延年传》，第 2662～2663 页。
⑥ 《汉书》卷一八《外戚恩泽侯表》，第 692 页；卷六六《杨敞传附杨恽传》，第 2898 页。

在史书记载中被删除了。从诏文内容来看，似无这种可能。

诏文的后半句规定，父祖首匿子孙，按所匿罪是否为"殊死"而分别处理。"殊死"是汉代一个用以表示死罪严重程度的复合概念，其要素包括罪行性质、是否律有明文、能否赦免及处刑方式与处刑时限。具体来说，"殊死"是专指律有明文的大逆不道罪，主要包括谋反、谋大逆、谋叛、恶逆等，此类死罪，性质严重，绝不赦免，处死方式固定为腰斩，且行刑决不待时。由于受刑时罪犯的身体被斧钺断开，故曰殊死。① 总之，殊死是最严重的犯罪行为。这表明，诏文中的"匿罪"是针对一切罪行而言的，并没有特别的限制。

不加限制地允许亲属匿罪，无疑是釜底抽薪，让大逆不道罪适用族刑的规定彻底失去了得以存在的法理逻辑：庇护大逆不道罪的亲属都不治罪，又有什么理由来株连其他亲属呢？很难想象作为最高统治者的宣帝会不顾国家统治的基本需求而颁布如此不理智的诏令。

另一方面，宣帝诏令中尊长卑幼之间准许容隐的罪种不对等。子孙匿父母、祖父母，妻匿夫，罪种没有限制，殊死及殊死以下罪都可以匿。反过来，父母、祖父母匿子孙，夫匿妻，则有限制：按《汉书》所记，尊长可匿犯殊死以下罪的卑幼，殊死罪需上请；按《汉纪》所载，卑幼犯殊死罪尊长绝不能匿，殊死以下罪需上请。这与后世各朝的容隐制度有非常大的区别。后世的容隐制度虽然在容隐的罪种方面也有限制，如北魏律规定不能容隐重大犯罪，唐宋明清法典规定谋叛以上罪不适用容隐，但从未见过为尊卑之间分别规定容隐罪种的情形。② 分别规定的实质是尊卑之间权利不对等，而容隐制度的

---

① 魏道明：《汉代"殊死"考》，《青海民族大学学报》2018年第1期。
② 已有学者注意到宣帝诏令与后世容隐法令的区别，小仓芳彦认为，宣帝诏令所免除的首匿相坐法，只限于卑属匿尊属，但以后的律令似不分尊卑，一定范围内的亲族都可以容隐。参见〔日〕小仓芳彦《围绕族刑的几个问题》，杨一凡总主编《中国法制史考证》丙编《日本学者考证中国法制史重要成果选译》第一卷《通代先秦秦汉卷》，中国社会科学出版社，2003，第365页。

基本特征是尊卑之间权利对等，故宣帝诏令与后世的容隐制度存在本质区别，不宜作为容隐制度开始的标志。

从西汉后期的实际情况来看，宣帝地节四年（前66）的诏令也不像是一般性的容隐原则规定。元帝初元五年（前44）下诏："除光禄大夫以下至郎中保父母、同产之令。"① "保"即"相保"，按应劭的解释是"一人有过，皆当坐之"。初元五年才解除相保令，证明在此之前，父子兄弟之间有罪须相坐，自然无权相互容隐。尤其值得注意的是，成帝鸿嘉三年（前18），成陵侯刘德知弟与后母乱、共杀兄而不举，下狱死。② 此案中，刘德仅仅因为没有举告后母的内乱行为而被下狱致死，如果匿后母罪，肯定更要治罪。

故宣帝地节四年诏令不是一般性的容隐原则规定，而是专有所指。

诏令中首句用了"首匿"，以后各句用"匿"，"匿"应该是"首匿"的省称，也就是说，这是一条专门规定亲属之间若互相首匿该如何处置的诏令。"首匿"，按唐代大儒颜师古的解释，是指"为谋首而藏匿罪人"。③ 这就是说，在汉代，"匿"与"首匿"属于不同的法律概念：参与庇护行为属于"匿"，而为首者的庇护行为才叫"首匿"。

汉初颁布的《二年律令》中不见"首匿"之称，参与庇护与为首庇护一概称为"匿"或"舍匿"。"匿"与"首匿"在法律上作区分，大概始于汉武帝时期：

> 武帝值中国隆盛，财力有余，征伐远方，军役数兴，豪杰犯禁，

---

① 《汉书》卷九《元帝纪》，第285~286页。
② 《汉书》卷一五下《王子侯表下》，第495页。
③ 《汉书》卷八《宣帝纪》颜师古注，第251页。

奸吏弄法，故重首匿之科，著知从之律，以破朋党，以惩隐匿。①

按此，武帝始定"首匿之科"，用以严惩藏匿罪人的首犯。检索《汉书》，"首匿"一词也最早出现于武帝时期，元朔五年（前124），"临汝侯灌贤，坐子伤人首匿，免"。② 又，"元狩元年（前122）冬，有司求捕与淮南王谋反者，得陈喜于孝家。吏劾孝首匿喜"。③ 再如，元封四年（前107），毕梁侯刘婴坐首匿罪人，为鬼薪。④ 在此之前，不见"首匿"之称。

如此，汉律中对"（舍）匿"与"首匿"的处罚开始有了区别：匿罪人，按"匿罪人律"⑤ 处治，按前引律条规定，最高刑为黥城旦舂；对于"首匿"，则按"首匿之科"处罚，可能采取各以其罪反之的原则，即以被匿者的罪名来处罚首匿者。如1973年出土于居延的汉简《甘露二年丞相御史律令》中有"复庇大逆，同产当坐"之语，⑥ 此处所谓的"复庇"应是指"为谋首而藏匿罪人"，也即首匿。按汉律规定，大逆不道，腰斩，父母、妻子、同产无少长皆弃市。⑦ 首匿大逆罪，竟然要坐及同产，可能同样是以大逆罪的罪名来处罚首匿大逆罪者。又如汉昭帝时，御史大夫桑弘羊谋反，子桑迁逃，桑弘羊故吏侯史吴首匿之，侯史吴被论以不道重罪。⑧ 首匿罪是

---

① 《后汉书》卷三四《梁统传》，第1166页。

② 《汉书》卷一六《高惠高后文功臣表》，第549页。

③ 《汉书》卷四四《衡山王刘赐传》，第2156页。

④ 《汉书》卷一五上《王子侯表上》，第447页。

⑤ 汉代《二年律令·亡律》中有"匿罪人律"之称，参见张家山二四七号汉墓竹简整理小组编《张家山汉墓竹简（二四七号墓）》，第156页。

⑥ 参见甘肃居延考古队《居延汉代遗址的发掘和新出土的简册文物》，《文物》1978年第1期；初仕宾《居延简册〈甘露二年丞相御史律令〉考述》，《考古》1980年第2期。

⑦ 《汉书》卷四九《晁错传》，第2302页。

⑧ 参见《汉书》卷六〇《杜周传附杜延年传》，第2662~2663页。

可以处死刑的，如修故侯刘福，宣帝元康元年（前65），坐首匿群盗而被弃市。①

"首匿之科"为法酷重，非议之声不绝。如在汉昭帝始元六年（前81）召开的盐、铁会议上，论者谓"自首匿相坐之法立，骨肉之恩废，而刑罪多矣"。② 于是才有了地节四年的宣帝诏令，开始在近亲之间限制适用"首匿之科"。具体来说：子、孙首匿父母、祖父母，妻首匿夫，都不再适用"首匿之科"，只按普通的"匿罪人律"治罪；父母、祖父母首匿子、孙，夫首匿妻，若所首匿之罪在"殊死"以下，则上报中央决定是按"首匿之科"还是按"匿罪人律"治罪，但若所首匿之罪罪至"殊死"，因属于严重犯罪行为，事关重大，仍按"首匿之科"治罪。

在亲属之间限制适用"首匿之科"，绝不意味着允许他们之间可以相互匿罪，"匿罪人律"仍然适用于亲属之间。子孙首匿直系尊长、妻首匿夫，即使不按"首匿之科"治罪，也要按"匿罪人律"治罪。所以，宣帝的诏令并不能看作容隐制度的开始。

容隐制度的产生，需要较为宽松的法律氛围，而汉哀帝以前，汉代的法律以严惩隐匿著称，法令中除了"匿""首匿"的罪名外，还有"见知纵"③"知不举"④ 等罪名。有证据表明，严惩隐匿的酷法，

---

① 《汉书》卷一五下《王子侯表下》，第488页。
② （汉）桓宽著，王利器校注《盐铁论》卷一〇《周秦第五十七》，天津古籍出版社，1983，第599页。
③ "见知纵"，又称"见知故纵"，制定于汉武帝时期，"及至孝武即位，外事四夷之功，内盛耳目之好，征发烦数，百姓贫耗，穷民犯法，酷吏击断，奸轨不胜。于是招进张汤、赵禹之属，条定法令，作见知故纵、监临部主之法，缓深故之罪，急纵出之诛"（《汉书》卷二三《刑法志》，第1101页）。
④ "知不举"，即知人犯罪而不告，汉初就有，什伍相保一类即是，也适用于亲属间。如《二年律令·盗律》："诸予劫人者钱财，及为人劫者，同居智（知）弗告吏，皆与劫人者同罪。"又如《二年律令·钱律》："盗铸钱及佐者，弃市。同居不告，赎耐。"张家山二四七号汉墓竹简整理小组编《张家山汉墓竹简（二四七号墓）》，第144、160页。

宣帝、元帝、成帝之世仍在沿用。宣帝神爵元年（前61），张敞上奏犹言"首匿、见知纵、所不当得为之属，议者或颇言其法可蠲除"。①史籍中也有一些宣帝、成帝之世仍适用此类酷法的记载。② 这些酷法不除，容隐制度就难以产生。

我们注意到，至哀帝、平帝之世，"首匿""见知纵""知不举"等不再有适用的记载，或许在这一时期，汉代的法令出现了较为重大的变化。东汉建武年间（25—55），梁统认为时下刑罚太轻，建议恢复武帝时的旧法：

> 武帝值中国隆盛……故重首匿之科，著知从之律，以破朋党，以惩隐匿。宣帝聪明正直，总御海内，臣下奉宪，无所失坠，因循先典，天下称理。至哀、平继体，而即位日浅，听断尚寡，丞相王嘉轻为穿凿，亏除先帝旧约成律，数年之间，百有余事……伏惟陛下……诚不宜因循季末衰微之轨。③

奏议中特别强调了武帝严惩隐匿的法令，所谓"亏除先帝旧约成律"中可能包括"首匿""见知纵"一类的旧法。此类酷法被废除，意味着汉代严惩隐匿的做法开始改变，才有可能允许亲属隐匿。梁统的奏议强调丞相王嘉在废除百余件"旧约成律"中的作用，考王嘉任丞相始于哀帝建平三年（前4），元寿元年（前2）下狱死。

---

① 《汉书》卷七八《萧望之传》，第3277页。
② 宣帝元康元年（前65）嗣侯刘崇坐首匿罪人，免（《汉书》卷一五上《王子侯表上》，第468页）；修故侯刘福坐首匿群盗，弃市（《汉书》卷一五下《王子侯表下》，第488页）；宣帝五凤三年（前55），陆元侯刘延寿坐首匿妹夫，免（《汉书》卷一五上《王子侯表上》，第474页）；元帝时（前48—前33），朱云"坐故纵亡命，会赦"（《汉书》卷六七《朱云传》，第2914页）；成帝鸿嘉三年（前18），成陵节侯刘德知弟与后母乱、共杀兄而不举，下狱死（《汉书》卷一五下《王子侯表下》，第495页）。
③ 《后汉书》卷三四《梁统传》，第1166~1167页。

笔者以为，哀帝之后，容隐制度或许才有产生的可能性。

那么，容隐制度究竟出现于何时呢？有学者认为，东汉著名经学家郑玄（127—200）在解答弟子赵商疑问时曾说"今之律令，大功已上得相容隐"，证明东汉法律已允许尊卑亲属互相容隐。① 所谓郑玄之语是唐人孔颖达在《尚书正义》一书中转述的，原文如下：

> 《周书》云"父子兄弟，罪不相及"……不孝罪，子非及于父之辈，理所当然。而《周官》邻保，以比伍相及。而赵商疑而发问。郑（玄）答云："《周礼》太平制此，为居殷乱而言。"斯不然矣。《康诰》所云，以骨肉之亲得相容隐，故《左传》云："父子兄弟，罪不相及。"《周礼》所云，据踈人相督率之法，故相连获罪。故今之律令，大功已上得相容隐，邻保罪有相及，是也。②

笔者以前也认为上引文中"今之律令，大功已上得相容隐"是郑玄之语。但仔细研读后发现，这并非郑玄所言，而是孔颖达对唐律的概括。③ 这或许可以从容隐制度的亲属范围中得到证明。容隐的亲属范围，如前章所述，经历了从期亲到大功亲的发展过程，魏晋南北朝的容隐制度一般只允许期亲相隐，唐代扩大至大功以上亲属。汉代若有容隐制度，亲属范围也应该不超过期亲，所谓"大功已上得相容隐"，更像是对唐代法律的概括。所以，上述记载还不能作为东汉已出现容隐制度的证据。

与郑玄同时的何休（129—182），在注释《公羊传》时说道：

---

① 〔日〕小仓芳彦：《围绕族刑的几个问题》，杨一凡总主编《中国法制史考证》丙编《日本学者考证中国法制史重要成果选译》第一卷《通代先秦秦汉卷》，第365页。
② （清）阮元校刻《十三经注疏》，上册，第204页下栏。
③ 此点承南开大学教授杨振红提醒，特此致谢。

"季子当从议亲之辟，犹律亲亲得相首匿。"① 何休所谓的"律"当是汉律，这似乎可以作为东汉时存在容隐制度的直接证据。《后汉书》中也载有隐匿亲属而不治罪的实例。汉桓帝时，"张让弟（张）朔为野王令，贪残无道，至乃杀孕妇，闻（李）膺厉威严，惧罪逃还京师，因匿兄让弟（第）舍，藏于合柱中。膺知其状，率将吏卒破柱取朔，付洛阳狱。受辞毕，即杀之。让诉冤于帝……（帝）诘以不先请便加诛辟之意"。② 张让藏匿有罪的兄弟，居然还敢诉李膺擅杀；痛恨宦官专权、以诛杀宦官为能的李膺居然只逮捕了张朔而放过了藏匿罪人的张让。说明法律已允许庇护有罪的亲属。

这件事发生在李膺任司隶校尉之时，按《后汉书》的记载，李膺出任此职不早于桓帝延熹二年（159），延熹九年（166）被免职。③结合何休所谓"犹律亲亲得相首匿"的记载，我们似乎可以说，最晚在公元166年，中国古代法律中已有了容隐的制度规定。

但依据何休之言认为东汉已有容隐制度，似乎也有不妥之处。如前所言，汉代法律制度中，有"匿"与"首匿"之分，何休说"犹律亲亲得相首匿"，或许如宣帝诏令一样，只是说亲属之间不适用"首匿之科"一类的酷法，但"匿罪人律"仍然适用于亲属之间，并不意味着他们之间可以相互匿罪。

所以，汉代是否有容隐制度，姑且存疑。但最晚至魏晋，法律中已规定有容隐制度。如东晋人范宁说："今王法，则许期亲以上得相

---

① 《公羊传》"闵公元年"何休注，（清）阮元校刻《十三经注疏》，下册，第2243页下栏。
② 《后汉书》卷六七《党锢列传·李膺传》，第2194页。
③ 《后汉书》卷六七《党锢列传·李膺传》有"延熹二年征，再迁河南尹……（后）膺反坐输作左校……再迁，复拜司隶校尉"（第2192~2194页）；同书卷七《桓帝纪》载，"（延熹九年）冬十二月，……司隶校尉李膺等二百余人受诬为党人，并坐下狱"（第318页）。

为隐，不问其罪。"① 十六国时后秦姚兴曰："下书听祖父母、昆弟得相容隐。"② 按此，《晋律》中已有容隐制度，姚兴仿效晋制也允许容隐。③ 南朝各代，沿用《晋律》，少有更动，④ 也应有容隐制度。

北魏律也有期亲相隐之条。⑤ 在分裂为东魏、西魏后，分别制定《麟趾新制》（也即《麟趾格》）、《大统式》，作为通行法规。似乎《麟趾新制》中已取消了容隐制度。东魏孝静帝天平年间（534—537），窦瑗上疏说：

> 臣在平州之日，蒙班《麟趾新制》……伏读至三公曹第六十六条，母杀其父，子不得告，告者死。再三返覆之，未得其门。何者？案律，子孙告父母、祖父母者死。又汉宣云：子匿父母，孙匿大父母，皆勿论。盖谓父母、祖父母，小者攘羊，甚者杀害之类，恩须相隐。律抑不言，法理如是，足见其直。未必指母杀父止子不言也。若父杀母，乃是夫杀妻，母卑于父，此子不告是也。而母杀父，不听子告，臣诚下愚，辄以为惑。⑥

---

① （魏）何晏集解，（梁）皇侃义疏《论语集解义疏》卷七《子路》引晋人范宁语，文渊阁四库全书本，第 195 册，第 461 页上栏。

② 《晋书》卷一一七《姚兴载纪》，第 2980 页。

③ 范宁生卒为公元 339—401 年，《晋书》记载姚兴允许容隐的诏书是在弘始年间（399—416），按此，应该是《晋律》规定在前，姚兴诏令在后。

④ 据《隋书》卷二五《刑法志》记载，刘宋立国五十多年未立新制，萧齐仅于武帝永明七年（489）由王植、宋躬二人依据《晋律》张、杜二注，抄撰同异，其旨在统一，成律文二十卷，史称《永明律》，但终因意见不一，结果"事未施行，其文殆灭"（第 697 页）。梁武帝萧衍代齐，于天监元年（502）诏蔡法度、沈约等人依照《永明律》修订《梁律》。《陈律》的主要制定者为范泉，"（《陈律》）篇目条纲，轻重简繁，一用梁法"（第 702 页）。据此，《陈律》篇名及刑名，全与《梁律》同。南朝各代对《晋律》的沿用可见一斑。

⑤ 参见《魏书》卷一一一《刑罚志》，第 2887 页。

⑥ 《魏书》卷八八《良吏传·窦瑗传》，第 1908~1909 页。

窦瑗在结合律文质疑"母杀其父，子不得告"的条文合理性时，关于亲属相隐，不引当时律条，远引汉宣帝诏令作为依据，并且说相隐之条"律抑不言，法理如是"，似乎说明东魏《麟趾新制》中只有禁止卑幼告发尊长之条，并没有继承北魏期亲相隐的制度。但东魏之后的北齐，所修律典集魏晋南北朝律典之大成，代表了当时立法的最高成就，是隋唐律的主要渊源。或许《北齐律》中已重新规定了容隐制，奠定了隋唐律容隐制度的基础。

二 容隐制度的发展与定型

完整的容隐制度，应该包括被捕之前的各种庇护行为和被捕以后的拒绝作证权。但无论汉代还是魏晋南朝，法律只允许亲属在被捕之前对犯罪的亲属进行各种庇护行为，而被捕以后，法律并没有不得强令亲属作证的限制，从犯罪者亲属身上获取犯罪证据，便是官府审案时经常采取的办法。

东晋时，卫展上书曰："今施行诏书，有考子正父死刑，或鞭父母问子所在……如此者众。"① 刘宋时，侍中蔡廓认为法司在定罪量刑时，不宜逼令亲属作证："'鞫狱不宜令子孙下辞明言父祖之罪，亏教伤情，莫此为大。自今但令家人与囚相见，无乞鞫之诉，便足以明伏罪，不须责家人下辞。'朝议咸以为允，从之。"②

但不逼令亲属作证，只是在"足以明伏罪"的前提下，如果其他证据不足以证明其有罪，亲属还必须作有罪的证明。③ 换言之，亲属有作证的义务，拒绝作证属于犯罪行为。萧梁武帝时的景慈一案可为佐证：

---

① 《晋书》卷三〇《刑法志》，第 939 页。
② 《宋书》卷五七《蔡廓传》，第 1570 页。
③ 瞿同祖先生在引用此记载后，认为刘宋的法律自此之后不再要求子孙作证（参见氏著《中国法律与中国社会》，第 57 页）。恐非。

（天监）三年八月，建康女子任提女，坐诱口当死。其子景慈对鞫辞云，母实行此。是时法官虞僧虬启称："案子之事亲，有隐无犯，直躬证父，仲尼为非。景慈素无防闲之道，死有明目之据，陷亲极刑，伤和损俗。凡乞鞫不审，降罪一等，岂得避五岁之刑，忽死母之命！景慈宜加罪辟。"诏流于交州。①

此案中，景慈在官府对鞫（对质）时作了母亲有罪的证明。景慈之所以没有为母亲容隐，而是如实供述了母亲的罪行，是因为法律规定"乞鞫不审，降罪一等"，不得已而为之。

所谓"乞鞫"②在这里应与"对鞫"同义，"审"作"实"讲，意思是说，如果在对质中不如实供述或作伪证，以所庇护之罪降一等治罪。景慈母亲所犯为死罪，如果选择拒绝作证或作伪证，他将面临五年的徒刑。③但法官虞僧虬认为景慈为"避五岁之刑，忽死母之命"，属于"伤和损俗"，要求重惩，结果景慈被判流刑。景慈因证明母亲有罪而被判刑，虽属于法外用刑，但按法律规定，亲属在官府传唤时必须如实作证，说明当时的容隐制度中还没有拒绝作证也不处罚之类的规定。

北朝的容隐制度中是否包括不得强迫亲属作证之类的规定，则难

---

① 《隋书》卷二五《刑法志》，第 700 页。

② "乞鞫"为古代司法制度，类似今天的上诉制度，秦汉已有之。《二年律令·具律》："罪人狱已决，自以罪不当欲气（乞）鞫者，许之……死罪不得自气（乞）鞫，其父、母、兄、姊、弟、夫、妻、子欲为气（乞）鞫，许之。"张家山二四七号汉墓竹简整理小组《张家山汉墓竹简（二四七号墓）》，第 149 页。后世法律相沿，晋代也有乞鞫制度，《史记索隐》曰："《晋令》云'狱结竟，呼囚鞫语罪状，囚若称枉欲乞鞫者，许之也'。"参见《史记》卷九五《夏侯婴（滕公）传》注，第 2664 页。但此处的"乞鞫"，若作上诉解，文义不通；以对质解，文意方通。疑"乞鞫"为"对鞫"之误，或"乞鞫"在古文中也可以作对质讲。

③ 梁武帝时的正规刑制，尚无流刑，死刑以下为耐刑，耐为剃去发须一类，有髡钳五岁、四岁、三岁、二岁刑，名为耐刑，实为徒刑。死罪降一等即为五年徒刑。参见《隋书》卷二五《刑法志》，第 698 页。

以判断。北魏孝明帝神龟年间（518—520），兰陵公主驸马都尉刘辉，与张智寿妹容妃、陈庆和妹慧猛通奸，并殴打公主致其流产。事发，刘辉畏罪逃亡，容妃、慧猛入宫为奴，张智寿、陈庆和处以流刑。时任尚书三公郎中的崔纂上奏对审讯及处罚提出异议，奏文中有一段话涉及北魏的容隐制度："《律》许'周亲相隐'，况奸私之丑，岂得使同气证之?"①

崔纂的话，是针对官司传讯张智寿、陈庆和以证实其妹容妃、慧猛与驸马刘辉的奸情而言，认为法律既然允许"周亲相隐"，就不应该强迫亲属作证。崔纂所言，似乎可以证明北魏容隐制度中已包含不得强迫亲属作证的内容。但崔纂奏文中并没有明文举出不得强迫亲属作证的具体条文，只是笼统地说"周亲相隐"，所以，另外一种可能也是存在的，即北魏容隐制度中没有不得强迫亲属作证的具体规定，崔纂只是根据容隐的原理进行推论。

但可以肯定的是，最晚在唐代，法律中已正式确立了不得强迫亲属作证的原则："其于律得相容隐……皆不得令其为证，违者，减罪人罪三等。"② 至此，儒家的容隐要求已全部体现于法律中，容隐制度也因此而成熟、定型。

唐代容隐制度的成熟，还表现在法律对容隐手段和容隐范围进行了限制与界定。如前所言，法律意义上的容隐专指各类庇护行为，而庇护的含义极广，如果无条件地允许亲属庇护，国家司法活动将难以进行，

---

① 《通典》卷一六七《刑五·杂议下》，第 884 页中栏。此段引文也见于《魏书》《册府元龟》《文献通考》，但文句有异。《魏书》卷一一一《刑罚志》有"《律》，'期亲相隐'之谓凡罪。况奸私之丑，岂得以同气相证"（第 2887 页）；《册府元龟》卷六一五《刑法部·议谳二》为"《律》'期亲相隐'指谓凡罪，况奸私之丑，得以同气相证"（第 7398 页上栏）；《文献通考》卷一六九《刑考八·详谳》为"《律》许'周亲相隐'法，奸私之丑，使同气证之"（浙江古籍出版社，2000 年影印本，第 1468 页下栏）。《魏书》《册府元龟》《文献通考》的记载，语义不明，故本文所引以《通典》所载为是。

② 《唐律疏议》卷二九《断狱律》"议请减老小疾不合拷讯"条，第 551 页。

司法腐败也在所难免。故此，必须对容隐手段进行界定或限制。

两汉魏晋南北朝，属于容隐制度的初创时期，由于记载过少，我们目前还不清楚法律是否对容隐手段进行了限定。至少从唐代开始，法律对容隐手段进行了限定。《唐律》规定："诸同居……有罪相为隐……即漏露其事及擿语消息，亦不坐。"①　即允许向犯罪人通报消息。此外，《捕亡律》中禁止常人"藏匿罪人""过致资给"一类的行为，②　亲属之间既然准许容隐，那么"知情藏匿"犯罪人、在犯罪人逃跑时对其"过致资给"，也应该是合法的容隐手段。

按法律规定，上述各项容隐手段，只能在犯罪人被捕之前行使。犯罪人被捕之后，亲属只享有拒绝作证的权利，而不能进行其他实际的帮助行为。如劫（窃）囚或助囚逃狱、自杀等，法律都要追究其责任。③　为防止掌权者利用职务之便在诉讼时对犯罪的亲属进行庇护，唐朝还规定有诉讼回避制度。④

魏晋南北朝时期，容隐的亲属范围多以期亲为限。唐代允许容隐的亲属范围拓宽了许多。《唐律》规定："诸同居，若大功以上亲及外祖父母、外孙，若孙之妇、夫之兄弟及兄弟妻，有罪相为隐。"⑤按此，同居亲属及虽不同居但情义深重的大功以下的亲属，亲等在大功以上的亲属，有罪皆可相互容隐。在适用范围方面，北魏律规定"'期亲相隐'之谓凡罪"，⑥　意思是说容隐只限于普通犯罪行为，重大犯罪则不适用容隐。《唐律·名例律》"同居相为隐"条特别说明

---

① 《唐律疏议》卷六《名例律》"同居相为隐"条，第130页。
② 《唐律疏议》卷二八《捕亡律》"知情藏匿罪人"条，第540页。
③ 《唐律疏议》卷二九《断狱律》"与囚金刃等物"条，第546页。
④ 参见〔日〕仁井田陞《唐令拾遗·狱官令》"开元七年、二十五年令"，下册，第786页。
⑤ 《唐律疏议》卷六《名例律》"同居相为隐"条，第130页。
⑥ 《魏书》卷一一一《刑罚志》，第2887页。"之"《册府元龟》作"指"，参见《册府元龟》卷六一五《刑法部·议谳二》，第7398页上栏。《魏书》点校者认为应以《册府元龟》所载为是（第2892页）。

"若犯谋叛以上者，不用此律"。①

自容隐制度在唐代成熟定型后，宋元明清各朝的容隐制度基本上照搬了《唐律》的规定，② 只是在亲属范围及适用范围方面略有变化。已见前述，不再赘述。

---

① 《唐律疏议》卷六《名例律》"同居相为隐"条，第 130 页。

② 唐代以后，也有个别时期废弃了容隐制度。如两宋之际，伪齐刘豫曾一度"除父子容隐条，犯者皆相坐罪"（《重订大金国志》卷三一《齐国刘豫录》，文渊阁四库全书本，台北：台湾商务印书馆，1986 年影印本，第 383 册，第 1011 页下栏）；与此同时，伪楚张邦昌也曾"令居民结保，不得容隐"［（宋）李刚：《梁溪集》卷一七四《建炎进退志总叙上》，文渊阁四库全书本，台北：台湾商务印书馆，1986 年影印本，第 1126 册，第 810 页上栏］。

第三章　制约容隐制度的社会因素

第一节　社会文化因素

一　儒家亲属伦理主旨的转变

"亲亲"与"尊尊"是儒家亲属伦理的两大原则。"亲亲"是指爱自己的亲人，"尊尊"是指敬重亲人。二者是可以结合在一起的，如子女对父母，就同时存在恩爱与尊敬之情。但从性质上说，"亲亲"与"尊尊"是两个不同的概念。

《说文解字·见部》释"亲"为"至"，段玉裁注云："情意恳到曰至。"① 《尔雅·释亲》邢昺疏曰："亲，爱也，近也。然则亲者，恩爱狎近不疏远之称也。"② "亲"与"仁"大约意义相当。《说文解字》释"仁"："亲也，从人二。"段玉裁注曰："按人耦，犹言尔我亲密之词。独则无耦，耦则相亲，故其字从人二。"③ 而"尊"，原意为酒（礼）器，含有礼、尺度、法度之义，④ 与"义"略同。

---

① （汉）许慎著，（清）段玉裁注《说文解字注·见部》，上海古籍出版社，1981，第 409 页。

② （清）阮元校刻《十三经注疏》，下册，第 2592 页中栏。

③ （汉）许慎著，（清）段玉裁注《说文解字注·人部》，第 365 页。

④ （汉）许慎著，（清）段玉裁注《说文解字注·酉部》，第 752 页。

《说文解字》释"义"为"己之威仪也"，段注云"义作仪，度也"。① 因此，从儒家的道德概念上讲，"亲亲"为人情，属于"仁"的范畴；而"尊尊"为天理，属于"义"的范畴：

> 亲亲，仁也；敬长，义也。②

> 仁者爱人，义者循理。③

> 仁者，天下之表也；义者，天下之制也……厚于仁者薄于义，亲而不尊；厚于义者薄于仁，尊而不亲。④

儒家虽然既讲"尊尊"又讲"亲亲"，但其亲属伦理的出发点应该是"亲亲"。正如《公羊传》"桓公十一年"何休注所言：

> 王者始起，先本天道以治天下，质而亲亲，及其衰敝，其失也，亲亲而不尊；故后王起，法地道以治天下，文而尊尊，及其衰敝，其失也，尊尊而不亲，故复反之于质也。⑤

这里的所谓"后王"是指周天子，"王者始起"中的王是泛指夏商两代。故《史记·梁孝王世家》中也言"殷道亲亲，周道尊尊"。司马贞《史记索隐》解释说：

---

① （汉）许慎著，（清）段玉裁注《说文解字注·我部》，第633页。
② 《孟子·尽心上》，（清）阮元校刻《十三经注疏》，下册，第2765页下栏。
③ 《荀子·议兵》，诸子集成本，中华书局，2006，第185页。
④ 《礼记·表记》，（清）阮元校刻《十三经注疏》，下册，第1639页上栏。
⑤ 《公羊传》，（清）阮元校刻《十三经注疏》，下册，第2220页中栏。

殷人尚质，亲亲，谓亲其弟而授之。周人尚文，尊尊，谓尊
祖之正体。故立其子，尊其祖也。①

按此，"亲亲"属于"质"，而"尊尊"为"文"。"质"通朴或
野，"文"当华或雅。也就是说，"亲亲"是人伦的出发点和起始点，
是人的天性，属于人情，崇尚恩爱与亲情，容隐思想就植根于血缘亲
情，是"亲亲"观念的产物；而"尊尊"是"亲亲"的发展与升华，
属于伦理道德，可以称为天理，以秩序和法度为重，强调等级与名分，
容隐制度在实践过程中的异化，与"尊尊"观念的强化有着直接关系。

"亲亲"的范围一般以九族②为限，《尚书·尧典》有"以亲九
族"的说法，《左传》"桓公六年"条也说"亲其九族"，《礼记·丧
服小记》所以言："亲亲，以三为五，以五为九，上杀，下杀，旁
杀，而亲毕矣。"③

九族之内，对亲等属于缌麻、小功的亲属，大概做到不疏远就算
是"亲亲"了，礼制中没有具体的要求。更近范围的大功亲属，则

---

①　《史记》卷五八《梁孝王世家》，第 2092 页。

②　九族的范围有多大、应该包括哪些人，在汉儒那里就存在争论。在古文经学派看
　　来，家族是专指宗族而言的，范围只包括同姓亲属，同族即同宗，故九族是指同
　　宗高祖至玄孙的上下九代亲属；但在今文经学派看来，家族的范围除了同姓亲属
　　外，还应包括异姓有服亲属，即母亲和妻子方面的近亲，故九族是指内、外由服
　　亲共同组成的亲属集团。其中父族四，五属之内为一族、父女昆弟适人者与其子
　　为一族（也即姑及子）、己女昆弟适人者与其子为一族（也即姊妹及子）、己之女
　　子适人者与其子为一族（也即女儿及外孙）；母族三，母之父姓为一族、母之母
　　姓为一族、母女昆弟适人者与其子为一族（也即姨及子）；妻族二，妻之父姓为
　　一族、妻之母姓为一族。今文经学家关于九族的说法多有谬误之处〔具体论述请
　　参见（清）顾炎武著，（清）黄汝成集释《日知录集释》卷二"九族"条，岳麓
　　书社，1994，第 151~154 页〕，故本书采用古文经学家的说法，认为九族是指同
　　宗高祖至玄孙的上下九代亲属。

③　以上三条分别参见（清）阮元校刻《十三经注疏》，上册，第 119 页上栏；（清）
　　阮元校刻《十三经注疏》，下册，第 1750 页上栏；（清）阮元校刻《十三经注
　　疏》，下册，第 1495 页上栏。

要同居共财，① 亲密相处，不分彼此。亲等在大功以上的亲属，则称至亲、期亲，更应亲密无间，与己视为一体：

> 父子一体也，夫妻一体也，昆弟一体也，故父子首足也，夫妻胖合也，昆弟四体也。②

正是因为至亲、期亲关系亲密无间，被视为一体，最初的容隐范围即以期亲为限，以后扩大到大功亲属。法律确定容隐范围的理由，期亲是同父亲属，大功属于同祖亲属，是血缘关系最近、关系最密切的亲属团体，理应有权容隐。③

"亲亲"原则下，亲属之间的关系以和为贵，因此，道德要求是双向的，要求父慈子孝、兄爱弟悌、夫义妇听、长惠幼顺。其中，父慈、兄爱是子孝、弟悌的前提，即孔子所谓"己欲立而立人，己欲达而达人"。④《孟子·万章上》中说，舜之弟象多有恶行，以杀舜为事，而舜却是"象忧亦忧，象喜亦喜"，立为天子后，还封象于庳。孟子的弟子万章不解而问，孟子回答道：

> 仁人之于弟也，不藏怒焉，不宿怨焉，亲爱之而已矣。亲之

---

① 古礼倡导人们"大功同财"，如郑玄在注《仪礼·丧服》中的"大功之亲"时就说："大功之亲，谓同财者也。"参见（清）阮元校刻《十三经注疏》，上册，第1108页下栏。

② 《仪礼·丧服》，（清）阮元校刻《十三经注疏》，上册，第1105页上栏。

③ 唐宋法律中容隐条款表述为"同居相为隐"，似乎是以同居共财关系作为确定容隐范围的依据。其实，在古代社会，亲属组成的同居共财群体，其规模以同父为限，即由同父之数代直系亲属组成同居团体。此类同居团体所包含的亲属，一般与大功亲属范围相当。可以说大功、同居皆为确定容隐亲属范围的标准与界限。当然，古代社会也有累世同居者，此类同居群体所包含的亲属，远远超过了大功亲的范围。但这只是例外和特殊情况。

④ 《论语·雍也》，（清）阮元校刻《十三经注疏》，下册，第2479页下栏。

欲其贵也，爱之欲其富也，封之有庳，富贵之也。身为天子，弟为匹夫，可谓亲爱之乎？①

对卑幼的道德要求也不是绝对的，同样以舜为例。按礼，娶妻应有父母之命，而舜娶妻却不告父母。因为舜之父母，为人恶劣，父顽母嚚，常欲害舜，告则必不听，故不告而娶。孟子认为舜的做法并没有错误："告则不得娶，男女居室，人之大伦也。如告则废人之大伦，以怼父母，是以不告也。"② 因此，容隐也是双向的，尊卑、长幼之间可以互隐。

为保证亲属之间的和睦，"亲亲"原则还要求"父子之间不责善"，应易子而教。若父自教子，必然会导致父子间的不和：

子曰："爱亲者不敢恶于人，敬亲者不敢慢于人。"③

教者必以正，以正不行，继之以怒，继之以怒则反夷矣。夫子教我以正，夫子未出于正也，则是父子相夷也。父子相夷则恶矣。古者易子而教之，父子之间不责善，责善则离，离则不祥莫大焉。④

所谓"父子相夷则恶""离则不祥莫大焉"的说法，是将亲属之间的和睦相处看作亲属之道的根本，为和睦相处，亲属之间可以放弃"责善"。这正是可以隐恶的容隐制度得以产生的社会文化根源。

"亲亲"与"尊尊"，有其内在的矛盾之处。"亲亲"有为己的

---

① 《孟子·万章上》，（清）阮元校刻《十三经注疏》，下册，第2735页中栏。
② 《孟子·万章上》，（清）阮元校刻《十三经注疏》，下册，第2734页中栏。
③ 《孝经·天子章》，（清）阮元校刻《十三经注疏》，下册，第2544页下栏。此语也见于《吕氏春秋·孝行览》，不过表述略有不同，为"故爱其亲不敢恶人，敬其亲不敢慢人"（诸子集成本，第137页）。
④ 《孟子·离娄上》，（清）阮元校刻《十三经注疏》，下册，第2722页中栏。

一面，属于自发的情感；而"尊尊"属于克己，出于自觉的理性。①

"亲亲"是人类朴素的自然情感，它以血缘关系为纽带、为基础，发自本心，近乎本能。这种朴素的情感，天然缺乏等级、秩序观念，在中国古代家族本位的特殊背景下，并不适合作为处理亲属关系的一般规则。

众所周知，中国在步入阶级社会之后，氏族血缘体系遗存较多，加上浓厚的祖先崇拜文化，导致了血缘体系与阶级体系的并存；同时因为农业文明的关系，血缘集团占有固定和毗连的土地，并安土重迁，这又促成了血缘单位和领土单位的合一。因此，宗族或家族不仅是古代社会重要的政治、经济单元，也是流布最普遍的社会组织、最重要的社会关系网。正如费孝通先生所言，中国古代的"家"或者"族"，并非人类学意义上的生育社群，而是相当于氏族，是一个事业组织，具有政治、经济、宗教等各项功能。②

家具有的复杂功能，使家族内部的关系由简单趋向复杂，家族是社会的缩影，政治、经济等各种社会关系浓缩于此；家族成员之间不仅仅是亲属关系，也包含政治、经济甚至阶级关系。"亲亲"这种人类朴素的自然情感，显然难以适应日益复杂的家族内部关系。

同时，家具有的复杂功能，也使家族本位成为中国传统文化的一大特色，家族中的父子关系成为社会关系的基本模式，其他各种关系均是父子关系的推衍。

既然亲属关系是整个社会关系的基础，事关秩序与统治，就必须舍人情而重天理，亲属关系不能将以恩爱、狎近为特点的"亲亲"作为原则，而是要以象征秩序、法度的"尊尊"为原则：

---

① 参见刘家和、何元国、蒋重跃《孝与仁在原理上矛盾吗?》，《中国哲学史》2004年第 1 期。

② 费孝通：《乡土中国 生育制度》，北京大学出版社，1998，第 40 页。

　　天下之道二：仁、义而已。仁者所以爱亲，亲为先；义者所
以制尊，尊为尚。圣人之心未尝不欲两存，不幸时有以害吾之
仁、义，吾则舍其一存其一。既存，则事之大者必举，而小者有
所不恤也。非不足恤也，事不能以兼全，在圣人亦不可得而恤
也……故周公去亲亲之仁，而存尊尊之义。不忍舍尊尊之义而自
顾其小节也，宁在已有自愧之德而措天下之安宁。不忍使王室之
危而为天下之害也，此所谓不幸不获于两全，舍其小而存其大
者矣。①

　　儒家伦理的本原依据是血亲伦理，其社会伦理不过是血亲伦理的
推及和延伸，所谓"立爱自亲始"② "老吾老以及人之老，幼吾幼以
及人之幼"③ 就是其典型表述。而血亲伦理的基础是"亲亲"，其并
不适合作为处理社会关系的一般规范。当儒家试图将血亲伦理推及为
社会一般伦理时，遇到的最大问题便是需要重新诠释"亲亲"原则，
包括以"亲亲"为核心的"仁"。

　　一般认为，孔子贵仁，《论语》中讲"仁"的次数达 109 次之
多。④ 但是，孔子很少主动谈"仁"，所以《论语·子罕》篇才有
"子罕言利与命与仁"之语。《论语》中的"仁"，多半是被动回答，
而且含义模糊，多有歧义，难以捉摸。学者把出现这一问题的原因，
通常解释为"仁"作为儒家的基本（普遍）道德规范，其内涵丰富，
不易把握。其实，问题的关键可能不在于因为"仁"是基本的道德
规范而不易解释——"仁"的内涵之所以丰富恰恰是因为解释含

① （宋）黄伦：《尚书精义》卷四一《君奭》，文渊阁四库全书本，台北：台湾商务
　　印书馆，1986 年影印本，第 58 册，第 597 页上、下栏。
② 《礼记·祭义》，（清）阮元校刻《十三经注疏》，下册，第 1594 页中栏。
③ 《孟子·梁惠王》，（清）阮元校刻《十三经注疏》，下册，第 2670 页下栏。
④ 杨伯峻：《试论孔子》，氏著《论语译注》，第 16 页。

混——而在于"仁"是否能够作为基本或普遍的社会规范。

> 子曰：知及之，仁不能守之，虽得之，必失之。知及之，仁能守之，不庄以莅之，则民不敬。知及之，仁能守之，庄以莅之，动之不以礼，未善也。①

这一段话，历来虽有不同的解释，但邢昺所谓此章为"论居官临民之法"② 的看法得到了大多数人的认可。翻译成现代汉语，其大意为：

> 居官临民，并不能依靠仁，（如果依靠仁）即使得到官位，也不能持久。居官临民，如果依靠仁，不以威仪临民，则百姓不敬；但仅以威仪临民，必不能以德正民，也不符合善政之道。

孔子很清楚，以"亲亲"为核心的"仁"，属于人的本能情感，缺乏秩序观念，不足以成为社会的通行规则，维持社会秩序，包括家族内部的秩序，还得靠等级、尊卑制度，也即以"尊尊"为核心的"义"。孔子就曾说过："上好义，则民莫敢不服。"③ 但"亲亲"是儒家伦理的本原依据，是人伦关系的基础，无论是家族关系还是社会关系，都应该"亲亲"与"尊尊"并重，在"亲亲"的基础上实现"尊尊"。缺乏"亲亲"基础的"尊尊"，既不符合伦理要求，也缺少可靠性与稳定性。

同时，按照孔子贤人政治的理想，为政者应该"己欲立而立人，

---

① 《论语·卫灵公》，（清）阮元校刻《十三经注疏》，下册，第 2518 页中、下栏。
② 参见《论语·卫灵公》邢昺疏，（清）阮元校刻《十三经注疏》，下册，第 2518 页下栏。
③ 《论语·子路》，（清）阮元校刻《十三经注疏》，下册，第 2506 页下栏。

己欲达而达人"，必须成为民众行为的楷模。如果只讲"义"或"尊尊"，为政者就必然会放松对自己的道德约束，道德要求就由双向转为单向，这并非善政之道。所以，孔子一生的主张都在"仁"（亲亲）与"义"（尊尊）之间徘徊，试图将二者结合起来，以仁为本，在仁的基础上实现义。

但"仁"（亲亲）与"义"（尊尊）的矛盾是内在的，难以调和，顾此失彼，诚所谓鱼和熊掌不可兼得。将"亲亲"与"尊尊"结合在一起，在仁的基础上实现义，本身就是可望而不可即的事情。简便的办法是舍"亲亲"而取"尊尊"，孔子也有类似的主张：

> 颜渊问仁。子曰："克己复礼为仁。一日克己复礼，天下归仁焉。为仁由己，而由人乎哉？"颜渊曰："请问其目。"子曰："非礼勿视，非礼勿听，非礼勿言，非礼勿动。"颜渊曰："回虽不敏，请事斯语矣。"①

"克己复礼为仁"意味着要将"亲亲"这一自发的情感上升为自觉的理性。但这不是孔子所希望的。因此，在亲属关系及社会关系中，到底是遵循"亲亲"原则还是"尊尊"原则，孔子大概也没有绝对的原则，他的弟子公西华、曾参在处理亲属关系时，就采用了两种截然不同的方式：

> 公西华之养亲，若与朋友处；曾参之养亲，若事严主烈君。②

---

① 《论语·颜渊》，（清）阮元校刻《十三经注疏》，下册，第 2502 页下栏。
② 《淮南子·齐俗训》，诸子集成本，第 174 页。

如果说孔子一生还在为调和"仁"（亲亲）与"义"（尊尊）的矛盾而努力的话，那么到了孟子那里，就已经放弃了这种无谓的努力，舍"仁"而取"义"了：

> 仁，人心也；义，人路也。舍其路而弗由，放其心而不知求，哀哉![1]

> 爱而不敬，兽畜之也。[2]

孟子重"义"而轻"仁"，将"义"看作"仁"的升华，由"仁"到"义"，这是顺天理的行为，不仅是道德发展的必由之路，也是亲属关系及社会关系的最终归宿。

重"义"（尊尊）的主张，虽符合现实社会的秩序要求，但因此也将"仁"（亲亲）与"义"（尊尊）对立，导致二者之间的矛盾极致化。为了消除这一矛盾，儒家做了不少努力，孔子的弟子有若曾试图将"仁"的本质由恩爱解释为尊敬，他说："孝弟也者，其为仁之本欤!"[3] 孟子也把"亲亲"与"尊尊"视为一事：

> 仁之实，事亲是也；义之实，从兄是也；智之实，知斯二者弗去是也；礼之实，节文斯二者是也；乐之实，乐斯二者是也。[4]

按此，仁为"事亲"，义为"从兄"，而"事""从"在这里都当崇敬讲，"仁"或"亲亲"的含义由"爱"变为了"敬"。后世之

---

① 《孟子·告子》，（清）阮元校刻《十三经注疏》，下册，第2752页中栏。
② 《孟子·尽心上》，（清）阮元校刻《十三经注疏》，下册，第2770页上栏。
③ 《论语·学而》，（清）阮元校刻《十三经注疏》，下册，第2457页中栏。
④ 《孟子·离娄上》，（清）阮元校刻《十三经注疏》，下册，第2723页中栏。

儒家也一般从"义"的角度来解释"亲亲":

> 亲亲、尊尊、长长、男女之有别,人道之大者也。孔颖达疏曰:亲亲,谓父母也;尊尊,谓祖及曾祖高祖也;长长,谓兄及旁亲也,不言卑幼,举尊长则卑幼可知也。①

三礼中《礼记》成书最晚,大约在汉末才独立成书,至唐代才取得经典的地位。② 书中的论述、孔颖达的注疏及《礼记》地位的提升,均反映出汉唐之间,将"亲亲"与"尊尊"合二为一的做法,已经得到了世人较为普遍的认同。到了朱熹那里,不仅认为仁的本质是孝悌,甚至仁、义、礼、智这"四端"的本质都是孝悌:

> 问:孝弟为仁之本。曰:"论仁,则仁是孝弟之本,行仁则当自孝弟始。"又云:"孟子曰:'仁之实,事亲是也;义之实,从兄是也;智之实,知斯二者弗去是也;礼之实,节文斯二者是也;乐之实,乐斯二者是也。'以此观之,岂特孝弟为仁之本?四端皆本于孝弟而后见也。"③

在朱熹这里,"亲亲"已经失去了踪影,剩下的只有"尊尊"。所以,理学家倡导"存天理,灭人欲",也就不难理解了。将"亲亲"与"尊尊"视为一体,其理由在于:

> 其为人也孝弟,而好犯上者,鲜也;不好犯上,而好作乱

---

① 《礼记·丧服小记》,(清)阮元校刻《十三经注疏》,下册,第 1496 页中栏。
② 王文锦:《礼记》,文史知识编辑部编《经书浅谈》,中华书局,1984,第 61 页。
③ (宋)黎靖德编《朱子语类》卷二〇《论语二·学而篇上》,中华书局,1988,第 463 页。

者，未之有也。①

　　自仁率亲，等而上之至于祖，自义率祖，顺而下之至于祢，是故人道亲亲也。亲亲故尊祖，尊祖故敬宗，敬宗故收族，收族故宗庙严，宗庙严故重社稷，重社稷故爱百姓，爱百姓故刑罚中，刑罚中故庶民安，庶民安故财用足，财用足故百志成。②

　　借着这样的解释，儒家构建起一个由家至国、家国一体的社会治理方式：先在家庭中以父子为轴心，推行等级与权威，然后，视社会为扩大化的家庭，将家庭内所维护的尊卑等级推广到社会的各个层面。③ 治家与治国由此合二为一，儒家伦理因此从血亲伦理上升为国家伦理，从"齐家"之术转变为"治国"之策。

　　容隐制度的产生，如前所言，不会早于西汉末年，此时儒家亲属伦理的主旨已经转变为"尊尊"，但因为"亲亲"是儒家伦理的本原依据，所以在汉晋时期法律儒家化的运动中，出于遵从本原的情怀，儒生还是将容隐写进了法律制度中，并在设计上忠实地贯彻了"亲亲"原则。"亲亲"旨在保持亲属间恩爱狎近的关系，最不重视的就是伦常名分，因此，在确定容隐范围时，标准是情义而非身份，像外祖父母、外孙等一些服制虽轻但情义深重的亲属都被纳入进来，而且只要有同居共财的生活情义，无论亲等远近，也不论有服无服，皆在容隐的范围之内。

　　凡在容隐范围内的亲属，尊卑之间可以互相容隐，权利平等，没有身份上的差别。同时，按照规定，除去谋反、谋大逆、谋叛等"不

---

① 《论语·学而》，（清）阮元校刻《十三经注疏》，下册，第2457页中栏。
② 《礼记·大传》，（清）阮元校刻《十三经注疏》，下册，第1508页下栏。
③ 参见张德胜《儒家伦理与社会秩序：社会学的诠释》，上海人民出版社，2008，第52~53页。

忠"罪行，其余各罪皆可以容隐，即使"不孝""恶逆"等违反尊卑伦常的犯罪行为，也适用容隐制。可见，无论从立法原意还是法条规定来看，容隐制度都主张尊卑之间权利平等，并未刻意维护尊卑伦常。

正是因为容隐很好地体现了"亲亲"原则，在"尊尊"原则占据主流的古代社会，容隐制度显得较为"另类"，孤立无援，障碍很多，难以发挥实际作用。其实，后世儒生从来没有停止过对容隐的改造，他们有意无意地从"尊尊"的角度去理解、看待容隐制度，要求容隐向"尊尊"原则靠拢。

宋代的儒生曾就容隐何以称"直"展开过讨论。杨时认为"直"的缘由在于顺情："父子相隐，人之情也。若其情，则直在其中矣。子证其父，岂人情也哉？逆而为之曲，孰甚焉？"又曰："父子之真情，岂欲相暴其恶哉！行其真情，乃所谓直；反情以为直，则失。"杨时还是从"亲亲"的角度来理解容隐。但他的看法属于少数派，与他同时的理学家都认为容隐称"直"的原因在于顺理。范祖禹认为容隐体现了父慈子孝，而"父慈子孝，天下之直也"。谢良佐曰："顺理为直。父不为子隐，子不为父隐，于理顺邪？"侯仲良曰："父子相隐，直也。岂有反天理而为直哉？"尹焞也说："顺理为直。父为子隐，子为父隐，所以直在其中矣。"① 这里的"理"就是指天理，也即"尊尊"，也就是纲常伦理。

在朱熹看来，顺情为直的说法肯定是有问题的。因为"人情之或邪或正，初无准则，若之何？其必顺此而皆可以为直也邪？苟顺其情而皆可谓之直，则霍光之夫妇相隐可以为直，而周公之兄弟、石碏

---

① 以上所引宋人议论，参见（宋）朱熹《论语精义》卷七上《子路第十三》，文渊阁四库全书本，台北：台湾商务印书馆，1986年影印本，第198册，第297页下栏~298页下栏。

之父子，皆咈其情而反陷于曲矣。而可乎哉?"① 所以，顺理为直才
是正解。

既然是顺理为直，有志之士便不断用天理来校正容隐制度，使之
符合纲常伦理的要求。如元代中书省的咨文中称"纲常之道，夫妇
许相容隐"，② 就完全是从三纲五常的角度来解释容隐制度。容隐是
亲属间的权利，在最初的制度设计中，共同居住但非亲属关系的主仆
之间并无权相互容隐。后世法律或许因为主仆之间也有生活情谊，一
定意义上讲"情同父子"，遂也开始允许主仆之间的容隐。但主仆之
间不可互隐，法律只是要求奴婢、部曲、雇工人为主人单向容隐。这
实际上是以"尊尊"为容隐的指导原则。清代曾制定条例，规定在
卑杀尊的行为中，特定的亲属不得容隐；但在尊杀卑的行为中，则无
这样的限制。③ 对清代司法的考察也证明，如果容隐卑幼杀尊长或卑
幼行为导致尊长死亡一类严重违反儒家伦理的犯罪行为，遭受的处罚
比容隐普通罪行更为严厉。④

容隐与干名犯义原本是为了分别贯彻"亲亲"与"尊尊"而出
现的不同制度，作用、性质各不相同，适用的亲属范围也不一样，区
别十分明显。随着"尊尊"观念的强化，在人们的观念、意识中，
容隐与干名犯义趋向一致，有意无意地混淆了容隐与干名犯义。

---

① （宋）朱熹：《四书或问》卷十八《论语·子路第十三》，文渊阁四库全书本，台
　　北：台湾商务印书馆，1986 年影印本，第 197 册，第 447 页下栏~448 页上栏。
② 《元典章》卷四一《刑部三·诸恶·内乱》"妻告夫奸男妇断离"条，第 1420 页。
③ 乾隆六十年（1795）制定新例云："父为母所杀，其子隐忍，于破案后始行供明
　　者，照不应重律杖八十。如经官审讯，犹复隐忍不言者，照违制律杖一百。若母
　　为父所杀，其子仍听，依律容隐免科。"参见郭成伟主编《大清律例根原》卷一
　　四《名例律下》"亲属相为容隐"条所附条例，第 202 页。嘉庆十九年（1814），
　　又增"子妇殴毙翁姑之案，如犯夫有匿报、贿和情事，拟绞立决"的新条例，参
　　见郭成伟主编《大清律例根原》卷八八《刑律·斗殴下》"殴祖父母、父母"条
　　所附条例，第 1416 页。
④ 详见本书第四章第二节。

　　王吉者，扶沟民。吉妻之侄贫无依，为吉所养。夜闻吉语其妻以发冢事，乃以告邻父。捕系具狱，吉罪当死。公叹曰："同财共居，于律听容隐。妻之侄素养于吉，而冒法讦告，乃同凡人。岂近情哉？"遂以疑请，故贷焉。①

　　臣昨日窃闻敕除太常博士马端为监察御史，中外闻之，莫不惊骇。端为性险巧，本非正人，往年常发其母阴事，母坐杖脊。端为人子，不能以礼法防其家，陷其母于过恶，又不能容隐，使母被刑。理合蒙羞负恨，终身不齿官联。岂可更为天子法官？臣不知朝廷何故如此，用人纵使天下全无好人，亦当虚此一位，不可使端居之。②

　　以上二例都是宋人批评卑幼揭发尊长的犯罪行为，指责他们违反了"容隐"原则。这是非常有意思的指责理由。众所周知，唐宋法律有禁止卑幼告尊长的专条，以此作为指责理由，岂不是更名正言顺？究其原因，恐怕在于作者认为禁止告发尊长就是要求必须容隐，容隐与禁止告发本就是一回事。

　　宋神宗熙宁七年（1074），发生了一件求赏纠纷。凤翔人赵怀懿之女归宁时言夫弟巨源谋反，赵怀懿遂以其事告官。经法司核实，巨源确有谋反行为，论法当斩。赵怀懿于是乞行赏，"有司以何氏告其夫弟之罪，法告有服亲，不当赏。怀懿诉于登闻。检院下刑部，刑部言五服许相容隐，虽谋逆许告，于法无赏"。③ 无法给赏，神宗不得

---

① （宋）吕陶：《净德集》卷二三《墓志铭》"朝散大夫致仕陈公墓志铭"，文渊阁四库全书本，台北：台湾商务印书馆，1986年影印本，第1098册，第189页下栏。
② （宋）欧阳修：《文忠集》卷九八《奏议》"论苏绅奸邪不宜侍从札子"，文渊阁四库全书本，台北：台湾商务印书馆，1986年影印本，第1103册，第32页上栏。
③ （宋）李焘：《续资治通鉴长编》卷二五三《神宗》"熙宁七年五月癸亥"条，文渊阁四库全书本，第318册，第321页上栏。

已赐钱三百千以了事。

负责审查是否行赏的"有司"可能是反感赵怀懿的告发行为，故拒绝给他赏金。但理由是站不住脚的，因为宋代法律虽规定服亲之间不得相告，但谋叛以上不受其限。故赵怀懿挝登闻鼓诉告。复审的刑部也拒绝行赏，理由是"五服许相容隐"。按法条，是同居或大功以上亲可容隐，刑部说五服亲属之间可相互容隐，是把禁止告讦亲属与容隐混到一起，误以为法条禁止五服之内的亲属相告，就是要求他们之间互相容隐。这样的误解、混淆出现在刑部官员身上，让人哭笑不得。

从元代开始，卑幼告发尊长的行为被定名为"干名犯义"，加以严惩。《元史·刑法志》在记述元代法律规定时，容隐与干名犯义是混在一起的：

> 诸子证其父，奴讦其主，及妻妾弟侄不相容隐，凡干名犯义，为风化之玷者，并禁止之……凡夫有罪，非恶逆重事，妻得相容隐，而辄告讦其夫者，笞四十七。①

其中的逻辑是不相容隐就是干名犯义，属于犯罪行为，言外之意是必须容隐。容隐变成了义务。当然这种逻辑并不是元代才开始的：

> 得甲告其子行盗，或诮其父子不相为隐。甲云大义灭亲。对：法许原情，慈通隐恶，俾恩流于下，亦直在其中。甲齿忝人伦，忍伤天情，义乃失教，曾莫愧于父顽，攘窃成奸，尚不为其子隐，道既亏于庭训，礼遂阙于家肥。且情比乐羊，可谓不慈伤

---

① 《元史》卷一〇五《刑法四·诉讼》，第 2671 页。

教，况罪非石厚，徒云大义灭亲，是不及情，所宜致诮。①

　　这是唐代白居易撰写的判词，他一方面认为容隐是"法许原情"，也就是法律许可的利益或权益（这里多少还有把容隐看作权利的意味）；但另一方面，认为既然法律准许容隐，就应该必须容隐，否则就是"忝人伦""伤天情"的行为。我们知道，权利如果不能自主享有，实际上就变成了义务，白居易最终将行使权利变成了履行义务。

　　在司法实践中，有法司也将容隐视为法律义务。南宋时，黄十告父黄乙图奸己妻阿李。法司宣称："父有不慈，子不可以不孝！黄十为黄乙之子，纵使果有新台之事，在黄十亦只当为父隐恶，遣逐其妻足矣，岂可播扬于外，况事属暧昧乎！"处杖一百，编管邻州，妻阿李杖六十。② 元成宗大德九年（1305），李阿登告夫李先强奸前夫男妇，有司认为告夫犯罪，有违夫妇许相容隐之意。③ 清道光六年（1826），王荣万抢夺王贵万钱财，王贵万投族告状，族长责令还钱。王荣万已将钱用完，央求胞弟王俊万担保赔偿。王俊万因已多次为王荣万类似的偷抢行为赔钱埋单，这次坚决不肯，并要将其送官追究责任，王荣万情急自尽。案发地江西法司以威逼尊长致死律上减一等拟流，上报中央之后，刑部认为"该犯系王荣万胞弟，律应容隐，乃图免己累，坚欲送究，经被抢之王贵万解劝不听，复又用言恐吓以致王荣万情急自尽，非逼迫而何？是王荣万之自尽全由该犯逼迫所致，自应照律拟以绞候，未便量减拟流"。④ 刑部说帖中所谓"律应容隐"的说法，就是将容隐看作义务，确切地说，是卑幼对尊长的义务。

---

① 《文苑英华》卷五二二《判》"子行盗判"条，中华书局，1966 年影印本，第 2676 页上栏。
② 《名公书判清明集》卷一〇《人伦门·乱伦》"子妄以奸妻事诬父"条，第 388 页。
③ 《元典章》卷四一《刑部三·诸恶·内乱》"妻告夫奸男妇断离"条，第 1420 页。
④ （清）祝庆祺、鲍书芸辑《刑案汇览》卷三四《刑律·人命·威逼人致死》"胞兄不安本分被弟逼迫自尽"条，第 1253 页。

二　重视株连、强调废私的法律文化

中国古代社会的法律传统及诉讼习惯，其实很不利于容隐权利的行使。在中国古代，"一荣俱荣，一损俱损"的观念深入人心，追究正犯亲属的连带责任已成为社会的共识和传统。法律也以家族为本位，视亲属为一体，一人犯罪，总要追究亲属的刑事责任或行政责任，[①] 即使免除了刑事、行政处罚，亲属也要受到其他方面的牵累，如名誉、地位、财产等方面的损失，鲜有不受牵累者。

为了方便追究犯人亲属的责任，在司法实践中，官府一般要预先收禁犯罪人的亲属。这种做法，汉代就已经较为普遍，故两汉皇帝屡有不得收系一般犯罪者亲属的诏令。如西汉平帝元始四年（4）下诏："惟苛暴吏多拘系犯法者亲属，妇女老弱，构怨伤化，百姓苦之。其明敕百僚，妇女非身犯法，及男子年八十以上七岁以下，家非坐不道，诏所名捕，它皆无得系。其当验者，即验问。定著令。"[②] 又如东汉光武帝建武三年（27）诏曰："男子八十以上，十岁以下，及妇人从坐者，自非不道、诏所名捕，皆不得系。当验问者即就验。"[③] 以后各朝，这样的事例也俯拾皆是，举不胜举，以下仅以唐代为例，略举几事：

> （太和）五年（831），（唐扶）奏："内乡县行市、黄涧两场仓督邓琬等，先主掌湖南、江西运到糙米，至淅川县于荒野中囤贮，除支用外，六千九百四十五石，裹烂成灰尘。度支牒征元掌所由，自贞元二十年（804），邓琬父子兄弟至玄孙，相承禁

---

① 在族刑制度中，犯罪人的亲属承担刑事责任；在流刑制度中，犯罪人的亲属承担行政责任。参见魏道明《始于兵而终于礼——中国古代族刑研究》，第76~82页。
② 《汉书》卷一二《平帝纪》，第356页。
③ 《后汉书》卷一上《光武帝纪上》，第35页。

系二十八年，前后禁死九人。今琬孙及玄孙见在枷禁者。"敕
曰："如闻盐铁、度支两使，此类极多。其邓琬等四人，资产全
已卖纳，禁系三代，瘐死狱中，实伤和气。邓琬等并疏放。天下
州府监院如有此类，不得禁经三年已上。速便疏理以闻。"①

（漕舟）挽夫辄坠死，则以逃亡报，因系其父母、妻子，人
以为苦。②

同昌公主薨，懿宗诛医无状者，系亲属三百余人。③

甚至到官府申请仲裁的当事人，其亲属也要被预先羁押：

开封女子李尝击登闻鼓，自言无儿息，身且病，一旦死，家
业无所付。诏本府随所欲裁置之。李无它亲，独有父，有司因系
之。李又诣登闻，诉父被絷。帝骇曰："此事岂当禁系，辇毂之
下，尚或如此。天下至广，安得无枉滥乎？朕恨不能亲决四方之
狱，固不辞劳尔！"即日遣殿中侍御史李范等十四人，分往江
南、两浙、四川、荆湖、岭南审决刑狱。④

其实，宋太宗惊骇的天下"枉滥"现象，有些就源自皇帝之命。
宋高宗建炎四年（1130），苏渊杀妻妾而自尽，"上疑二子预知，因
付有司"。⑤ 大概无论何种诉讼，包括民事诉讼，羁押当事人的亲属

① 《旧唐书》卷一九〇下《文苑下·唐次传附唐扶传》，第5062页。
② 《新唐书》卷五三《食货志三》，中华书局，1975，第1365页。
③ 《新唐书》卷九一《温大雅传附温璋传》，第3787页。
④ 《宋史》卷一九九《刑法一》，第4969页。
⑤ （清）徐松辑《宋会要辑稿》刑法六之二五，第6706页上栏。

已成惯例，故宋人陈耆卿曾言："常人之家，每被官司追呼禁系，不得安宁者，多缘户门之事、田产之争。"①

当然，严格意义上说，禁系犯罪人亲属，并非出于法律规定，而是司法实践中的弊端导致的。但这一现象，充分反映了中国古代家族本位的社会特征，说明追究犯人亲属连带责任已成社会大众的一般共识和要求。

连带责任，意味着犯罪人的亲属在没有任何过失的情形下都要承担责任甚至遭受刑事制裁，那么，帮助犯罪的亲属逃避法律制裁就成了不合理的行为。当连带责任成为社会一般现象时，容隐制度便失去了生存的空间，只是法条层面上的虚拟权利。

中国古代自有成文法以来，出于专制统治的需要，"废私"成为法律的主旋律。其中的关系，正如韩非所言，"夫立法令者，以废私也；法令行而私道废矣。私者，所以乱法也"；② "能去私曲就公法者，民安而国治；能去私行行公法者，则兵强而敌弱"。③ "废私"有如此重要的功能，自然成为最重要的法律思想和原则。"废私"意味着国家要用强力来干涉私人事务，④ 规定个人事务的法规也要尽量排除个人私义与权利，从而成为维护伦理纲常、实现政治控制的工具。儒家在这方面有过之无不及，在儒家思想支配下的各朝法律中，"废私"的特征也非常明显。于是，公法文化成为中国传统法律文化的重要属性，这也是古代法律多见特权而罕见权利的根源所在。

容隐是因私废公，许可容隐，在一定意义上讲是对主流公法文化的反动。虽然孔子主张父子相隐"直在其中"，但表现"私曲"的容

---

① （宋）陈耆卿：《嘉定赤城志》卷三七《风土门》"谨户田"条，中华书局编辑部编《宋元方志丛刊》，中华书局，1990 年影印本，第 7 册，第 7580 页上栏。
② 《韩非子·诡使》，诸子集成本，第 317 页。
③ 《韩非子·有度》，诸子集成本，第 22 页。
④ 张中秋：《中西法律文化比较研究》，南京大学出版社，1999，第 101 页。

隐如何体现"公直"这一道德特性，论证起来颇为不易，也难以真正让人信服。所以，士人对于容隐的观感不佳，将之视为济恶行为，有碍社会公义的实现，对其缺乏同情与认可。

容隐虽是法律规定的权利，如各朝法典都规定，凡容隐范围内的亲属，互为容隐者，"皆勿论"，"勿论"意味着容隐是法律许可的合法行为；但很多时候，容隐被视为犯罪行为，只是免于处罚而已，像"（族亲）互为容隐者，罪得递减"[①]"亲族容隐，皆得免罪，所以重人伦、厚风俗也"，[②] 就是比较典型的表述。甚至法典中也有类似的表述。如《大清律例》一方面规定亲属容隐"勿论"，视容隐为无罪；但在"知情藏匿罪人"条律注中又说道："若亲属纠合外人藏匿，亲属虽免罪、减等，外人仍科藏匿之罪。"[③] 藏匿犯罪人是常见的容隐行为，亲属藏匿"免罪、减等"的表述，实际上是将容隐视为免于刑罚的有罪行为。由于缺乏认可，在司法实践中，容隐权不仅不受保护，反而被当作不当行为受到法律制裁（详见本书第四章）。

第二节 社会制度因素

一 什伍（保甲）纠告制度

在中国古代，什伍、伍保、保甲一类的组织历代皆有。什伍、保甲之内，有互相纠告之责，不告者有罪连坐。如唐宋法条规定：

> 诸强盗及杀人贼发，被害之家及同伍即告其主司。若家人、

---

① 《明史》卷九三《刑法志一》，第2283页。
② 郭成伟主编《大清律例根原》卷一四《名例律下》"亲属相为容隐"条按语，第201页。
③ 《大清律例》卷三五《刑律·捕亡》"知情藏匿罪人"条，第552页。

同伍单弱，比伍为告，当告而不告，一日杖六十。主司不即言上，一日杖八十，三日杖一百。官司不即检校、捕逐及有所推避者，一日徒一年。窃盗，各减二等。①

即同伍保内，在家有犯，知而不纠者，死罪，徒一年；流罪，杖一百；徒罪，杖七十。其家唯有妇女及男年十五以下者，皆勿论。疏议曰："'即同伍保内'，谓依令'伍家相保'之内，在家有犯，知死罪不纠，得徒一年；知流罪不纠，杖一百；知徒罪不纠，杖七十。犯百杖以下，保人不纠，无罪。其伍保之家，唯有妇女及男年十五以下，不堪告事，虽知不纠，亦皆勿论。虽是伍保之内，所犯不在家中，知而不纠，不合科罪。"②

按此，伍保纠告犯罪包括两个方面：一是对外来犯罪——强盗、窃盗及杀人贼的纠告；另一方面是对"同伍保内，在家有犯"也即伍保内部成员犯罪行为的纠告。明清时期的保甲组织，似乎更强调对外来犯罪行为尤其是强盗、窃盗的纠告义务，但保甲内部的犯罪行为，也必须纠告：

凡保甲，直省、府、州、县，自城市达于乡村，居民十户立牌头，十牌立甲长，十甲立保正。户给印纸，登姓名习业，悬于门楔，以稽出入往来，以诘奸宄。有藏匿盗匪及干犯禁令者，甲内互相觉举。③

① 《唐律疏议》卷二四《斗讼律》"强盗杀人不告主司"条，第449页。宋代略同，参见《宋刑统》卷二四《斗讼律》"盗贼事发伍保为告"门，第432页。
② 《唐律疏议》卷二四《斗讼律》"监临知犯法不举劾"条，第450页。宋代略同，参见《宋刑统》卷二四《斗讼律》"部内犯罪不纠举"门，第433~434页。
③ 《大清会典》卷六五《兵部·职方清吏司·诘禁》，文渊阁四库全书本，台北：台湾商务印书馆，1986年影印本，第619册，第607页上栏。

编排保甲，保正、甲长、牌头须选勤慎练达之人点充……倘知有为盗、窝盗之人，瞻徇隐匿者，杖八十。如系窃盗，分别贼情轻重惩警……再地方有堡子村庄聚族满百人以上，保甲不能编查，选族中有品望者，立为族正。若有匪类，令其主报，倘徇情容隐，照保甲一体治罪。①

对伍保内部的犯罪行为要相互纠告，意味着伍保内部有罪必须检举，不能容隐。在聚族而居的前提下，亲属组织与什伍、保甲组织往往是相重合的，亲属容隐制度与伍保内部犯罪行为相互纠告制度难免发生冲突。这一点古人早就注意到了。唐代大儒孔颖达在疏《尚书·康诰》时说：

《周书》云"父子兄弟，罪不相及"，即此文也。不孝罪，子非及于父之辈，理所当然。而《周官》邻保，以比伍相及。而赵商疑而发问。郑（玄）答云："《周礼》太平制此，为居殷乱而言。"斯不然矣。《康诰》所云，以骨肉之亲得相容隐，故《左传》云："父子兄弟，罪不相及。"《周礼》所云，据踈人相督率之法，故相连获罪。故今之律令，大功已上得相容隐，邻保罪有相及，是也。②

据上载，赵商就此向老师郑玄发问。郑玄认为二者有冲突，所以在回答提问时，将什伍纠告、连坐一类看作乱世之制。孔颖达却不以为然，认为什伍纠告是"踈人相督率之法"，即什伍纠告只实行于没有亲属关系的踈（疏）人也即常人之间，同什伍或同保甲的亲属之间不必纠告，有罪仍可相互容隐。换言之，什伍、保甲纠告制度不影响容隐制度。

① 《大清律例》卷二五《刑律·贼盗下》"贼盗窝主"条附例，第416页。
② （清）阮元校刻《十三经注疏》，上册，第204页下栏。

孔颖达的解释或许没有错误，甚至可以说比郑玄的解释更符合法理，但他的解释可能有理想化的倾向。宋代学者王应麟说：

> 《康诰》正义："《周官》邻保，以比伍相及。"而赵商疑而发问。郑（玄）答云："《周礼》太平制此，为居殷乱而言。"今案：《康诰》所云，以骨肉之亲得相容隐，故《左传》云："父子兄弟，罪不相及。"《周礼》所云，据疏人相督率之法，以相连获罪。故今之律令，大功已上得相容隐，以其罪有相及，是也。①

上文王应麟的"今案"基本上沿用了孔颖达的注疏，只是将"大功已上得相容隐，邻保罪有相及"中的"邻保"改成了"以其"。改动之后，整句话的大意就是：大功以上亲属可以相互容隐，因为有"罪有相及"的制度。含义模糊不清，容隐与伍保纠告之间的关系变得模棱两可，说二者是分别实行于亲属和常人且互不影响的制度，或者说二者都是实行于亲属之间且相互矛盾的制度，都是可以的。

王应麟对孔颖达注疏的改动，可能不是随意的，而是深思熟虑后的举动。或许唐宋之时，容隐制度与伍保纠告制度的冲突已经较为明显，只是我们现在缺乏实例，难以具体说明。但从清代资料来看，二者的确存在冲突，容隐制度也因此受到了影响。

清代保甲内有纠告犯罪的义务，多数情况下，由于受害者及其亲属能够积极主动在第一时间报告案情，② 法规中并没有专门强调犯罪

---

① （宋）王应麟：《汉制考》卷四《书》，文渊阁四库全书本，台北：台湾商务印书馆，1986年影印本，第609册，第838页下栏。

② 从清代刑科题本来看，保甲内若发生命案，出于缉拿凶手的期盼，与被害人关系紧密的亲属如父母、子孙、兄弟、夫妻等，一般都选择去积极报案，报案的时间也很及时，大多是在命案发生的当日或次日。参见杜家骥编《清嘉庆朝刑科题本社会史料辑刊》，第35、37、50、55、56、59、60、61、62、67、69、86、87、91、96、106、107、127、128、129、130、222页。

人的亲属有义务报告犯罪行为。因此，犯罪行为发生后，对于亲属必须纠告还是可以保持沉默甚至进行容隐，司法官的认识也不一致。

嘉庆九年（1804），湖南芷江县发生一起因索要债务致死无服族嫂的命案，犯罪人的同居叔祖姚文道知情不报，法司认为"律得容隐"，不予追究。① 与上案类似的还有嘉庆十年（1805）贵州思南府陈添福对其子杀人知情不首、嘉庆十六年（1811）山东莒州史许氏对其子杀人知情不首、嘉庆十九年（1814）四川彭山县刘张氏对丈夫杀人知情不首等，法司都以"律得容隐"为由，免予追究。②

抛开审理者将知情不首等同于容隐的错误不谈，以"律得容隐"为由不追究知情不首的法律责任，说明法司将保甲纠告与亲属容隐看作并行不悖的制度。

当然，也有不少法官认为保甲内的亲属有纠告义务。嘉庆十九年，甘肃清水县发生一起丈夫杀妻案，凶手胞叔没有及时报案，法司认为"迟报有因"，免予追责；③ 按此，如果迟报无因，还是要处罚的。嘉庆二十五年（1820），郭春年致死其父，其母郭杨氏、其妻郭马氏知情不报，④ 二人均被处置。道光四年（1824），周正沅违犯教令导致其父周彬才自缢身死，其胞兄周正敖知情不告，法司认为"明知伊父自缢系由伊弟违犯教令所致，自应即时报官治伊弟以违犯之罪"，处以徒刑。⑤

---

① 杜家骥编《清嘉庆朝刑科题本社会史料辑刊》"湖南芷江县民姚秀兰因索要债务致死无服族嫂案"，第 76~77 页。

② 参见杜家骥编《清嘉庆朝刑科题本社会史料辑刊》"贵州思南府属民陈应元因地亩找价事将远房无服祖母勒死一案""山东莒州民史明立挟嫌邀同妹夫刘太勒死出继胞叔史汉案""四川彭山县民刘得俸因索钱勒胞弟刘得元身死案"，第 89~90、204~205、254~255 页。

③ 杜家骥编《清嘉庆朝刑科题本社会史料辑刊》"甘肃清水县民杨噯吞子因卖地将妻子党氏杀死案"，第 256~257 页。

④ （清）祝庆祺、鲍书芸辑《刑案汇览》卷三六《刑律·人命·尊长为人杀私和》"犯母溺爱致子杀父尤复不报"条，第 1341 页。

⑤ （清）祝庆祺、鲍书芸辑《刑案汇览》卷三六《刑律·人命·尊长为人杀私和》"弟违犯致父自尽兄听从匿报"条，第 1339 页。

道光六年（1826），刘丑致祖母刘朱氏身死，法司认为，其母刘陈氏只向刘丑斥骂，"并不实时投邻赴官告究"，处以流刑。①

认为保甲内的亲属必须纠告，说明审理者根本就没有考虑过容隐权利，即使考虑到有容隐制度，也是将保甲制度置于容隐制度之上。故在保甲纠告制度下，亲属能否容隐，其实取决于法官的态度——如果法司认为亲属之间必须按照保甲制度纠告犯罪行为，那么容隐制度已经失去了适用前提，因为不告发都要治罪，更何况是庇护亲属犯罪。

对于清代保甲在维护治安、预防犯罪方面发挥了多少作用，很难作出判断，但犯罪行为发生后，保甲就会成为一个被追责的团体，保甲组织存在的意义，与其说是为了预防犯罪，还不如说是为了方便事后追责。保甲内若发生罪案，所有与之有牵连的人都要被抓捕，必须自证无责，方能免予追究。嘉庆五年（1800），山东邹县发生一起命案。周兴贵欲变卖自己名下房产给周大五，业已谈妥价钱，但房屋为伯母所居，她要求从卖房钱中分成，周兴贵于是又找周大五抬高卖价，周大五嫌贵不要。周兴贵恼怒而与胞兄周兴德合谋杀死伯母。案发后，周兴贵、周兴德及其母周冯氏，妻张氏、小冯氏，买主周大五及众邻佑均被逮捕，最后查证周冯氏等"无同谋情事"，周大五"并无不合"，才将"无干之邻佑人等，均行省释"。②

从清代刑科题本来看，缉拿犯罪人的亲属、邻佑已成为司法惯例，这些被缉拿的人，经过官府审查或自证与犯罪行为并无干系、没有责任，③

---

① （清）许梿辑《刑部比照加减成案续编》卷一八《刑律·人命·尊长为人杀私和》"四川司"条，法律出版社，2009，第600页。
② 杜家骥编《清嘉庆朝刑科题本社会史料辑刊》"山东邹县民周兴贵等谋杀伯母周王氏身死案"，第20~21页。
③ 清代官府的审讯记录中，有"尚无肇衅情事""讯不知情""讯非知情同谋""究无主使""并无不合""讯无帮殴""并无加功"等用语，可见，法司对于犯罪人亲邻的责任审查是多方面的。参见杜家骥编《清嘉庆朝刑科题本社会史料辑刊》第176、185、216、15、21、145、46页。

甚至还得证明已经尽了全力去阻止犯罪行为的发生，① 才能被放回，所以"无干省释"就成了结案判词中经常出现的固定表述。

保甲制度下对犯罪者亲邻的严厉追责，自然影响到容隐权的行使。清代的命案中，不乏犯罪人亲属放弃容隐而选择告发的事例。嘉庆四年（1799），贵州仁怀地区有一起发生于同胞兄弟间的凶杀案，到乡约处报案的是他们的胞弟；嘉庆五年（1800），直隶蔚州的一起凶杀案中，报案人为凶手胞兄。② 类似的例子还有不少。③ 虽然不排除其中有大义灭亲而放弃容隐的情形，但我们相信，亲属放弃容隐进而选择告发的主要动机还是为了避免被追责。

以告发亲属犯罪的方式避免被追责，前提是自己与案件无涉。如果与案件的发生有牵连，由于严厉的责任追及制度，很难摆脱干系，④ 可能主动告发也不见得能免责，这时候，为避免被拖累，亲属

---

① 嘉庆年间的刑科题本中，官府在审查犯罪人亲属或邻佑的责任时，经常使用"救（劝）阻不及，应毋庸议"一类的语汇（参见杜家骥编《清嘉庆刑科题本社会史料辑刊》第 5、6、7、9、10、11、12、15、22、24、25、30、31、32、33、35、38、42、45、47、48、49、50、51、52 页等）。依此而论，如果没有尽力去阻止犯罪行为的发生，也要被追责。可见，保甲成员免责的条件，不仅限于不参与犯罪及举报犯罪，还包括采取积极行为去阻止犯罪行为的发生。

② 杜家骥编《清嘉庆朝刑科题本社会史料辑刊》"贵州仁怀厅民袁居政因讨账戳死胞兄案""直隶蔚州民席德因纳粮银事起衅打死小功服叔案"，第 8~9、9~10 页。

③ 参见杜家骥编《清嘉庆朝刑科题本社会史料辑刊》"安徽黟县民李天意因口角打死妻子案""四川彭县民余登义因口角打死妻子案""湖南嘉禾县民邓闰珑祭祖起衅谋杀胞弟案""四川彭县民萧崇信因债务戳伤堂兄身死案""陕西咸阳县民杨景元因被说破偷麦事谋杀胞兄身死案""四川广安州民蒋仕仁因索讨会钱戳伤胞叔致死案""湖南黔阳县客民王俊容投毒杀害族人二命案"，第 30、57~58、63~64、70~71、124~125、236~237、346~347 页。

④ 嘉庆二十四年（1819），江苏崇明县张耀宗受佃女婿蒋宾黄委托，前往姚印方家索要屡讨未还的欠款，发生口角，姚印方捆死残疾胞妹姚贤郎，图赖张耀宗致死。事情败露后，姚印方依故杀期亲卑幼拟绞监候，但法司认为张耀宗"索欠酿命，殊有不合，年逾七十，应免置议"（杜家骥编《清嘉庆朝刑科题本社会史料辑刊》"江苏崇明县姚印方因贫苦搂死嗣妹图赖债务案"，第 387~388 页）。按此，索要欠款也被追责，只因张耀宗年老免予追究。可见，保甲制度下的责任追及严厉且广泛，一旦与案件有牵涉，便很难摆脱干系。

会选择容隐。乾隆四十八年（1783），徐刚殴伤张文耀身死，此案因徐刚胞弟徐三踩伤张文耀田内豆苗而起，徐三"恐到官连累，许给银两央求唐二顶凶"。或许类似的事例不在少数，刑部的"说帖"中专门强调，"嗣后本犯有服亲属肇衅，起意贿嘱顶凶，希图免累"者，均按行求说事过钱之例治罪，不准减等处罚。① 嘉庆十六年（1811），张光华致伤张黄氏后畏罪逃走，后张黄氏伤重身死，张光华之胞叔张有良"恐怕报官拖累"，卖地筹钱贿和死者家属，请求不要报官。② 道光二年（1822），吴集元扎伤族侄吴凤翔身死案中，其胞弟吴贞元畏惧"致干刑责"，出钱贿和死者家属。③ 道光三年（1823），余长才子等谋死其父余幅兴，其胞弟余均山畏累容隐。④ 因"畏累"而容隐的事例，还有一些，不再列举。

保甲责任追及制度，一定意义上是为了防范邻佑包括亲属之间互相隐匿罪行，但过于严厉和宽泛的责任追究制度，反倒促成了隐匿行为的发生。这也是令人啼笑皆非的事情。

二 族刑（缘坐）制度

族刑（缘坐）与容隐无疑是一对"冤家"。容隐允许亲属之间互相隐瞒犯罪行为，而族刑是因一人有罪而株连亲属，被株连者免除责任的唯一办法是揭发犯罪的亲属，告发可免缘坐，这实际上是不允许至少是不提倡容隐。所以，从本质上说，族刑与容隐是矛盾的。

---

① （清）祝庆祺、鲍书芸辑《刑案汇览》卷五〇《刑律·受赃·有事以财请求》"犯弟起意贿买顶凶犯兄写票"条，第 1878~1879 页。

② 杜家骥编《清嘉庆朝刑科题本社会史料辑刊》"福建宁化县民张光华因争灌圳水致死无服族姊并贿和匿报案"，第 206 页。

③ （清）许梿、（清）熊莪纂辑，何勤华、沈天水等点校《刑部比照加减成案》卷一八《刑律·人命·尊长为人杀私和》"陕西司"条，第 197 页。

④ （清）祝庆祺、鲍书芸辑《刑案汇览》卷三六《刑律·人命·威逼人致死》"父被胞弟谋死犯兄畏累不报"条，第 1340~1341 页。

但这样一对矛盾体却并存于中国古代的法律制度中。在古人看来，族刑与容隐之所以能在法律中并行不悖，是因为二者皆有巩固统治的功能。族刑强化君权的作用自不待言，容隐看起来是维护私义，但"相隐之道离，则君臣之义废；君臣之义废，则犯上之奸生矣"，[①]承认容隐也有助于君权的维护。日本学者小仓芳彦也有类似的看法，他认为，认可"私"范畴的容隐并不意味着"公"权力的降低，反而会提高"公"权力的服从程度。[②]

尽管如此，缘坐与容隐在本质上是对立的。两者的对立关系，使主张容隐者从来都是不遗余力地反对亲属连坐，《论语·子路》载孔子主张父攘羊子为之隐；《孟子·尽心上》中说孟子提倡父犯罪子应"窃负而逃"。到了汉代，在那场著名的盐铁会议中，其门徒仍据此来反对亲属之间的株连：

今以子诛父，以弟诛兄，亲戚相坐，什伍相连，若引根本之及华叶，伤小指之累四体也……自首匿相坐之法立，骨肉之恩废，而刑罪多矣。父母之于子，虽有罪犹匿之，其不欲服罪尔。闻"子为父隐，父为子隐"，未闻父子之相坐也。[③]

以容隐观念来反对族刑制度，多少有些苍白无力。容隐虽符合儒家孝亲观念，但族刑也不违背儒家"一荣俱荣，一损俱损"的家族伦理。如果借用比喻，容隐是"孝"的体现，族刑或许可以看作"忠"的表现，忠孝不能两全时，自然应该舍孝尽忠。况且，按儒家

① 《晋书》卷三〇《刑法志》，第939页。
② 〔日〕小仓芳彦：《围绕族刑的几个问题》，杨一凡总主编《中国法制史考证》丙编《日本学者考证中国法制史重要成果选译》第一卷《通代先秦秦汉卷》，第367页。
③ （汉）桓宽著，王利器校注《盐铁论校注》卷一〇《周秦第五十七》，天津古籍出版社，1983，第599页。

的要求，父兄本来就有引导子弟行为的责任："一室之中，父兄之际，若身体相属，一节动而知于心……父不教子，兄不正弟，舍是谁责乎?"① 是亲属本该缘坐。

族刑与容隐既然是对立的两方，当一方过于强大时，必然挤占对方的"生存"空间。中国古代社会的早期，族刑制度的发展极为充分，不仅历史悠久，从法律起源之时就已开始；而且，出于加强统治的需要，绝大多数的犯罪行为皆坐及亲属，从先秦至汉初皆然。② 如秦律规定"盗及者（诸）它罪，同居所当坐"；③ 汉律规定"罪人完城旦舂、鬼薪以上及作奸府（腐）者，皆收其妻、子、财、田宅"。④ 亲属免除缘坐责任的唯一途径是告发犯罪，如《二年律令·盗律》："劫人、谋劫人求钱财……其妻、子当坐者遍捕，若告吏，吏捕得之，皆除坐者罪。"⑤ 法律鼓励亲属互相告发，告发可免株连，不告发就要承担缘坐责任，如果容隐则以"匿罪人律"甚至是"首匿之科"来处罚，意味着更严重的罪责。所以，在普遍罪及犯罪人亲属的制度下，难以产生容隐制度，即便是法律规定有容隐制度，实际上也无作用，容隐权成为一项几乎不能用的权利。到了汉文帝时，废除了收孥相坐法，一般性的犯罪不再株连亲属，泛族刑时代宣告结束，容隐才获得了真正的发展机遇，最迟在东晋十六国时期成为法律制度。

魏晋南北朝时期，就发展趋势而言，族刑制度虽朝着制裁重大犯罪的方向发展，但族刑制裁的罪种数量仍然不少，除去谋反一类的国

---

① （汉）桓宽著，王利器校注《盐铁论校注》卷一〇《周秦第五十七》，第598页。
② 魏道明：《始于兵而终于礼——中国古代族刑研究》，第83~108页。
③ 睡虎地秦墓竹简整理小组编《睡虎地秦墓竹简》，第160页。
④ 张家山二四七号汉墓竹简整理小组编《张家山汉墓竹简（二四七号墓）》，第156页。
⑤ 张家山二四七号汉墓竹简整理小组编《张家山汉墓竹简（二四七号墓）》，第144页。

事犯，贼盗一类的常事犯也株连亲属。① 族刑的罪种多，容隐权自然难以行使。东晋义熙五年（409），王延祖为劫盗，按当时的法令，凡劫，正犯斩，家人弃市。其父王睦为免缘坐，只能是"螫毒在手，解腕求全"，缚子送官，全家才免于缘坐。② 这是族刑缘坐制度影响容隐权的典型事例。

　　唐朝以后，仅从律典来看，族刑罪种减少了很多。唐宋律中，明确规定要追究犯罪人亲属刑事责任的罪名，计有"谋反""谋大逆""谋叛""征讨告贼消息""杀一家三人及支解人""造畜蛊毒"，明清律则增加了"奸党""交结近侍官员""上言大臣德政""采生拆（折）割人"等四项，③ 皆属于不忠不义的重大犯罪。当然，各朝往往用诏敕、条例或特别法的形式扩展族刑的适用范围，如清代，除了《大清律例》所规定的族刑罪种外，条例又将谋杀制使长官、刁讼、

---

① 如东晋及刘宋时规定"凡劫，身斩刑，家人弃市"（《宋书》卷六六《何尚之传》，第1733页）；梁律的规定类似，"劫，身皆斩，妻、子补兵"（《隋书》卷二五《刑法志》，第699页）；北魏初年定制"毒杀人者，斩，妻、子流"，到孝明帝孝昌年间（525—527），"有司奏立严制：诸强盗杀人者，首从皆斩，妻子同籍，配为乐户；其不杀人，及赃不满五匹，魁首斩，从者死，妻子亦为乐户；小盗赃满十匹已上，魁首死，妻子配驿，从者流"（《魏书》卷一一一《刑罚志》，第2885、2888页）。

② 《宋书》卷六六《何尚之传》，第1733页。

③ 参见《唐律疏议》卷一六《擅兴律》"征讨告贼消息"条，卷一七《贼盗律》"谋反大逆"条、"谋叛"条、"杀一家三人支解人"条，卷一八《贼盗律》"造畜蛊毒"条（第307、321、325、332、337页）；《宋刑统》卷一六《擅兴律》"大集校阅"门，卷一七《贼盗律》"谋反逆叛"门、"杀一家三人及支解人"门，卷一八《贼盗律》"造畜蛊毒"门（第291、304~309、315、320~321页）；《大明律》卷二《吏律·职制》"奸党"条、"交结近侍官员"条、"上言大臣德政"条，卷一八《刑律·贼盗》"谋反大逆"条、"谋叛"条，卷一九《刑律·人命》"杀一家三人"条、"采生拆割人"条、"造畜蛊毒杀人"条（第34、35、134、135、152、153页）；《大清律例》卷六《吏律·职制》"奸党"条、"交结近侍官员"条、"上言大臣德政"条，卷二三《刑律·贼盗》"谋反大逆"条、"谋叛"条，卷二六《刑律·人命》"杀一家三人"条、"采生折割人"条、"造畜蛊毒杀人"条（第154、155、156、365、366、426、428、429页）。

劫狱、邪教会党、妖言、科场集体作弊、贪污等原本不该缘坐亲属的犯罪行为，也纳入族刑的制裁范围。①

按照各朝法典的规定，谋反、谋大逆、谋叛罪这三项缘坐亲属的罪行不适用容隐，如果容隐，一般减正犯一等处罚。如谋反罪，正犯凌迟，"知情故纵隐藏者，斩"；谋叛，正犯斩，"知情故纵隐藏者，绞"。② 其余缘坐亲属的罪种，法律没有规定不得容隐。表面上看，族刑制度对容隐造成的直接障碍并不大，但缘坐者免除株连责任的途径是告发犯罪人，而容隐者和缘坐者的身份往往是重合关系，事实上是间接限制了容隐权。

三 可能障碍条款

可能障碍条款不同于障碍条款。障碍条款是指明确、直接阻碍容隐制度实施的其他法律条款，比如谋叛以上罪不适用容隐、小功以下亲属不得容隐等。这些在本书第一章容隐的亲属范围、容隐的适用范围中专门作了说明。可能障碍条款是指法律体系中与容隐制度重合、交叉的其他法律条款，这些条款虽然不是为阻碍容隐制度而设，但在适用时，有可能对容隐制度的实施造成限制，甚至成为否定容隐权利的借口。

容隐属于积极行为，是给予犯罪亲属实际的帮助，便于他逃脱法律的制裁，藏匿人犯、帮助逃亡、通报消息、毁灭证据、贿和、冒名顶罪是常见的容隐手段。由于古代法律制度中禁止性条款众多，这些

---

① 魏道明：《始于兵而终于礼——中国古代族刑研究》，第 142 ~ 146 页。

② 参见《大明律》卷一八《刑律·贼盗》"谋反大逆"条、"谋叛"条，第 134、135 页；《大清律例》卷二三《刑律·贼盗上》"谋反大逆"条、"谋叛"条，第 365、366 页。《唐律疏议》《宋刑统》中，容隐谋反、谋大逆、谋叛，规定"各从本条科断"，即按《捕亡律》"知情藏匿罪人"律"减罪人罪一等"的原则处罚。参见《唐律疏议》卷六《名例律》"同居相为隐"条，第 131 页；《宋刑统》卷六《名例律》"有罪相容隐"门，第 107 页。

规定容易成为容隐行为的障碍条款。

从唐律到清律，都设有"知情藏匿罪人"专条，规定知情藏匿犯罪人、过致资给（帮助逃亡）各减罪人罪一等；知官司追捕罪人而漏泄其事，致令罪人得以逃避者，减罪人罪一等。[①] 按此，如果以藏匿人犯、帮助逃亡、通报消息的方式进行容隐，就很容易触犯这一法条。

在致人死亡一类的案件中，埋尸灭迹可能是最常见的容隐行为。历代法律有毁弃尸体罪，若残毁他人死尸及弃尸水中者，处以杖、流；若毁弃缌麻以上尊长死尸者，斩。明清律增加了私埋尸体罪，规定地界内有死人而辄移他处及私自埋藏者，杖八十。[②]

花钱安抚受害人或家属、买通知情人一类的贿和也是常见的容隐手段。各朝法律规定，凡有以财行求及说事过钱者，以坐赃论；其行求、说事过钱之人，如有首从者，为首照例科断，为从减一至二等。[③]

如以冒名顶罪的方式容隐亲属，清代条例规定受贿顶凶者减正犯罪二等，行贿凶犯均各照原犯罪名定拟。[④]

可见，常见的容隐手段都有对应的禁止性条款，行为人在进行容

---

① 参见《唐律疏议》卷二八《捕亡律》"知情藏匿罪人"条，第 540 页；《宋刑统》卷二八《捕亡律》"部内容止逃亡"门，第 525 页；《大明律》卷二七《刑律·捕亡》"知情藏匿罪人"条，第 209 页；《大清律例》卷三五《刑律·捕亡》"知情藏匿罪人"条，第 552 页。

② 参见《唐律疏议》卷一八《贼盗律》"残害死尸"条、"穿地得死人"条，第 343、344 页；《宋刑统》卷一八《贼盗律》"残害死尸"门，第 326~328 页；《大明律》卷一八《刑律·贼盗》"发冢"条，第 145~146 页；《大清律例》卷二五《刑律·贼盗下》"发冢"条，第 408~409 页。

③ 参见《唐律疏议》卷一一《职制律》"有事以财请求"条，第 220 页；《宋刑统》卷一一《职制律》"请求公事"门，第 196~198 页；《大明律》卷二三《刑律·受赃》"有事以财请求"条，第 187 页；《大清律例》卷二五《刑律·受赃》"有事以财请求"条附例，第 501 页。

④ 郭成伟主编《大清律例根原》卷九五《刑律·受赃》"有事以财请求"条附例，第 1525 页。

隐活动时，很容易触犯这些禁忌。当然，容隐条款是在《名例律》中，而上举这些禁止性条款分散在分则篇中。按照总则统领分则的原则，既然总则规定了容隐权，那么分则中条款不应对容隐权的正常行使构成障碍。所以，这些禁止性条款应该看作为常人设置的，容隐范围内的亲属不受这些条款的限制。如明清法典在"知情藏匿罪人"条下专门注明，知情藏匿罪人、捕罪人漏露其事一类，问罪是针对常人而言的，亲属之间则允许藏匿、漏露等庇护行为。①《大清律例》在法条内又专门注明："若亲属纠合外人藏匿，亲属虽免罪、减等，外人仍科藏匿之罪。"② 这更加说明，禁止知情藏匿罪人、捕罪人漏露其事一类，只是针对常人而言的，亲属之间则允许此类庇护行为。

但从清代的司法实践来看，法司很少考虑禁止性条款的适用主体，习惯于从以上的禁止性法条中寻找制裁容隐行为的依据，私（贿）和、毁（弃）尸、顶凶等都是最常见的惩处理由（详论参见本书第四章）。可以这样说，这些可能障碍条款事实上已成为容隐制度的真正障碍条款。至少清代如此。

导致这一现象的一个重要原因是法典中对于容隐手段没有作出明确规定，故法司对于容隐手段存在理解上的偏差。从清代的例证来看，尽管有一些法官能准确理解法律规定，将庇护犯罪人的积极行为

---

① 如明律纂注言："言此见凡人容隐罪人及漏泄等项律，各有禁。惟亲属得相容隐者，不禁。"（明）高举等纂《大明律集解附例》卷一《名例律》"亲属相为容隐"条纂注，高柯立、林荣辑《明清法制史料辑刊（第三编）》，第 5 册，第 457 页。又清律按语云："《刑律》'知情藏匿罪人'条内，凡容隐漏泄，及指引、资给致令罪人隐匿逃避者，减罪人罪一等，盖指凡人而言。此则亲族容隐，皆得免罪，所以重人伦、厚风俗也……夫事未发之先，既许其相为容隐；则事发之后，虽官司拘捕而漏泄通报，致其逃避者，亦皆不坐。"郭成伟主编《大清律例根原》卷一四《名例律下》"亲属相为容隐"条按语，第 201 页。
② 《大清律例》卷三五《刑律·捕亡》"知情藏匿罪人"条，第 552 页。

看作容隐,① 但更多的法官还是将容隐仅仅理解为不告发一类的消极行为。② 嘉庆十年（1805），贵州思南府人陈应元勒死无服祖母陈王氏，其父陈添福知情不首，埋尸灭迹。这里，埋尸灭迹属于庇护行为，自然是容隐行为；而知情不首只是保持沉默，还达不到容隐的标准。审理者却认为，陈添福事后知情不首，属于律得容隐，不予追责；但埋尸灭迹属于毁弃尸体罪，按律治罪。③ 嘉庆二十五年（1820），胡觐尧强奸子媳黄氏未成，被其子胡成琳殴伤身死，胡成琳岳父黄谦受知情不告，其母胡姜氏"扶同徇隐"，谎报案情。法司同样将黄谦受的知情不告当作容隐，而对胡姜氏的容隐行为"比照夫为人所杀、妻私和律，拟杖一百，徒三年"。④

嘉庆二十三年（1818），福建仙游县人杨新洪因经济纠纷戳伤杨老身死，在斗殴过程中，杨新洪的胞叔杨色、堂弟杨建"喝阻不及"，杨老伤重身死后，杨色、杨建又劝解杨老之妻不要报官并安排

---

① 乾隆五十八年（1793）的"说帖"中称"亲属收留在逃，系律得容隐"，是将藏匿犯罪人看作容隐［参见（清）祝庆祺、鲍书芸辑《刑案汇览》卷九《户律·婚姻·嫁娶违律主婚媒人罪》"背夫改嫁系由出嫁堂姊主婚"条，第330页］；嘉庆十四年（1809），陕西巡抚的题本中有"给银私和，律得容隐"之语，是认可贿（私）和一类为合法的容隐行为（杜家骥编《清嘉庆朝刑科题本社会史料辑刊》"陕西紫阳县民妇王黄氏殴伤小功堂侄王玉身死私和匿报案"，第1750页）；道光十年（1830），席加仁帮助其兄埋尸灭迹，刑部判词中有"情切同胞，律得容隐"之语，是将销毁犯罪证据一类看作容隐［参见（清）祝庆祺、鲍书芸辑《续增刑案汇览》卷七《刑律·贼盗·发冢》"兄谋杀人其弟事后听从埋尸"条，第195页］。以上均是将容隐理解为庇护的例证。

② 清代司法实践中将容隐看作不告发、不检举一类沉默行为的情形较为常见，时常有"明知不首，系律得容隐""知情不报，律得容隐"一类的表述。参见（清）祝庆祺、鲍书芸辑《刑案汇览》，第431、1906页；（清）祝庆祺、鲍书芸辑《续增刑案汇览》，第189页；杜家骥编《清嘉庆朝刑科题本社会史料辑刊》，第77、90、205、254页。

③ 杜家骥编《清嘉庆朝刑科题本社会史料辑刊》"贵州思南府属民陈应元因地亩找价事将远房无服祖母勒死一案"，第89～90页。

④ （清）祝庆祺、鲍书芸辑《刑案汇览》卷三六《刑律·人命·尊长为人杀私和》"子杀父而母容隐"条，第1341页。

埋葬。法司认为："杨色、杨建喝阻无及，其代杨新洪劝令杨薛氏收埋，系属凶犯期功尊长，律得容隐，应照律勿论。"① 本案中，杨色、杨建劝阻杨薛氏报案、说服其收埋死者尸体，是典型的庇护行为。法司认为律得容隐，看似承认埋尸灭迹属于容隐，其实不然。因为杨色、杨建曾积极劝阻斗殴行为，态度端正，故对于他们的庇护行为从宽处理，法司对容隐手段的理解其实还停留在保持沉默一类。

正是因为法司多从消极行为的意义上去理解容隐手段，所以在用上述禁止性条款来制裁容隐行为时，觉得理所当然，是在依法判案，因而以上的可能障碍条款变为事实上的障碍条款便在所难免。

此外，历朝历代法律中还有"违令""不应为"两个可以制裁一切官方认为不当行为的条文，如果想制裁容隐人，即便容隐手段没有触犯以上的禁止性条款，也可以用这两条律文来处罚。在清代，"不应为"也是法司制裁容隐行为最常见的罪名之一。同时，一些非禁止性的条款也可能被用来限制、否定容隐权利。如清代有本夫、本妇之有服亲属皆许捉奸的条例，乾隆五十六年（1791），刑部在处置一例纵容奸罪的案件时，就依据此条否定了当事人的容隐权："盖亲属得相容隐，系指寻常犯罪而言。至犯奸则辱没祖宗，在亲属均有义忿防闲之责，故尊长有纵奸科罪之条，即卑幼亦在应许捉奸之列。如有知情容隐，自不得援照得相容隐之律予以免议，致与例义龃龉。"② 这样的做法绝非个例，详论可参见本书第四章。

---

① 杜家骥编《清嘉庆朝刑科题本社会史料辑刊》"福建仙游县民杨老因争管祭田而被杨新洪戳伤毙命案"，第 354~355 页。
② （清）祝庆祺、鲍书芸辑《刑案汇览》卷五《名例·亲属相为容隐》"犯奸不得容隐埋尸亦系侵损"条，第 185 页。

第四章　容隐制度的运行考察

——以清代为例

第一节　清代容隐案例概览

一　案例统计

笔者翻检《刑案汇览》《刑部比照加减成案》《驳案汇编》等清人所辑清代案例汇编以及近人所辑《清代"服制"命案——刑科题本档案选编》《清嘉庆朝刑科题本社会史料辑刊》等清代案例资料汇编，共搜集到 75 例容隐案件，如表 4-1 所示。

表 4-1　清代容隐案例一览

案例序号	案发或结案时间	亲属关系	案情简介	判决	资料出处
01	乾隆二十七年（1762）	兄弟	殷从荣容隐（移尸灭迹）因通奸杀死本夫萧天贵之胞兄殷从仁	（在逃）通缉	《驳》卷一一《刑律·人命》"奸夫自杀本夫奸妇不知情拟杖"条，第 222~223 页
02	乾隆三十一年（1766）	兄弟	侯学添容隐（顶凶认罪）殴死大功兄侯岳添之胞弟侯七郎	杖八十、枷号二个月	《刑》卷五○《刑律·受赃·有事以财请求》"夫顶妻凶其妻首明夫得免罪"条，第 1876~1877 页

案例序号	案发或结案时间	亲属关系	案情简介	判决	资料出处
03	乾隆三十三年（1768）	翁婿	耿福禄容隐（埋尸灭迹）殴妻林耿氏身死之婿林永喜	杖责	《命案》"林永喜殴死伊妻耿氏私埋匿报案"条，第161~162页
04	乾隆三十六年（1771）	叔侄	郭郎若容隐（弃尸灭迹）杀死奸夫郑家训之胞叔郭仓五	杖百	《驳》卷一三《刑律·人命》"已就拘执而擅杀"条，第255~258页
05	乾隆四十一年（1776）	父子母子	王超民容隐（埋尸灭迹、拦阻报官）杀死继祖母苗赵氏之亲生子王锦 王陈氏容隐（埋尸灭迹、拦阻报官）杀死继祖母苗赵氏之亲生子王锦	杖八十免议	《驳》卷二二《刑律·斗殴下》"毒死继母之母按照新定服制斩决"条，第414~417页
06	乾隆四十六年（1781）	主仆	武清成容隐（埋尸灭迹）杀妻张赵氏之主人张翔鹄	免议	《驳》卷一六《刑律·人命》"听从妻母将妻勒毙"条，第329~331页
07	乾隆四十八年（1783）	兄弟	徐三容隐（贿买顶凶）杀死张文耀之胞兄徐刚	绞监候	《刑》卷五○《刑律·受赃·有事以财请求》"犯弟起意贿买顶凶犯兄写票"条，第1878~1879页
08	乾隆四十八年（1783）	父子	郭廷祥容隐（顶凶认罪）杀死冯幅志之子郭小蹭	杖八十	《刑》卷五○《刑律·受赃·有事以财请求》"夫顶妻凶其妻首明夫得免罪"条，第1877页
09	乾隆五十一年（1786）	叔（姊）侄	余官郎容隐（埋尸灭迹）殴伤夫余添明身死之姊母余冯氏	杖八十、徒二年	《命案》"余冯氏殴伤伊夫余添明身死，余添明侄余官郎听从私殓匿报案"条，第350~351页

续表

案例序号	案发或结案时间	亲属关系	案情简介	判决	资料出处
10	乾隆五十二年（1787）	父子	潘连容隐（毁尸灭迹）殴妻潘赵氏身死之次子潘彭	徒	《刑》卷二一《刑律·贼盗下·发冢》"烧子妇尸身灭迹依服制拟徒"条，第746页《说帖》卷一四《刑律·贼盗下》"山西司"条，高柯立、林荣辑《明清法制史料辑刊（第二编）》，第58册，第242页
11	乾隆五十三年（1788）	母子	冯克应容隐（帮助逃亡）殴死丈夫冯青之母冯龚氏	杖八十	《纂》"亲属相为容隐"条续纂条例所引案例，刘海年、杨一凡主编《中国珍稀法律典籍集成》丙编第1册，第810~811页《根原》卷一四《名例律》"亲属相为容隐"条附例引案，第202页
12	乾隆五十三年（1788）	父子	吴士告容隐（顶凶认罪）杀死朱邦华之父吴名勒	免议	《刑》卷五〇《刑律·受赃·有事以财请求》"夫顶妻凶其妻首明夫得免罪"条，第1877页
13	乾隆五十六年（1791）	兄弟	严懋连容隐（埋尸灭迹）杀死奸夫陈标之胞兄严懋田	科以埋尸为从之罪	《刑》卷五《名例·亲属相为容隐》"犯奸不得容隐埋尸亦系侵损"条，第185页
14	乾隆五十六年（1791）	兄弟	戴贤杰容隐（埋尸灭迹）殴死胞叔戴求柏之胞兄戴贤俊	杖责	《命案》"戴贤俊殴伤胞叔戴求柏身死私埋案"条，第375页
15	乾隆五十七年（1792）	兄弟	江士珍容隐（贿买顶凶）杀死无服族叔江文川之胞弟江士连	徒三年	《刑》卷五〇《刑律·受赃·有事以财请求》"犯弟起意贿买顶凶犯兄写票"条，第1878~1879页

案例序号	案发或结案时间	亲属关系	案情简介	判决	资料出处
16	乾隆五十八年（1793）	夫妻	甘学商容隐（顶凶认罪）致死刘汉洪之妻甘涂氏	免议	《刑》卷五〇《刑律·受赃·有事以财请求》"夫顶妻凶其妻首明夫得免罪"条，第1877页
17	嘉庆四年（1799）	父子	王成安容隐（贿和匿报）与王黄氏通奸致氏自尽之子王全	杖八十	《根原》卷八二《刑律·人命》"尊长为人杀私和"附例引案，第1310页
18	嘉庆八年（1803）	夫妻	李绍燮容隐（埋尸灭迹、贿嘱乡约）咬伤婆母李绍氏*并致其自尽之妻李周氏	绞立决	《驳续》卷七"子媳殴毙翁姑犯夫匿报及贿和分别拟罪"条，第754~755页
19	嘉庆九年（1804）	兄弟	张其助容隐（移尸灭迹、伪造自缢现场）杀死王照沅之胞兄张其陇	杖七十	《驳续》卷二"疑贼共殴毙命装缢移尸"条，第640~642页
20	嘉庆十年（1805）	父子	向春阳容隐（掩盖实情）殴死胞兄向思武之子向思希	免议	《题本》"贵州铜仁府民向思希因口角致死胞兄藏尸匿报案"，第84~85页
21	嘉庆十四年（1809）	父子兄弟主雇	张仕荣容隐（主谋埋尸灭迹）殴死胞兄张添健之子张添纲 张添常容隐（埋尸灭迹）殴死胞兄张添健之兄张添纲 陈登润容隐（埋尸灭迹）殴死胞兄张添健之雇主张添纲	免议 杖八十 杖八十	《题本》"四川忠州民张添纲因赡谷纠纷将胞兄殴伤身死私埋匿报案"，第1742~1743页
22	嘉庆十四年（1809）	母子	王仲容隐（贿和）殴死小功堂侄王玉之母王黄氏	免议	《题本》"陕西紫阳县民妇王黄氏殴伤小功堂侄王玉身死私和匿报案"，第1749~1751页

续表

案例序号	案发或结案时间	亲属关系	案情简介	判决	资料出处
23	嘉庆十四年（1809）	父子	帅信秋容隐（贿和未成）殴死无服族兄帅直旬之子帅直墅	杖八十	《题本》"江西义宁州帅直墅殴伤无服族兄帅直旬身死贿和未成案"，第1754~1755页
24	嘉庆十五年（1810）	父子	曾庆祥容隐（贿和）殴死小功叔曾九祥之子曾灶育	杖百	《题本》"福建归化县曾灶育因买卖土地纠纷致死小功服叔贿和匿报案"，第1760~1761页
25	嘉庆十五年（1810）	母子	李王氏容隐（贿和）致死贺阿五之子李备	杖百	《题本》"贵州兴义府李备因争种公田纠纷致死贺阿五并私和匿报案"，第1767~1768页
26	嘉庆十五年（1810）	父子	姚文高容隐（贿和）殴死邱楚升之子姚佳连	杖百	《题本》"浙江桐庐县姚佳连殴伤邱楚升身死案"，第1785~1786页
27	嘉庆十六年（1811）	母子	龚周氏容隐（主谋埋尸灭迹）殴死胞兄龚三元之子龚五子	免议	《题本》"四川江北厅民龚五子救母情切戳死胞兄龚三元案"，第209~210页
28	嘉庆十六年（1811）	父子	吴僕腾容隐（贿和）殴缌麻服侄吴能辉身死之子吴潮献	杖百	《题本》"湖南安化县吴潮献殴伤缌麻服侄吴能辉身死贿和匿报案"，第1794~1795页
29	嘉庆十六年（1811）	叔侄	张有良容隐（贿和）殴死无服族姊张黄氏之胞侄张光华	杖百、徒三年	《题本》"福建宁化县民张光华因争灌圳水致死无服族姊并贿和匿报案"，第205~207页
30	嘉庆十六年（1811）	母子	赵刘氏容隐（主谋埋尸灭迹）殴死胞兄赵消气之子赵活儿	免议	《题本》"山西稷山县民赵活儿因其兄不孝听从母命扎伤胞兄身死案"，第210~211页

案例序号	案发或结案时间	亲属关系	案情简介	判决	资料出处
31	嘉庆十八年（1813）	父子	顾广源容隐（贿和）推跌人受伤并致其自尽之父顾钮	杖八十	《刑》卷三六《刑律·人命·尊长为人杀私和》"凶犯之妻行贿尸叔得钱私和"条，第1336页
32	嘉庆十九年（1814）	叔嫂	孙癸娃容隐（埋尸灭迹）通奸杀夫之嫂	杖百、流二千里	《刑》卷二一《刑律·贼盗·发冢》"胞兄被嫂谋杀听从埋尸灭迹"条，第745~746页
33	嘉庆十九年（1814）	兄弟	张小许容隐（顶凶认罪）殴死夏汝香之胞弟	杖百、徒三年	《刑》卷五〇《刑律·受赃·有事以财请求》"迫于母命代弟顶凶"条，第1877页
34	嘉庆二十年（1815）	夫妻	李碌容隐（埋尸灭迹）违反教令致婆母李陈氏自尽之妻李赵氏	流三千里	《刑》卷四四《刑律·斗殴·殴祖父母父母》"妻违反母自尽其夫听从匿报"条，第1620页
35	嘉庆二十年（1815）	母子	顾章氏容隐（贿和）肇衅致酿人命之子顾章咬	杖七十	《刑》卷三六《刑律·人命·尊长为人杀私和》"因子肇衅酿命其母贿求匿供"条，第1341~1342页
36	嘉庆二十年（1815）	叔嫂	刘任氏容隐（埋尸灭迹）殴死胞兄之叔弟刘玉环	杖百、流三千里	《题本》"陕西韩城县民刘玉环殴伤胞兄刘玉辰身死贿和私埋案"，第1851~1852页
37	嘉庆二十年（1815）	父子兄弟夫妻	邱文明容隐（主谋埋尸灭迹）殴死胞兄邱受华之子邱冲斗 邱彰茂容隐（埋尸灭迹）殴死胞兄邱受华之胞弟邱冲斗 邱欧氏容隐（埋尸灭迹）殴死胞兄邱受华之夫邱冲斗	免议 免议 免议	《题本》"广东乐昌县民邱冲斗致伤胞兄邱受华身死伊父匿报案"，第1847~1848页

案例序号	案发或结案时间	亲属关系	案情简介	判决	资料出处
38	嘉庆二十年（1815）	父子	苏良德容隐（贿和）殴死曾森林之子苏岳秀	杖百	《题本》"浙江汤溪县客民曾森林被苏岳秀等共殴身死犯父私和匿报案"，第1848~1849页
39	嘉庆二十一年（1816）	父子	王现容隐（贿和）殴死王董氏之子王莺	杖九十	《加》卷一八《刑律·人命·尊长为人杀私和》"江苏司"条，第197页
40	嘉庆二十一年（1816）	兄弟	吴正兆容隐（埋尸灭迹）致死胞弟吴正起之兄吴正发	免议	《题本》"江西乐平县民吴正发将胞弟吴正起勒死私埋匿报案"，第1858~1860页
41	嘉庆二十二年（1817）	父子	袁我松容隐（弃尸灭迹）杀死祖父袁万镒之子袁涌照	斩立决	《刑》卷四四《刑律·斗殴·殴祖父母父母》"孙殴死祖犯父任听弃尸匿报"条，第1619~1620页《说帖》卷一四《刑律·贼盗下》"湖广司"条，高柯立、林荣辑《明清法制史料辑刊（第二编）》，第58册，第265页
42	嘉庆二十五年（1820）	母子	胡姜氏容隐（主谋谎报案情）殴死父亲胡觐尧之子胡成琳	杖百、徒三年	《刑》卷三六《刑律·人命·尊长为人杀私和》"子杀父而母容隐"条，第1341页
43	嘉庆二十五年（1820）	母子	郭杨氏容隐（主谋谎报案情）谋杀父亲之子郭春年	发遣为奴	《刑》卷三六《刑律·人命·尊长为人杀私和》"犯母溺爱致子杀父尤复不报"条，第1341页

案例序号	案发或结案时间	亲属关系	案情简介	判决	资料出处
44	道光二年（1822）	叔嫂	宋八容隐（埋尸灭迹）殴夫宋六并致其自尽之嫂宋谢氏	杖七十、徒一年半	《刑》卷三六《刑律·人命·尊长为人杀私和》"胞叔被兄殴死听从埋尸匿报"条，第1338页《加》卷一八《刑律·人命·尊长为人杀私和》"浙江司"条，第196页
45	道光二年（1822）	兄弟	吴贞元容隐（贿和）致死族侄吴凤翔之胞兄吴集元	满徒	《加》卷一八《刑律·人命·尊长为人杀私和》"陕西司"条，第197页
46	道光三年（1823）	兄弟	佘均山容隐（埋尸灭迹）谋杀父亲佘帼兴之胞弟佘长才子	杖百、流三千里	《刑》卷三六《刑律·人命·尊长为人杀私和》"父被胞弟谋死犯兄畏累不报"条，第1340~1341页
47	道光三年（1823）	夫妻父女	蒋胜发容隐（埋尸灭迹、贿和）通奸而谋杀婆母蒋王氏之妻蒋杨氏杨正发容隐（埋尸灭迹、贿和）通奸而谋杀婆母蒋王氏之女蒋杨氏	流三千里（缺载）	《刑》卷四四《刑律·斗殴·殴祖父母父母》"因奸杀姑地保贿和犯夫匿报"条，第1620~1621页
48	道光四年（1824）	夫妻	罗韦氏容隐（贿和）殴死陆老二之夫罗阿便	杖百	《刑》卷三六《刑律·人命·尊长为人杀私和》"凶犯之妻行贿尸叔得钱私和"条，第1335~1336页《加续》卷一八《刑律·人命·尊长为人杀私和》"贵州司"条，第600页

案例序号	案发或结案时间	亲属关系	案情简介	判决	资料出处
49	道光四年（1824）	堂兄弟	林洸上容隐（埋尸灭迹）殴死胞叔林文连之堂兄林洸生	杖七十、徒一年半	《刑》卷三六《刑律·人命·尊长为人杀私和》"胞叔被兄殴死听从埋尸匿报"条，第1338~1339页
50	道光四年（1824）	兄弟	唐礼云容隐（埋尸灭迹）误毙长兄唐边方之次兄唐受羔	杖八十	《续刑》卷一○《刑律·人命·尊长为人杀私和》"因次兄误毙长兄听从匿报"条，第307页 《加续》卷一《名例·亲属相为容隐》"湖广司"条，第367~368页
51	道光四年（1824）	兄弟	周正敖容隐（埋尸灭迹）因违反教令致父周彬才自尽之胞弟周正沅	拟徒	《刑》卷三六《刑律·人命·尊长为人杀私和》"弟违犯致父自尽听从匿报"条，第1339页
52	道光四年（1824）	父子	胡进贤容隐（贿和、毁尸灭迹）杀死妻子胡张氏之子胡五十一	杖百	《加续》卷一八《刑律·人命·尊长为人杀私和》"陕西司"条，第600~601页
53	道光四年（1824）	母子	周均友容隐（埋尸灭迹）致夫自尽之母	杖八十	《加续》卷一《名例·亲属相为容隐》"湖广司"条，第367页
54	道光六年（1826）	兄弟	张宝成容隐（埋尸灭迹）触忤干犯致父自尽之胞弟张魁	杖百、徒三年	《续刑》卷一○《刑律·人命·尊长为人杀私和》"弟触犯伊父自尽兄听从匿报"条，第307页
55	道光六年（1826）	兄弟	钟廷四容隐（顶凶认罪）伤人身死之胞兄钟廷三	杖九十、徒两年半	《续刑》卷一三《刑律·受赃·有事以财请求》"因兄杀人其弟代认顶凶"条，第413页
56	道光六年（1826）	母子	刘陈氏容隐（埋尸灭迹）殴死祖母刘朱氏之子刘丑	杖百、流三千里	《加续》卷一八《刑律·人命·尊长为人杀私和》"四川司"条，第600页

案例序号	案发或结案时间	亲属关系	案情简介	判决	资料出处
57	道光七年（1827）	主仆	夏兰花容隐（伪造自杀现场）因图奸杀媳之主人伍济瀛	免议	《刑》卷五三《刑律·犯奸·亲属相奸》"图奸子媳不从登时搭死灭口"条，第1993~1995页
58	道光七年（1827）	父子	张庭斗容隐（弃尸灭迹）殴死奸夫宋挺之父张华山	杖七十	《续刑》卷七《刑律·贼盗·发冢》"杀死奸夫案内奸妇之兄移尸"条，第195~196页
59	道光八年（1828）	兄弟	刘应发容隐（埋尸灭迹）致父气忿自尽之胞弟刘玉发	杖百、徒三年	《续刑》卷一〇《刑律·人命·尊长为人杀私和》"弟违犯伊父自尽兄听从匿报"条，第307~308页
60	道光十年（1830）	兄弟	席加仁容隐（埋尸灭迹）因奸杀死本夫路臣儿之胞兄席加积	杖八十	《续刑》卷七《刑律·贼盗·发冢》"兄谋杀人其弟事后听从埋尸"条，第195页
61	道光十年（1830）	母子	江玉淋容隐（移尸灭迹、伪造他杀）杀夫江相明之母江王氏	杖百、流二千里	《续刑》卷一〇《刑律·人命·尊长为人杀私和》"父被母杀不报听从移尸图赖"条，第306页
62	道光十年（1830）	兄弟	吴老土容隐（埋尸灭迹）殴死父亲吴老海之胞弟吴老汶	杖百、流三千里	《续刑》卷一〇《刑律·人命·尊长为人杀私和》"父被胞弟殴死犯兄私埋匿报"条，第306页
63	道光十年（1830）	夫妻（妾）	王正品容隐（埋尸灭迹、销毁罪证）因违反教令致婆母王覃氏自尽之妾王孙氏	杖百、流三千里	《续刑》卷一〇《刑律·人命·尊长为人杀私和》"妾违犯致伊母自尽听从匿报"条，第308页
64	道光十一年（1831）	夫妻	常再秋容隐（帮助逃亡）毒死儿媳常刘氏之妻常陈氏	杖八十、枷号一月	《刑》卷三九《刑律·斗殴·良贱相殴》"家奴之妻谋杀契买奴婢"条，第1414~1416页

案例序号	案发或结案时间	亲属关系	案情简介	判决	资料出处
65	道光十一年（1831）	母女	姜吴氏容隐（埋尸灭迹）因奸谋死父亲姜万友之女姜观女	杖百、流二千里	《续刑》卷一〇《刑律·人命·尊长为人杀私和》"夫被女因奸谋死辄听从匿报"条，第304~305页
66	道光十一年（1831）	叔侄	张牛庇容隐（埋尸灭迹、贿和）助父张旺得自尽之胞侄张燕	杖百、流三千里	《续刑》卷一〇《刑律·人命·尊长为人杀私和》"兄被子杀死胞弟贿和匿报"条，第307页
67	道光十三年（1833）	兄弟	黄价人容隐（埋尸灭迹）误毙长兄黄汶琴身死之胞弟黄汶兹	杖八十	《续刑》卷一〇《刑律·人命·尊长为人杀私和》"胞弟误毙长兄听从私埋匿报"条，第307页
68	道光十三年（1833）	兄弟	贾大容隐（伪造自缢现场、埋尸灭迹）殴死张三之胞弟贾四	满徒	《加续》卷一一《刑律·贼盗·发冢》"浙江司"条，第499页
69	道光十六年（1836）	夫妻	周继善容隐（弃尸灭迹）殴死儿媳周李氏之妻周赵氏	杖七十、徒一年半	《续刑》卷七《刑律·贼盗·发冢》"弃子妇尸身灭迹依服制拟徒"条**，第198页
70	咸丰三年（1853）	母子叔侄	□□氏容隐（主谋谎报案情）殴死胞兄特依清之次子特升阿 德克精额容隐（谎报案情）殴死胞兄特依清之胞叔特升阿	免议杖八十	《刑续》卷四《名例律·亲属相为容隐》"父被胞叔殴死听从祖母隐匿"条，第145页 《刑三》卷六《名例·亲属相为容隐》"父被胞叔殴死听从祖母捏报"条，第4册，第167页

案例序号	案发或结案时间	亲属关系	案情简介	判决	资料出处
71	同治六年（1867）	母女	郗冯氏容隐（埋尸、毁尸灭迹）殴死丈夫冯补沅之母冯白氏	斩立决	《刑续》卷二一《刑律·贼盗下·发冢》"父被母杀听从母命毁弃父尸"条，第525~526页《刑三》卷一九《刑律·贼盗下·发冢》"听从母命将父尸抬埋灭迹复听从刨出毁弃"条，第12册，第169~174页
72	同治八年（1869）	父子叔侄	厉均憘容隐（令人顶凶）殴人致死之子厉金石厉明淋容隐（顶凶认罪）殴人致死之侄厉金石	杖九十、徒二年半杖九十、徒二年半	《刑三》卷四一下《刑律·受赃·有事以财请求》"有服亲属顶凶"条，第28册，第477~479页；《刑续》卷二七《刑律·受赃·有事以财请求》"有服亲属顶凶不照凡人问拟"条，第1226~1227页
73	同治九年（1870）	祖孙叔侄	刘卿明容隐（隐瞒实情）误伤母亲刘尚氏身死之孙刘学礼刘长先容隐（隐瞒实情）误伤母亲刘尚氏身死之侄刘学礼	杖八十坐罪、在押身死	《刑三》卷三一下《刑律·人命·尊长为人杀私和》"祖父查知伊孙误杀伊媳听嘱隐瞒"条，第21册，第495~502页
74	光绪十年（1884）	夫妻	刘李氏容隐（移尸灭迹、伪造他杀）搭死父亲之夫刘凡溁	斩监候	《刑三》卷一九《刑律·贼盗下·发冢》"子媳于伊夫搭毙翁命后帮抬尸身拖扯致伤"条，第12册，第175~178页《新刑》卷八《刑律·人命·谋杀祖父母父母》"逆伦案犯妇并未预谋只帮抬尸身"条，第608~609页

案例序号	案发或结案时间	亲属关系	案情简介	判决	资料出处
75	光绪十一年（1885）	兄弟母子	金茂禾容隐（埋尸灭迹）殴死父亲金阿翔之胞弟金阿二 金姚氏容隐（主谋埋尸灭迹）殴死父亲金阿翔之子金阿二	杖百、流三千里 杖百、徒三年	《新刑》卷一〇《刑律·人命·尊长为人杀私和》"逆命案内徇隐匿报之犯兄比例定拟"条，第 641 页

注：＊"李绍氏"，《清实录》作"李熊氏"。疑是。参见《清实录·清仁宗实录》卷一一二"嘉庆八年四月下丙戌"条，中华书局，1986，第 29 册，第 493 页。＊＊ 本条案例题首原文误为"获贼脱逃事主追赶贼犯溺毙"，今据尤韶华等点校《刑案汇览全编·续增刑案汇览》（第 369 页）改正。

1. 为节省篇幅，本表"资料出处"一栏所列清代案例汇编等均采用简称，其中《刑》为《刑案汇览》，《续刑》为《续增刑案汇览》，《新刑》为《新增刑案汇览》，《刑续》为《刑案汇览续编》，《刑三》为《沈家本辑刑案汇览三编》，《驳》为《驳案新编》，《驳续》为《驳案续编》，《加》为《刑部比照加减成案》，《加续》为《刑部比照加减成案续编》，《纂》为《大清律纂修条例》，《说帖》为《说帖类编》，《命案》为《清代"服制"命案——刑科题本档案选编》，《根原》为《大清律例根原》，《题本》为《清嘉庆朝刑科题本社会史料辑刊》）。

2. 本表"案例序号"与本章其他各表及附录案例保持一致，以下不再赘述。

资料来源：（清）祝庆祺、鲍书芸编《刑案汇览》，北京古籍出版社，2004；（清）祝庆祺、鲍书芸编《续增刑案汇览》，北京古籍出版社，2004；（清）潘文舫、徐谏荃辑《新增刑案汇览》，北京古籍出版社，2004；（清）吴潮、何锡俨等辑《刑案汇览续编》，法律出版社，2007；《沈家本辑刑案汇览三编》，凤凰出版社，2016；（清）全士潮、张道源辑《驳案新编》，法律出版社，2009；（清）佚名辑《驳案续编》，法律出版社，2009；（清）许梿、（清）熊莪纂辑，何勤华、沈天水等点校《刑部比照加减成案》，法律出版社，2009；（清）许梿辑《刑部比照加减成案续编》，法律出版社，2009；《大清律纂修条例》，刘海年、杨一凡主编《中国珍稀法律典籍集成》丙编第 1 册，科学出版社，1994；律例馆《说帖类编》，高柯立、林荣强《明清法制史料辑刊（第二编）》，国家图书馆出版社，2014；郑秦、赵雄主编《清代"服制"命案——刑科题本档案选编》，中国政法大学出版社，1999；郭成伟主编《大清律例根原》，上海辞书出版社，2012；杜家骥编《清嘉庆朝刑科题本社会史料辑刊》，天津古籍出版社，2008。

以上 75 件容隐案例，时间跨度从乾隆二十七年（1762）到光绪十一年（1885），历经 123 年，基本上可以代表清代司法实践处置容隐案件的一般状况。

在搜集各类案例汇编中的容隐案例时，我们并没有进行选择性收

录，而是照单全收，但所得不过 75 例。众所周知，清代有不少时人
或后人所编的案例汇编，所收录的案件数量庞大，仅《刑案汇览》
系列收录的案例就达 12742 件，① 除去少量重复收录，总数可能超过
12000 例。但其中容隐方面的案例很少，在"亲属相为容隐"目下收
录的案例不过 4 例而已。② 表 4-1 所列的容隐案例，绝大部分是从列
入其他名目的案件中发现有容隐情节而选入的。

将其他名目案件中有容隐情节的列为容隐案件，其实很容易出错。
首先，容隐与共犯有时不易区别，尤其是在持续性的犯罪活动中，他人
的帮助行为，究竟属于容隐还是协同犯罪，更不易区别。如乾隆三十六
年（1771），湖南永顺县潘文科杀彭金贵，拐带其妻彭彭氏同逃，潘文科
乞求母潘匡氏将其送往原籍芷江县老家躲避，因潘文科不识路途，潘匡
氏遂令其子潘文鳌、孙潘开崽带路同行。③ 拐逃人口属于持续性犯罪行
为，那潘匡氏、潘文鳌、潘开崽的帮助行为是容隐还是共犯？

在持续性犯罪活动中，纵容行为也容易与容隐行为混淆。道光七
年（1827），姐儿与张八通奸并产下一子，其父于六知情。事发之
后，于六的行为属于"纵容"还是"容隐"？刑部法司也没搞清楚，
在说帖中，先说于六"知情纵容"，后又认为属于"容隐"。④ 面对

---

① 其中，《刑案汇览》收录 5640 件，《续增刑案汇览》收录 1670 件，《新增刑案汇
览》收录 291 件，《刑案汇览续编》收录 1696 件，《沈家本辑刑案汇览三编》收
录 3445 件。参见《刑案汇览全编·整理说明》，法律出版社，2007，第 1 页；《沈
家本辑刑案汇览三编·前言》，第 3 页。

② 《刑案汇览》"亲属相为容隐"目下收录 1 例，《续增刑案汇览》"亲属相为容隐"
目下收录 2 例，《刑案汇览续编》"亲属相为容隐"目下收录 1 例，《沈家本辑刑
案汇览三编》"亲属相为容隐"目下收录 1 例。其中，《刑案汇览续编》与《沈家
本辑刑案汇览三编》所收为同一案件。清代另一部著名的案例汇编《刑部比照加
减成案》收录的容隐案例也不过 2 例而已。

③ （清）全士潮、张道源辑《驳案新编》卷一二《刑律·人命》"因奸同谋杀死亲
夫"条，（清）全士潮、张道源等纂辑，何勤华、张伯元、陈重业等点校《驳案
汇编》，第 238~240 页。

④ （清）祝庆祺、鲍书芸辑《刑案汇览》卷三八《刑律·斗殴·威力制缚人》"父
子揉瞎人眼睛抽风身死"条，第 1409~1411 页。

共犯、纵容和容隐容易混淆的问题，我们并没有刻意去根据行为的性质来区分，而是以犯罪活动是否结束为界限：犯罪活动结束以后的帮助行为属于容隐；在此之前的帮助行为，以从犯或纵容论。上举的潘匡氏、于六两个事例，都没有收录进容隐案例。

此外，共同犯罪中，还存在犯罪人事后互相庇护的情况。如乾隆三十一年（1766），侯七郎斗殴致死大功兄侯岳添，其胞兄侯觉添、侯学添代弟侯七郎认罪。此案中，侯觉添也参与了斗殴，是导致侯岳添死亡的共犯，而侯学添未参与斗殴，是奉母命代弟认罪（案例02）。侯觉添庇护胞弟的行为是在犯罪活动结束以后，似乎可以认定为容隐，但容隐应该是"案外人"的庇护行为，将共犯之间的包庇行为视为容隐，终究有所不妥。为避免麻烦，我们将侯学添的行为视为容隐，而侯觉添的行为未计入在内。

其次，法司对于"容隐"一词的随意使用，也给案例收录带来了一些困扰。乾隆四十二年（1777），吴升远私铸铅钱，其子吴廷元为从，共铸私钱三千九百余文。浙江地方将吴升远依例发遣，吴廷元系迫于父命，可否照一家共犯止坐尊长律免议，听候部示。刑部认为，私铸钱并非直接侵损于人，可以以一家共犯止坐尊长律来论处，吴廷元当免议。但不知是为了显示博学还是增强"免议"的理由，刑部"说帖"中又画蛇添足地补充道："律内父母有罪，相为容隐者勿论……（吴廷元）知情不首，系子为父隐，律得勿论。将吴廷元照律免议题结。"[①]嘉庆十八年（1813），刘世倌私宰耕牛，其子刘臣"明知不首"，也即知情不报，

---

① （清）祝庆祺、鲍书芸辑《刑案汇览》卷五一《刑律·诈伪·伪造印信时宪书等》"父主令子私雕假印诈差吓索"条，第 1904~1906 页。道光年间，新疆喀什地区发生两起（父子、夫妻）共同盗铸钱币的案例（案件详情请参见王东平《清代天山南路地区刑案审判中的"亲亲相隐"》，《新疆大学学报》2019 年第 6 期，第 91~92 页），或许受"说帖"的影响，地方法司的初判，也都同时引用了一家共犯止坐尊长和律得容隐的条款为共犯案件中尊长以外的当事人寻找免予制裁的理由。

法司认为刘臣的行为属于容隐。① 道光三年（1823），周传用患有间歇性精神病，按照清代条例，应该报官锁锢，其父周建爱怜其子，不肯禁闭。结果周传用疾病复发，持枪乱舞戳死周建。事发，周传用被凌迟处死，其胞叔周世会也以"容隐不报"疯病之人获罪，但最终"应免置议"，未被处罚。② 嘉庆二十年（1815），石贵盗窃耕牛，交由外甥李宗太收养，王四知情讹诈，声称报官追究，李宗太情急自尽。法司认为石贵、李宗太"本系律得容隐"，王四讹人自尽，拟绞监候。③ 道光六年（1826），王荣万抢夺王贵万钱文，王贵万投诉至族长处，族长责令王荣万还钱。王荣万已将钱用完，央求胞弟王俊万担保还钱。王俊万因王荣万以前强砍树木、抢夺胙肉，均由他赔钱息事，这次坚决不允，声称将其送官。王荣万情急自尽。法司判罚王俊万有罪的理由之一是"律应容隐"而不容隐。④ 光绪五年（1879），奉天府李泳致杀死工部六品官袁详父子一案中，当李泳致被拿获后，其妻李高氏央求邻佑奚庆昌作伪证，证明李泳致不在犯罪现场，又央求奚庆昌、李春芳等人出面具保，要求释放李泳致，但未获成功。后李泳致被押解到刑部，李高氏又央求奚庆昌、李春芳到部呈保，因李春芳年老，不便远行，遂由李泳致的胞兄李泳发冒名顶替前往京城具保。事发后，刑部官员的奏稿中称："李高氏求奚庆昌等具保，李泳发顶名李春芳赴京，系在例得容隐之列，且李泳发业已畏罪自尽，均应予勿论。"⑤

---

① （清）祝庆祺、鲍书芸辑《刑案汇览》卷一二《刑律·宰杀马牛》"盗牛宰杀为从复又私开圈店"条，第430~431页。

② （清）祝庆祺、鲍书芸辑《刑案汇览》卷四四《刑律·斗殴·殴祖父母父母》"殴杀父母无论因疯先行正法"条，第1617~1618页。

③ （清）祝庆祺、鲍书芸辑《刑案汇览》卷五一《刑律·诈伪·诈称内使等官》"假差索诈受寄窃赃之人自尽"条，第1921页。

④ （清）祝庆祺、鲍书芸辑《刑案汇览》卷三四《刑律·人命·威逼人致死》"胞兄不安本分被弟逼迫自尽"条，第1253页。

⑤ （清）赵舒翘：《慎斋文集》卷四《奏稿二》"奉天提京命案奏稿"条，法律出版社，2014，第81~85页。

以上六例，皆非真正意义上的容隐。吴廷元之例属于共同犯罪，而刘臣之例中，行为人仅仅是知情不报，而法律意义上的容隐一定是有实际的帮助行为。容隐是指对犯罪人的隐匿，周世会对病人的隐匿，不宜看作容隐行为。李宗太之案中，李宗太、石贵为小功甥舅，已经超出了容隐的亲属范围，法司认为二人有权容隐，显然是把小功以下容隐减轻处罚也看作有权容隐，属于误解。王俊万之例中，"律应容隐"的说法，将干名犯义与容隐混为一谈，不仅改变了容隐的性质，也曲解了容隐的含义。至于李泳致一案中，其妻李高氏及胞兄李泳发虽在容隐的亲属范围之内，但其容隐行为是在李泳致被抓获之后进行的。按照容隐制度规定，庇护行为只能在犯罪人被捕之前进行，而犯罪人被捕之后，亲属只有拒绝作证的权利，其他一切庇护行为包括作伪证都是不允许的。尽管刑部官员认为属于容隐行为，但我们坚持认为，李高氏、李泳发的行为超出了法律规定，并非法律意义上的容隐行为。故以上六例及类似者，皆未收录为容隐案例。

再次，包括清律在内的各朝法典，都没有对容隐手段作出明确的界定或限定，究竟哪些庇护行为可以看作正当、合理的容隐行为，哪些案件可以作为容隐案例，判断起来也有一定的难度。在笔者看来，非暴力应该是正当容隐行为的一个基本标准。以抢夺、劫狱暴力手段进行庇护的，如嘉庆十七年（1812），杨欢子从官差手中抢夺被判刑的外甥赵海位；[1] 又道光五年（1825），赖茂畛因伤人被拘，其弟赖沅畛、赖明畛等打死差役，劫夺赖茂畛而逃。[2] 这一类都没有计入容隐案例之中。与之类似，采用威胁、恐吓受害人及其亲属的方式为亲属掩盖罪行，自然也不能看作正当的容隐行为；但通过贿赂、赔偿等

---

① （清）祝庆祺、鲍书芸辑《刑案汇览》卷一五《刑律·贼盗中·劫囚》"打夺解配军犯本犯并不知情"条，第527~528页。

② （清）祝庆祺、鲍书芸辑《刑案汇览》卷一五《刑律·贼盗中·劫囚》"尊长率领夺犯杀差二命投首"条，第532~533页。

和平方式息事宁人，可以看作合理的容隐行为。

由于搜集到的容隐案例性质多为杀伤一类，埋尸灭迹属于常见的销毁罪证方式，我们认为可以将其看作正当的容隐行为。但弃尸灭迹是否属于容隐？考虑到弃尸并非故意伤害尸体，故将弃尸也看作合理的容隐行为。那毁尸灭迹是否可以看作合理的容隐行为？判断起来确实有难处。尸体也是法律保护的对象，毁尸属于对尸体的暴力伤害，不宜看作正当的容隐手段。但另一方面，尸体毕竟不同于人体，不同的文化对于尸体的认识和处置也有很大的区别。况且弃尸也可能造成对尸体的伤害，如被动物啃食、被水流冲失等，弃尸如果算是合理的容隐行为，那么毁尸也应该被同样看待。在搜集案例时发现，有些弃尸、毁尸行为是混同发生的。如同治六年（1867），冯白氏殴死丈夫冯补沅，郗冯氏为容隐母亲罪行，先是将父尸在住宅院内掩埋灭迹，后因日久尸腐，臭气难闻，恐致败露，又刨出尸身，刮去皮肉，砍断筋络，拆散抛弃（案例71）。我们最终将此案列为容隐案例，其他以毁尸灭迹作为容隐手段的事例（案例10、52），遂一并列入。

二 案件性质、亲属关系和容隐手段

表4-1中的75个容隐案例，所容隐的对象，全都是杀人凶手；换言之，所容隐的罪行，全都属于致人死亡的行为。案件性质如此雷同，可能与案例出处有一定的关系。本书案例基本选自刑部说帖、成案、通行、贴黄、题本一类，属于中央司法机构审结的案件，多为人命一类的重大案件。在事关生死大事的案件中，容隐行为更有可能受到重视，更容易作为案情的组成部分进入到案件审理之中而被记录下来。

从常理判断，斗殴、盗窃一类由地方审结的寻常刑事案件中应该也存在甚至是大量存在容隐行为，但案例卷宗中很少有记录。笔者曾仔细对照《清代南部县衙档案目录》① 翻阅可能存在容隐行为的档案卷宗，试图寻找非人命案件中的容隐行为，费时费力，结果却一无所获。这说明寻常刑事案件中的容隐行为往往被忽略，未进入司法程序。

案件性质的单一，的确是件令人遗憾的事情，让作为分析素材的案例失去了代表性。但本章着重分析的并非何种犯罪行为存在容隐行为以及容隐行为数量上的多寡，而是司法审判中如何处理容隐行为，换言之，讨论的是容隐权而非容隐行为。我们相信，一旦进入司法程序，清代处理各类刑事案件容隐行为的原则和方法应该是一致的。案件性质的单一，或许无碍于本章的分析与讨论。

关于案件性质，另一个值得重视的现象是，这些人命案绝大多数发生在亲属之间。在共计75例人命案中，22例发生于常人之间，53例发生于亲属之间，② 其中发生于大功以上近亲之间的有46例。③ 还有一些发生在期亲甚至是至亲之间。按照古代容隐原则，大功以上亲属可以相互容隐，也就是说，大多数人命案件是发生在容隐亲属范围内的。这样的重合，想必给容隐者带来了不小的困惑。

---

① 西华师范大学、南充市档案局（馆）编《清代南部县衙档案目录》，中华书局，2009。

② 22例发生于常人之间的人命案分别为01、04、06、07、08、12、13、16、17、19、25、26、31、33、35、38、39、48、55、58、60、72号案例，53例发生于亲属之间的人命案分别为02、03、05、09、10、11、14、15、18、20、21、22、23、24、27、28、29、30、32、34、36、37、40、41、42、43、44、45、46、47、49、50、51、52、53、54、56、57、59、61、62、63、64、65、66、67、68、69、70、71、73、74、75号案例。

③ 53例亲属相犯人命案中，发生于小功及以下较为疏远的亲属之间的有7例，分别为15、22、23、24、28、29、45号案例；发生于大功及以上近亲属之间的计46例，分别为02、03、05、09、10、11、14、18、20、21、27、30、32、34、36、37、40、41、42、43、44、46、47、49、50、51、52、53、54、56、57、59、61、62、63、64、65、66、67、68、69、70、71、73、74、75号案例。

发生在常人之间的人命案件，容隐是出于本能的自然行为，是亲情的天然流露，容隐者一般没有该不该容隐、能不能容隐的选择难题。而发生在亲属尤其是近亲属之间的人命案件，对于容隐者来说，凶手和被害人都是亲人，是否容隐凶手、帮助其逃脱法律制裁，是一个两难的选择。尤其是当被害人与容隐人的亲等关系更近时，是否容隐凶手，更是一个艰难的抉择。

容隐的本意是维护亲情，而凶手伤害亲人，完全是悖逆了亲情，不应该为背叛亲情的人掩盖罪行；但若不容隐，则有可能再度失去亲人。虽然中国古代法律没有关于违逆亲情不能容隐的明确限制，亲属相杀案件中实际上可以容隐，① 但该不该容隐的困惑总是存在的。所以，在近亲相杀的人命案中，容隐行为可能既有出于亲情的考虑，也有迫于无奈的一面。嘉庆二十二年（1817），袁涌照砍伤祖父身死案中，其父袁我松因袁涌照"数跪求免报，虑恐伊子获罪，许为隐匿"（案例41）。类似于这样被犯罪的亲属反复请求而无奈容隐的，显然不是个例，案例03、20、36、51、54、65等皆是。

在有些案例中，我们可以看到容隐行为反而导致了亲情破裂。嘉庆七年（1802），向思武偷卖耕牛，顶撞其父，负气离家出走三年，其弟向思希出外寻得，但回途中一时口角，适伤致毙其兄。其父向春阳得知后，极为震惊，表示要送官惩处，但又恐向思希抵命，失去另

---

① 古代法律规定，亲属之间若发生亲杀疏、尊长杀卑幼的行为，卑幼不能告发；而疏杀亲、卑幼杀尊长的行为，则可以告发；至于亲属相奸（包括强奸、和奸）行为，则可直接捕捉送官。有人据此认为这已经是规定了某些亲属间的侵犯不得容隐。其实是误解。本书第一章第三节"容隐的适用范围"对此已有专论，不再赘述。清代乾隆五十三年（1788），当四川地方官判决一例子容隐母杀父为合法行为后，中央刑部认为不妥，遂制定新例，要求子女不得容隐母杀父的行为（郭成伟主编《大清律例根原》卷一四《名例律下》"亲属相为容隐"条附例，第202页），但其他亲属还是可以容隐的（详后论）。所以，严格来说，中国古代法律并没有亲属相犯不得容隐的要求。倒是近代西方一些国家的法律有不得容隐亲属间犯罪的原则和条款，详论参见范忠信《中西法律传统中的"亲亲相为隐"》，《中国社会科学》1997年第3期。

一个儿子，只得对向思武之妻向田氏称寻无踪迹。后向田氏从别人处得知其夫已被向思希寻得，父子又称寻回途中跌岩身死，向田氏惊骇不已，哭嚷吵闹。向思希害怕事情败露，外出逃避（案例20）。又嘉庆十九年（1814），邱冲斗致死胞兄邱受华案中，其父邱文明因虑邱冲斗受罪，下令将棺殓埋葬，并看管邱受华之妻邱丁氏，防止其报官。邱丁氏不忍夫冤无伸，乘机逃出报案（案例37）。以上两例中，容隐实际上失去了维护亲情的功能。

法律规定同居亲属及另居之大功以上亲属皆可有罪互相容隐，同居不限亲疏，凡财产共有、共同生活的亲属团体皆可容隐，大功指同祖也即三代以内的亲属；此外一些亲等在大功以下也不同居但情义深重的亲属，如外祖父母与外孙、岳父母与女婿等也允许容隐。由此可见，可以容隐的亲属范围还是比较大的。但在75个案例中，除去几例奴仆为主人隐，其余案例中的容隐人，基本上是期亲也即同父以内的亲属，以父母子女、兄弟姐妹、胞叔胞侄以及夫妻之间最为常见。

可能因为容隐案例性质高度雷同，容隐手段也高度相似，以贿和（赔偿）、私埋灭迹最为常见。大体上说，如果所杀为常人或远亲，容隐者多采用贿和、赔偿的方式息事宁人；如果所杀为近亲，容隐者则多以私埋瞒报的方式掩遮罪行。这可能是很容易想到的容隐方式，但不见得保险，容易遭人举告，或走漏消息被传扬出去，事情败露的可能性很大。表4-1所列的75个案例，最终都未能容隐成功，就充分说明了这一点。帮助犯罪的亲属逃离是非之地，其容隐效果可能更好。但采用帮助逃亡这一容隐方式的很少见，只有11、64两例；就是在罪行败露后，犯罪人逃亡的事例也不多。说明在户籍管理严格、人口流动很少的古代社会，成为逃亡者绝非易事。采用贿和、私埋这一类的容隐方式，或许是当时最合理的选择。

第二节　清代法司对容隐行为的处置

一　处置情况总览

1. 未被处罚的容隐行为

表4-1所列的75个容隐案例，共涉及85个容隐当事人。其中有3位当事人因在逃、在押身死等，未记载具体处罚措施（案例01、47、73），剩余的82位容隐行为人中，15位行为人的容隐行为未被处罚，如表4-2所示。

表4-2　清代未被处罚的容隐人（案）汇总

案例序号	容隐人及容隐行为	未被处罚的理由
05	王陈氏容隐（埋尸灭迹、拦阻报官）杀死继祖母苗赵氏之亲生子王锦	与夫王超民共同容隐其子，姑念女流无知，又已罪及其夫，免议
06	武清成容隐（埋尸灭迹）杀妻张赵氏之主人张翔鹄	武清成系张翔鹄雇工，律得容隐，应免置议
12	吴士告容隐（顶凶认罪）杀死朱邦华之父吴名勒	吴士告不忍伊父抵罪出自天性，应请免议
16	甘学商容隐（顶凶认罪）致死刘汉洪之妻甘涂氏	甘学商因涂氏生产患病，与奸徒得受贿赂顶凶者有间，涂氏病愈后查知即自首，本案正凶得以改正
20	向春阳容隐（掩盖实情）殴死胞兄向思武之子向思希	向春阳护庇，知情匿报，系属年老乡愚，且律得容隐，应请免议
21	张仕荣容隐（主谋埋尸灭迹）殴死胞兄张添健之子张添纲	张仕荣因张添健违犯不孝，又持耙行凶致被格毙，主令私埋，应免置议
22	王仲容隐（贿和）殴死小功堂侄王玉之母王黄氏	王仲恐伊母问罪，恳求王臣免报，并给银私和，律得容隐，应予免议
27	龚周氏容隐（主谋埋尸灭迹）殴死胞兄龚三元之子龚五子	龚周氏系已死龚三元亲母，因伊子凶横不孝，主令私埋匿报，应毋庸议

续表

案例序号	容隐人及容隐行为	未被处罚的理由
30	赵刘氏容隐（主谋埋尸灭迹）殴死胞兄赵消气之子赵活儿	赵刘氏央求免报，并主令私埋，律得容隐，亦免置议
37	邱文明容隐（主谋埋尸灭迹）殴死胞兄邱受华之子邱冲斗 邱彰茂容隐（埋尸灭迹）殴死胞兄邱受华之胞弟邱冲斗 邱欧氏容隐（埋尸灭迹）殴死胞兄邱受华之夫邱冲斗	邱文明系律得容隐，应免置议。邱彰茂、邱欧氏听从抬埋匿报，系迫于尊长之命，应与首报之尸妻邱丁氏，均毋庸议
40	吴正兆容隐（埋尸灭迹）致死胞弟吴正起之兄吴正发	律得容隐，应毋庸议
57	夏兰花容隐（伪造自杀现场）因图奸杀媳之主人伍济瀛	系迫于主命，应免置议
70	□□氏容隐（主谋谎报案情）殴死胞兄特依清之次子特升阿	死系伊子，原属律得容隐之人

表 4-2 中未被处罚的容隐人，不足全部容隐当事人数量的 20%（17.6%）；在笔者的另一项研究中，未被处罚的容隐人在全部容隐当事人数量的占比更小。在所搜集的 43 个容隐案例共 48 位容隐行为人中，只有 4 人未遭处罚，占比不足 10%，只有 8.3% 左右。[1] 这种占比差异可能是由案例来源的不同造成的，[2] 但都说明了一个事实，即在清代司法中，未被处罚的容隐行为占比很小，属于例外。

从未被处罚的理由来看，判词中明确表示因为"律得容隐"而不处罚的，是序号为 06、20、22、30、37、40、70 案例中的武清成、

---

① 魏道明：《清代对容隐行为的司法处置》，《青海社会科学》2015 年第 5 期。

② 在前项研究中，43 个案例基本选自《刑案汇览》《驳案汇编》《刑部比照加减成案》等，这些案例汇编都是经过精心选择的，可以在审判中作为判例或依据来引用，体现的是主流价值和国家意志。容隐是因私废公，许可容隐，一定意义上讲，是对主流价值和国家意志的反动，所以，否定容隐权的案例会更多一些。本书选择的容隐案例，来源更为广泛，未被处罚的占比可能更为客观一些。

向春阳、王仲、赵刘氏、邱文明、吴正兆、□□氏等 7 人，也就是说，只占全部容隐当事人的 8% 左右。这说明在清代的司法审判中，容隐权并未获得起码的尊重。虽然还有 8 位容隐人未遭处罚，但都是基于其他理由，有迫于尊长或主人之命（案例 37、57）、念其女流无知（案例 05）、天性使然（案例 12）、被杀之人有罪（案例 21、27）、被容隐之人自首（案例 16）等。甚至在同一案例中有多个容隐当事人时，不处罚的理由也不一样。如第 37 号案例中，邱冲斗殴死胞兄邱受华，其父邱文明决定埋尸灭迹，邱冲斗之妻邱欧氏、胞兄邱彰茂听从抬埋匿报。事发，三人的容隐行为皆未遭处罚，但不处罚的理由各不相同：邱文明"系律得容隐"，邱彰茂、邱欧氏"系迫于尊长之命"。

其实，清代对于官吏审案是有严格要求的。为了防止罪有出入，规定法司定罪量刑必须"具引律例"，除正律、正例外，未经通行著为定例的成案，都不能援引为据。① 亲属得相容隐，律有明文，按理来说，如果不准备处罚容隐行为，判词中不处罚的理由，写"律得容隐"一类，是最不容易出错的。那么法官为何不采用这种保险的方式呢？

首先，我们搜罗到的容隐案例，所容隐的犯罪行为几乎都是杀人一类的重罪，法官的心思主要在如何正确判处正犯上，容隐只是整个案件中一个不重要的细节问题，并没有引起他们的重视。

其次，是法司对于权利的漠视。法律虽然规定亲属有容隐权，但法司将之视为有碍公义的不正当行为，在决定不处罚容隐行为时，首先考虑从其他方面寻找可以免罚的同情因素，如迫于尊长之命、女流无知、天性使然、被杀之人有罪等，在法官看来，以这些"情""理"因素作为免于处罚的理由，甚至比法当容隐一类要正当得多，

---

① 《大清律例》卷三七《刑律·断狱下》"断罪引律令"条及附例，第 595 页。

只有当找不到类似以上能够引起同情的因素时，才会以"律得容隐"作为免罚理由。

在笔者看来，容隐者之所以未遭处罚，或许与其身份以及所容隐的罪行性质有关。在表4-2所列的13个案例中，容隐人所容隐的罪行性质，属于杀常人的有2例（案例12、16），尊杀卑4例（案例06、22、40、57），并非性质特别严重的犯罪，这可能是容隐者未被处罚的重要因素。其余7例为卑杀尊，按照儒家伦理来说，是性质特别恶劣的犯罪，但这7例中有6例皆为弟杀兄，容隐者身份特殊，同时是受害人和加害人的直系尊亲。既然是直系尊长，有权决定卑幼的生死，帮助加害者逃脱法律制裁，自然不受处罚。是容隐者的身份，决定了其免于处罚的待遇。

2. 被处罚的容隐行为

在表4-1所列的75个容隐案例共85位容隐当事人中，共有64个案例中的67位行为人的容隐行为遭到处罚（见表4-3）。

表4-3 清代被处罚的容隐人（案）汇总

案例序号	容隐人及容隐行为	处罚依据（罪名）
02	侯学添容隐（顶凶认罪）殴死大功兄侯岳添之胞弟侯七郎	迫于母命代弟认罪，照不应重律拟杖
03	耿福禄容隐（埋尸灭迹）殴妻林耿氏身死之婿林永喜	依律杖责
04	郭郎若容隐（弃尸灭迹）杀死奸夫郑家训之胞叔郭仓五	依弃尸不失、为从减一等律拟徒，恩赦减为杖百
05	王超民容隐（埋尸灭迹、拦阻报官）杀死继祖母苗赵氏之亲生子王锦	虽律得容隐，但几致凶徒漏网，照不应重律拟杖
07	徐三容隐（贿买顶凶）杀死张文耀之胞兄徐刚	应依（贿买）说合人减等拟以杖流；先拟绞监候，俟拿获徐刚审明情节，另行定拟

续表

案例序号	容隐人及容隐行为	处罚依据（罪名）
08	郭廷祥容隐（顶凶认罪）杀死冯幅志之子郭小蹭	照不应重律杖八十
09	余官郎容隐（埋尸灭迹）殴伤夫余添明身死之姊母余冯氏	照律拟杖徒
10	潘连容隐（毁尸灭迹）殴妻潘赵氏身死之次子潘彭	以毁弃卑幼死尸律，按大功服制递减拟徒
11	冯克应容隐（帮助逃亡）殴死丈夫冯青之母冯龚氏	拟照不应重律杖八十
13	严懋连容隐（埋尸灭迹）杀死奸夫陈标之胞兄严懋田	依一家共犯侵损于人律，科以埋尸为从之罪
14	戴贤杰容隐（埋尸灭迹）殴死胞叔戴求柏之胞兄戴贤俊	（依律）杖责
15	江士珍容隐（贿买顶凶）杀死无服族叔江文川之胞弟江士连	援照（贿买顶凶）说合人减等拟流例量减一等，拟徒
17	王成安容隐（贿和匿报）与王黄氏通奸致氏自尽之子王全	按尊长为人杀私和例于满杖上减二等拟杖
18	李绍燮容隐（埋尸灭迹、贿嘱乡约）咬伤婆母李绍氏并致其自尽之妻李周氏	依故纵罪囚情重、全科至死者绞监候律加重为绞立决
19	张其助容隐（移尸灭迹、伪造自缢现场）杀死王照沆之胞兄张其陇	依地界内有死人不报官司而辄移他处律减等拟杖
21	张添常容隐（埋尸灭迹）殴死胞兄张添健之兄张添纲 陈登润容隐（埋尸灭迹）殴死胞兄张添健之雇主张添纲	虽律得容隐，但究有不合，张添常、陈登润均依不应重律拟杖
23	帅信秋容隐（贿和未成）殴死无服族兄帅直旬之子帅直墅	照不应重律拟杖
24	曾庆祥容隐（贿和）殴死小功叔曾九祥之子曾灶育	依私和人命用财行求，系凶犯之父母不计赃例拟杖

续表

案例序号	容隐人及容隐行为	处罚依据（罪名）
25	李王氏容隐（贿和）致死贺阿五之子李备	依以财行求者，系凶犯之父母不计赃例拟杖
26	姚文高容隐（贿和）殴死邱楚升之子姚佳连	依以财行求者，系凶犯之父母不计赃例拟杖
28	吴僙腾容隐（贿和）殴缌麻服侄吴能辉身死之子吴潮献	依以财求和系凶犯之父不计赃例拟杖
29	张有良容隐（贿和）殴死无服族姊张黄氏之胞侄张光华	依凶犯期服以下亲属，用财行求计赃准枉法论例、无禄人减一等拟杖徒
31	顾广源容隐（贿和）推跌人受伤并致其自尽之父顾钮	比照以财行求者，系凶犯之父母不计赃例拟杖
32	孙癸娃容隐（埋尸灭迹）通奸杀夫之嫂	以弃缌麻以上尊长尸为从律加等拟杖流
33	张小许容隐（顶凶认罪）殴死夏汝香之胞弟	以（受贿顶凶）系同案之人例减正犯一等，迫于母命再减一等拟杖徒
34	李碌容隐（埋尸灭迹）违反教令致婆母李陈氏自尽之妻李赵氏	照子妇殴毙翁姑，犯夫贿和匿报拟绞立决例量减等拟流
35	顾章氏容隐（贿和）肇衅致酿人命之子顾章咬	比照凶犯罪止拟徒，以财行求之父母杖八十例减等拟杖
36	刘任氏容隐（埋尸灭迹）殴死胞兄之叔弟刘玉环	依夫被杀妻受贿私和者，无论赃数多寡例，杖一百，流三千里，系妇女，照律收赎
38	苏良德容隐（贿和）殴死曾森林之子苏岳秀	依凶犯之父以财行求不计赃杖百例拟杖
39	王现容隐（贿和）殴死王董氏之子王莺	依以财求和系凶犯之父母杖一百例上减等拟杖
41	袁我松容隐（弃尸灭迹）杀死祖父袁万镒之子袁涌照	照子弃父母死尸本律加重为斩立决
42	胡姜氏容隐（主谋谎报案情）殴死父亲胡巍尧之子胡成琳	比照夫为人所杀、妻私和律，拟杖一百，徒三年

案例序号	容隐人及容隐行为	处罚依据（罪名）
43	郭杨氏容隐（主谋谎报案情）谋杀父亲之子郭春年	比照故纵（罪囚）与囚同罪至死减等律拟流，实发驻防为奴
44	宋八容隐（埋尸灭迹）殴夫宋六并致其自尽之嫂宋谢氏	比照期亲尊长被杀而卑幼私和律拟杖徒
45	吴贞元容隐（贿和）致死族侄吴凤翔之胞兄吴集元	照凶犯期服亲属用财行求者计赃准枉法满流例减等满徒
46	余均山容隐（埋尸灭迹）谋杀父亲余幗兴之胞弟余长才子	比照故纵（罪囚）与囚同罪至死减等律拟杖流
47	蒋胜发容隐（埋尸灭迹、贿和）通奸而谋杀婆母蒋王氏之妻蒋杨氏	比照子妇殴毙翁姑，犯夫贿和匿报拟绞立决例减等拟流
48	罗韦氏容隐（贿和）殴死陆老二之夫罗阿便	应比照凶犯之夫为妻以财行求不计赃拟杖一百
49	林洸上容隐（埋尸灭迹）殴死胞叔林文连之堂兄林洸生	比照期亲尊长被杀，卑幼私和拟徒律减等拟杖徒
50	唐礼云容隐（埋尸灭迹）误毙长兄唐边方之次兄唐受羔	比照父为母所杀，其子容隐例杖八十
51	周正敖容隐（埋尸灭迹）因违反教令致父周彬才自尽之胞弟周正沅	应照父为人杀而子私和律拟徒
52	胡进贤容隐（贿和、毁尸灭迹）杀死妻子胡张氏之子胡五十一	依子孙被杀、父母受贿私和无论赃数多寡杖一百例杖一百
53	周均友容隐（埋尸灭迹）致夫自尽之母	依父为母所杀、其子隐忍者照不应重例杖八十
54	张宝成容隐（埋尸灭迹）触忤干犯致父自尽之胞弟张魁	比照父为人所杀子私和律杖一百、徒三年
55	钟廷四容隐（顶凶认罪）伤人身死之胞兄钟廷三	应于顶认正凶、减正犯罪二等例上酌减一等拟杖徒

案例序号	容隐人及容隐行为	处罚依据（罪名）
56	刘陈氏容隐（埋尸灭迹）殴死祖母刘朱氏之子刘丑	比照祖父母被杀、子孙受贿私和者例拟以杖流
58	张庭斗容隐（弃尸灭迹）殴死奸夫宋挺之父张华山	照地界内有死人私自掩埋为从例拟杖
59	刘应发容隐（埋尸灭迹）致父气忿自尽之胞弟刘玉发	比照父为人所杀子私和律拟杖徒
60	席加仁容隐（埋尸灭迹）因奸杀死本夫路臣儿之胞兄席加积	比照地界内有死人而辄移他处律拟杖
61	江玉淋容隐（移尸灭迹、伪造他杀）杀夫江相明之母江王氏	依将父尸图赖人拟徒律上加等拟杖流
62	吴老土容隐（埋尸灭迹）殴死父亲吴老海之胞弟吴老汶	比照父被杀，子受贿私和例拟杖流
63	王正品容隐（埋尸灭迹、销毁罪证）因违反教令致婆母王覃氏自尽之妾王孙氏	比照子妇殴毙翁姑，犯夫贿和绞决例减等拟杖流
64	常再秋容隐（帮助逃亡）毒死儿媳常刘氏之妻常陈氏	照不应重律拟杖
65	姜吴氏容隐（埋尸灭迹）因奸谋死父亲姜万友之女姜观女	照夫被杀而妻私和拟徒律加等拟杖流
66	张牛庇容隐（埋尸灭迹、贿和）助父张旺得自尽之胞侄张燕	比照子妇殴毙翁姑，犯夫贿和绞决例减等拟杖流
67	黄价人容隐（埋尸灭迹）误毙长兄黄汶琴身死之胞弟黄汶兹	比照父为母所杀，其子容隐例拟杖
68	贾大容隐（伪造自缢现场、埋尸灭迹）殴死张三之胞弟贾四	比照杀人案内凶犯起意埋尸灭迹例拟徒
69	周继善容隐（弃尸灭迹）殴死儿媳周李氏之妻周赵氏	依毁弃卑幼死尸律减等拟杖徒

案例序号	容隐人及容隐行为	处罚依据（罪名）
70	德克精额容隐（谎报案情）殴死兄长特依清之胞叔特升阿	比照父被母杀其子隐忍，照不应重律拟杖
71	郗冯氏容隐（埋尸、毁尸灭迹）殴死丈夫冯补沇之母冯白氏	比照子发父冢毁弃尸骸凌迟例拟斩立决
72	厉均憘容隐（令人顶凶）殴人致死之子厉金石 厉明淋容隐（顶凶认罪）殴人致死之侄厉金石	厉明淋、厉均憘均照受贿顶凶减正犯二等例，拟杖徒
73	刘卿明容隐（隐瞒实情）误伤母亲刘尚氏身死之孙刘学礼	依子之妇被杀父私和律拟杖八十
74	刘李氏容隐（移尸灭迹、伪造他杀）搭死父亲之夫刘凡深	比照将父母尸身装点伤痕、图赖他人斩立决例减为斩监候
75	金茂禾容隐（埋尸灭迹）殴死父亲金阿翔之胞弟金阿二 金姚氏容隐（主谋埋尸灭迹）殴死父亲金阿翔之子金阿二	金茂禾应比照故纵与囚同罪、至死减一等律拟杖流；金姚氏比照夫为人所杀、妻私和律拟杖徒

　　表4-3中被处罚的67人，占所列案例全部85个容隐行为人的79%左右。此外，未列入表4-3的01、47、73号案例中的3位当事人没有确切的处罚记载，但01号案例中的殷从荣因在逃被通缉，73号案例中的刘长先在押身死，实际上可以看作已被处罚，如果将他们也算作受处罚者，那么，被处罚的容隐人占比高达81%。这说明在清代的司法实践中，容隐属于危险行为，被处罚的可能性很大。

　　从处罚依据来看，"私和"罪是最常见的理由，第17、24、25、26、28、29、31、34、35、36、38、39、42、44、45、47、48、49、51、52、54、56、59、62、63、65、66、73、75号案例皆是。清律有"尊长为人杀私和"条，亲属被杀，禁止忘仇私和，但行贿私和不在制裁范围之内。但法司对凶犯亲属行贿私和的行为，还是要问罪的。如嘉庆四年（1799），王全与王黄氏通奸致氏自尽案中，王全之父王成安行贿私和，王成安被杖八十（案例17）。

嘉庆六年（1801），制定条例，不仅尸亲私和人命要受处罚，凶犯之亲以财行求、私和人命也在被处罚之列。[1] 法司对于行贿私和行为的处罚，开始有了法条依据。但即使在制裁行贿私和的法条出台后，法司对于行贿私和行为，也有依旧比照受贿私和来处罚的事例。如道光四年（1824），胡五十一扎伤妻胡张氏身死，其父胡进贤出钱私和，胡进贤比照"子孙被杀、父母受贿私和无论赃数多寡杖一百"例，拟杖一百（案例52）。

"私和"的含义较广，无论是否受财，只要与杀害亲人的凶手握手言和，不去追究凶犯的责任，哪怕是出于善良而原谅凶手，都属于私和罪。法律制裁私和，是为了防止"忘仇"。在常人相杀伤的案件中，这一制裁逻辑尚能成立，杀害亲属的凶手可以被视为家族团体共同的敌人，与之私和属于忘仇。但在亲属相犯的案例中，凶手也是亲人，忘仇之说就不知从何谈起了。法司似乎没有考虑到这一悖论，以私和之名制裁亲属相犯案例中容隐行为的案例不在少数，案例34、36、42、44、47、49、51、54、56、59、62、63、65、66、73、75皆是。

在被害人和加害人都是亲属的情形下，对凶犯的任何帮助都可以看作忘记被害亲属之仇，故所有的容隐行为都能以"私和"之名来定罪，清代法司就曾将谎报死因、埋尸灭迹、伪造现场等容隐行为比照私和罪来处罚。嘉庆二十五年（1820），胡成琳殴死父亲胡觐尧，其母胡姜氏以谎报死因的方式为子胡成琳容隐罪行，法司"比照夫

---

[1] 参见郭成伟主编《大清律例根原》卷八二《刑律·人命》"尊长为人杀私和"条附例，第1311页。

为人所杀、妻私和律，拟杖一百，徒三年"（案例 42）。道光六年
（1826），张魁触忤干犯，致父自尽，胞兄张宝成经不住央求，私埋
父尸，为胞弟容隐，张宝成"比照父为人所杀子私和律，杖一百，徒
三年"（案例 54）；与之类似的还有第 34、36、44、47、49、51、
54、56、59、62、63、65、75 号案例。同治九年（1870），刘学礼误
伤母亲刘尚氏身死，其祖父刘卿明主谋"代为装点"，即伪造现场一
类，法司遂以"子之妇被杀父私和律，拟杖八十"（案例 73）。

第二是"不应为"，如 02、05、08、11、21、23、50、53、64、
67、70 号案例。所谓"不应为"，也即"不应得为而为之"，[①] 指做
了法律上虽然没有明令禁止但事理上不许可的事，属于"口袋罪"，
一切违背伦理义务但法律中又无明文制裁处罚规定的行为，都可以用
"不应为"条来处置，各种容隐行为自然也都可以依照"不应为"条
来惩处。乾隆三十一年（1766），侯七郎殴死大功兄侯岳添，侯学添
以顶凶认罪的方式容隐胞兄侯七郎，法司"照不应重律杖八十"（案
例 02）。乾隆四十一年（1776），王超民以私埋匿报的方式容隐其子
王锦，被"照不应重律，杖八十"（案例 05）。乾隆五十三年
（1788），冯克应以共同逃亡的方式容隐母亲冯龚氏，也被"照不应
重律，杖八十"（案例 11）。嘉庆十四年（1809），帅直壁殴伤无服
族兄帅直旬身死，其父帅信秋以贿和的方式容隐其子罪行，法司也是
依"不应重律，杖八十"判处（案例 23）。

第三为毁弃、私埋尸体一类的罪名，如 04、10、13、19、32、
41、58、60、68、69、71 号案例。按清代法律，弃尸、毁尸及私自
移尸、埋尸，甚至发现死尸不报官司，皆要受到处罚。[②] 由于上举容
隐案例中，所容隐的罪行皆为致人死亡的重罪，很多容隐行为都是处

---

① 《大清律例》卷三四《刑律·杂犯》"不应为"条，第 540 页。
② 参见《大清律例》卷二五《刑律·贼盗下》"发冢"条，第 409~410 页。

理尸体，这就给法司处罚留下了口实。同治六年（1867），冯白氏殴死丈夫冯补沅，郗冯氏为容隐母亲罪行，先是将父尸在住宅院内掩埋灭迹，后因日久尸腐，臭气难闻，恐致败露，又刨出尸身，拆散抛弃，法司判为斩立决（案例71）。此案因为是毁弃尊长尸身，处罚极其严厉，若是毁弃卑幼尸身，处罚则轻得多。乾隆五十二年（1787），潘彭殴妻赵氏致死，其父潘连为子容隐罪行，遂焚毁儿媳尸体，法司"以毁弃卑幼死尸律，按大功服制递减拟徒"（案例10）。道光四年（1824），胡五十一扎伤妻张氏身死，其父胡进贤为掩盖儿子罪行，焚烧儿媳尸身灭迹，法司依"子孙被杀、父母受贿私和无论赃数多寡杖一百"例，拟杖一百（案例52）。两案几乎完全相同，但后案判处得更轻，法司甚至没有以毁弃尸体罪来判罚胡进贤。

第四为"顶凶"，如07、15、33、55、72号案例。顶凶，原来是指"案外之人受正凶贿赂，挺身到官顶认"。所谓"案外"是指非为同案共犯之人，当然，"如系同案之犯代认重伤致脱本犯罪名者"以及代为说合过钱者，也在制裁之列。① 从案情来看，清代法司以"顶凶"之名处罚的容隐行为，实际上是两类不同的行为。一是亲属犯罪后，花钱买通他人替亲属顶罪。乾隆四十八年（1783），徐三踩踏张文耀地内豆苗，引起斗殴，结果徐三胞兄徐刚殴死张文耀。徐三恐连累到自己，于是出钱让唐二顶认凶手（案例07）。二是自己顶替亲属认罪受刑。道光六年（1826），钟廷三铳伤谢启聪、谢启业身死，畏罪潜逃，其胞弟钟廷四恐家属无人养赡，冒名到案顶认兄罪（案例55）。

第五为"故纵罪囚"，如18、43、46、75号案例。清律规定，凡狱卒不觉失囚者，减囚罪二等，若是故纵，与囚同罪，若囚犯死

---

① 郭成伟主编《大清律例根原》卷九五《刑律·受赃》"有事以财请求"条附例，第1524页。

罪，故纵者减等。① 罪犯已经被拘捕是故纵罪囚罪成立的前提，而容隐行为发生于罪犯被捕之前，以"故纵罪囚"之名处罚容隐行为，属于比照处罚。在以"故纵罪囚"之名处罚容隐行为时，其实所有的容隐行为都可冠以"故纵罪囚"之名，但我们搜集到的清代法司以"故纵罪囚"处罚的容隐行为，都是私埋匿报一类。如嘉庆八年（1803），李周氏咬伤婆母李绍氏致其忿激自缢，其夫李绍燮为容隐妻子罪行，私埋匿报。法司将李绍燮依故纵罪囚情重、全科至死者绞监候律加重为绞立决（案例18）。案例43、46、75，案件性质与容隐手段和案例18高度类似。

第六为以尸身图赖，如61、74号案例。清律有图赖人专条，杀子孙图赖人或以父母、祖父母及五服内尊长尸身图赖人者，均处徒刑。② 按照常理而言，图赖应该有被图赖者，也即有明确的图赖对象，但这两个案例中，容隐者都是在亲属杀人后，移尸伪造他杀，并没有明确的图赖对象。

表4-3被处罚的64个容隐案例中，03、09、14号案例的具体处罚理由不明确，只是说依律杖责或依律杖徒。这三例的容隐手段都是私埋尸体灭迹一类，处罚结果不一样，或许与所容隐的罪行性质有关。被处以杖徒刑罚的容隐者，所容隐的罪行是妻杀夫（案例09），属于罪大恶极；其他杖责的两例，一为夫杀妻，一为卑幼殴杀期亲尊长，罪行相对较轻。

二 处罚力度

容隐本是法律规定的权利，不应该受到制裁，即便是法司认为容隐属于"不当"行为，有碍社会公义的实现，正确的做法应该是不

---

① 《大清律例》卷三五《刑律·捕亡》"主守不觉失囚"条，第551页。
② 《大清律例》卷二六《刑律·人命》"杀子孙及奴婢图赖人"条，第435~436页。

提倡容隐，鼓励人们放弃容隐权的行使。退而言之，即便要惩戒容隐行为，略加惩处即可。但清代法司对容隐行为的处罚非常严厉，这可能与所容隐的罪行全部为人命一类的重罪有一定关系。从对 64 个案例中的 67 位行为人的处罚来看，没有笞一类的轻刑，至少是杖刑。其中，徒以上的重刑有 35 例，流以上的重刑有 17 例，死刑也有 5 例。具体情况可参见表 4-4。

表 4-4 清代对容隐行为的处罚力度一览

处罚	数量	案例序号	备注
斩立决	2	41、71	
绞立决	1	18	
斩监候	1	74	1. 若一个案例中有数个容隐当事人时则分别统计
绞监候	1	07	
发遣为奴	1	43	2. 10、51 号案例的处罚
流三千里	9	34、36、46、47、56、62、63、66、75	为徒，03、14 号案例的处罚为杖责，均不载具
流二千里	3	32、61、65	体处罚措施，故单列。
徒三年	9	15、29、33、42、45、54、59、68、75	编号为 13 的案例，原判决为"科以埋尸为从之罪"，不载具体处罚
徒二年半	3	55、72、72	措施，按《大清律例·
徒二年	1	09	贼盗》"发冢"条规定，若地界内有死人而
徒一年半	3	44、49、69	辄移他处及埋藏者，杖
徒	2	10、51	八十。按此，私埋尸体
杖一百	8	04、24、25、26、28、38、48、52	应杖八十，减一等为杖
杖九十	1	39	七十，故 13 号案例处
杖八十	16	02、05、08、11、17、21、21、23、31、50、53、60、64、67、70、73	罚列入"杖七十"之类中
杖七十	4	13、19、35、58	
杖责	2	03、14	

注：简明起见，本表只列主刑，略去附加刑。

那么，影响处罚力度的因素是什么呢？不外乎所容隐罪行、容隐者身份、容隐手段这几个因素。为方便讨论，先列清代法司对容隐行为处罚力度与容隐者身份、所容隐罪行、容隐手段关系对照如表4-5所示。

表4-5　处罚力度与所容隐罪行、容隐者身份、容隐手段关系对照

案例序号	处罚	容隐者身份	所容隐罪行	容隐手段
71	斩立决	女儿	妻杀夫	埋尸、毁尸灭迹
41	斩立决	父亲	孙砍伤祖父致死	弃尸灭迹
18	绞立决	丈夫	媳咬伤婆母致其自尽	埋尸灭迹、贿嘱乡约
74	斩监候	妻子	子杀父	移尸灭迹、伪造他杀
07	绞监候（暂拟）	胞弟	杀（常）人	贿买顶凶
43	发遣为奴	母亲	子杀父	主谋谎报案情
34	流三千里	丈夫	媳违反教令致婆母自尽	埋尸灭迹
36	流三千里（收赎）	兄嫂	弟殴死胞兄	埋尸灭迹
46	流三千里	胞兄	子杀父	埋尸灭迹
47	流三千里	丈夫	媳通奸而谋杀婆母	埋尸灭迹、贿和
56	流三千里	母亲	孙殴祖母致死	埋尸灭迹
62	流三千里	胞兄	子殴父致死	埋尸灭迹
63	流三千里	丈夫	媳违反教令致婆母自尽	埋尸灭迹、销毁罪证
66	流三千里	胞叔	子助父自尽	埋尸灭迹、贿和
75	流三千里	胞兄	子殴父致死	埋尸灭迹
32	流二千里	叔弟	妻通奸杀夫	埋尸灭迹
61	流二千里	儿子	妻杀夫	移尸灭迹、伪造他杀
65	流二千里	母亲	女儿因奸谋杀父亲	埋尸灭迹
15	徒三年	胞兄	侄杀死无服族叔	贿买顶凶
29	徒三年	胞叔	侄殴死无服族婶	贿和
33	徒三年	胞兄	杀（常）人	顶凶认罪
42	徒三年	母亲	子殴死强奸儿媳未成之父	主谋谎报案情
45	徒三年	胞弟	叔殴族侄身死	贿和

案例序号	处罚	容隐者身份	所容隐罪行	容隐手段
54	徒三年	胞兄	子触忤干犯致父自尽	埋尸灭迹
59	徒三年	胞兄	子违反教令致父自尽	埋尸灭迹
68	徒三年	胞兄	杀（常）人	伪造自缢现场、埋尸灭迹
75	徒三年	母亲	子殴父致死	主谋埋尸灭迹
55	徒二年半	胞弟	伤（常）人致死	顶凶认罪
72	徒二年半	父亲	殴（常）人致死	令人顶凶
72	徒二年半	胞叔	殴（常）人致死	顶凶认罪
09	徒二年	侄子	妻殴夫致死	埋尸灭迹
44	徒一年半	叔弟	妻殴夫致其自尽	埋尸灭迹
49	徒一年半	堂弟	侄殴胞叔致死	埋尸灭迹
69	徒一年半	丈夫	婆母殴死儿媳	弃尸灭迹
10	徒	父亲	夫殴妻致死	毁尸灭迹
51	徒	胞兄	子违反教令致父自尽	埋尸灭迹
04	杖一百	胞侄	杀（常）人	弃尸灭迹
24	杖一百	父亲	侄殴小功叔致死	贿和
25	杖一百	母亲	殴（常）人致死	贿和
26	杖一百	父亲	殴（常）人致死	贿和
28	杖一百	父亲	叔殴缌麻侄身死	贿和
38	杖一百	父亲	殴（常）人致死	贿和
48	杖一百	妻子	殴（常）人致死	贿和
52	杖一百	父亲	夫杀妻	贿和、毁尸灭迹
39	杖九十	父亲	殴（常）人致死	贿和
02	杖八十	胞兄	弟殴大功兄身死	顶凶认罪
05	杖八十	父亲	孙杀死继祖母	埋尸灭迹、拦阻报官
08	杖八十	父亲	殴（常）人致死	顶凶认罪

案例序号	处罚	容隐者身份	所容隐罪行	容隐手段
11	杖八十	儿子	妻殴夫致死	帮助逃亡
17	杖八十	父亲	因通奸致人自尽	贿和匿报
21	杖八十	胞弟	弟殴胞兄致死	埋尸灭迹
21	杖八十	雇工	弟殴胞兄致死	埋尸灭迹
23	杖八十	父亲	弟殴死无服族兄	贿和未成
31	杖八十	儿子	殴（常）人致伤致其自尽	贿和
50	杖八十	胞弟	弟殴胞兄致死	埋尸灭迹
53	杖八十	儿子	妻致夫自尽	埋尸灭迹
60	杖八十	胞弟	杀（常）人	埋尸灭迹
64	杖八十	丈夫	婆母毒死儿媳	帮助逃亡
67	杖八十	胞兄	弟误毙长兄	埋尸灭迹
70	杖八十	胞侄	弟殴兄致死	谎报案情
73	杖八十	祖父	子误伤母亲身死	隐瞒实情
13	杖七十	胞弟	杀（常）人	埋尸灭迹
19	杖七十	胞弟	杀（常）人	移尸灭迹、伪造自缢现场
35	杖七十	母亲	挑衅致（常）人死亡	贿和
58	杖七十	儿子	杀（常）人	弃尸灭迹
03	杖责	岳父	夫殴妻致死	埋尸灭迹
14	杖责	胞弟	侄殴胞叔致死	埋尸灭迹

　　表4-5反映出一个基本趋势，容隐人所受处罚的严厉程度与所容隐的罪行性质或者轻重程度成正比关系。判处流刑以上的案例，都是容隐卑幼杀尊长或卑幼行为导致尊长死亡一类严重违反儒家伦理的犯罪行为。只有07号案例所容隐的罪行是一般的常人相杀罪。因为此案中正犯徐刚在逃，故将容隐人徐三"暂行拟绞监候，俟拿获徐刚到案，审明正凶及起意央求顶凶情节，另行定拟具奏"。是按最重

的刑罚进行预判，最终判决应该轻于此判。

　　子孙杀父母、祖父母的行为，属于"十恶"中的"恶逆"行为，故容隐此类罪行，处罚最重，如案例41、43、46、56、62、65、66、74、75中的容隐者，最轻处流刑，最重处斩立决。其中，在第75号案例中，金阿二殴伤致死父亲金阿翔，其容隐的胞兄金茂禾被判杖一百、流三千里；其母金姚氏也参与容隐，被判杖一百、徒三年。其母判决稍轻，或许是已经重判其兄的缘故。容隐子孙致死父祖类案例，有三例判处较轻。案例05中王超民、王陈氏夫妇容隐殴死祖母的亲生子王锦，处罚很轻，王超民仅被杖八十，王陈氏更是因"念女流无知，且已罪及伊夫"而免于处罚。这主要是与王锦自幼出继、所殴死者为继祖母有关。第42号案例，因为有父强奸儿媳未遂的事实，所以容隐者轻判为徒刑。第73号案例，属于误伤母亲致死，容隐者只是被杖八十。若容隐因违反教令致父自尽一类的案件，则多判为徒刑，如第51、54、59号三例。

　　容隐妻妾致死舅姑，处罚也基本相同，如案例18、34、47、63中的容隐者，轻者满流，重者绞立决。容隐妻杀夫或杀期亲尊长的行为，处罚一般在徒刑以上，如案例09、32、44、49、61、71等。但也有例外，第11号案例中，妻殴伤夫身死，容隐者仅仅被处以杖刑。容隐弟杀兄一类的行为，判罚多半为杖刑，案例02、21、23、50、67、70中的容隐人的处罚均为杖八十。

　　至于尊杀卑的行为，本身属于轻罪，容隐此类行为，惩处比容隐卑杀尊行为要轻得多，不适用死、流一类的重刑。案例10、69分别为容隐夫殴妻致死和婆母殴死儿媳，判罚为徒刑，这是容隐尊杀卑的行为中处罚最重的两个案例。案例03、52为容隐夫杀妻，案例64为容隐婆母毒死儿媳，判处皆为杖刑。

　　如果相犯行为是在常人之间，容隐此类行为，处罚也较轻。案例04、07、08、13、17、19、25、26、31、33、38、39、48、55、58、

60、68、72 等，都属于容隐亲属侵犯他人。其中，07 例中的容隐人被判绞监候，但如上所言，因正犯在逃，此案是按最重的刑罚进行预判，最终判决应该轻于此判。第 33、55、72 号中的容隐人被判徒刑，其余各例中的容隐者，处罚都在杖七十至杖一百之间。

在清代司法中，容隐者与被害人之间的身份关系也是影响处罚轻重的重要因素之一。在容隐常人相犯的案例中，容隐者与被害人之间没有特殊的身份关系，容隐者只是与加害人有特殊的身份关系，这种身份联系，对于判罚轻重几乎没有影响。如 25、26、31、38、39、48 各例，同为殴常人致死的案件，容隐手段都为赇和一类，容隐人的身份分别是加害人的母亲、父亲、儿子、父亲、父亲、妻子，但对容隐者的处罚措施几乎完全一致，案例 39 为杖九十，其余各例为杖一百。又案例 04、13、19、58、60 也都是致死常人，容隐手段均为弃尸灭迹，容隐人与加害人的身份关系有胞侄、胞弟、儿子之别，但处罚都是杖刑，差别不明显，案例 04 为杖一百，案例 60 为杖八十，其余三例均为杖七十。

若是容隐近亲属相犯的案例，对于容隐人来说，身份是双重的，被害人和加害人都是亲属。一般来说，容隐人和加害人的身份关系，对处罚的轻重影响也不大；而容隐人与被害人之间的身份关系是否影响判决，视案件的性质而定。在尊杀卑一类的案件中，几乎没有影响，如 03、52 号皆为夫杀妻案例，容隐者分别为死者的父亲和公爹，处罚都是杖刑。如果是卑杀尊的案件，就成为影响判决的重要因素。第 21、27、30、36、37、70 号案例，所容隐的罪行皆为弟杀兄。其中案例 21 的容隐者为死者胞弟，案例 70 的容隐者为死者胞侄，属于死者的卑幼；案例 36 的容隐者，是被害人之妻，在伦常观念中，妻类同卑幼。他（她）们显然不能无视尊长被害的事实而选择原谅加害人，所以他们容隐加害人的行为均遭到处罚。而在 27、30、37 各案中，容隐人是被害人的父母或祖父母，皆免于处罚。既然父母有权决定子女的生死，那么只要父母愿意，自然也可以帮助行凶者逃脱法律制裁，这或许是法司对其免于处罚的逻辑所在。

如果尊卑亲属同为容隐人，也只处罚卑亲属。在案例 21 中，张添纲殴伤致死胞兄张添健，其父张仕荣、弟张添常埋尸灭迹，为张添纲容隐。虽然张仕荣"主令私埋"，但免于处罚，倒是听令抬埋尸体的张添常，虽然法司承认"律得容隐"，但仍然按不应重律杖八十。编号为 70 的案例中，特升阿殴死兄长特依清，其母主使谎报案情，特依清之子德克精额听命于祖母，为胞叔的杀兄行为容隐。但法司判决主使容隐者免责，为从容隐的德克精额杖八十。这样判决的理由在于："在伊祖母，则死系伊子，原属律得容隐之人；而在该员，则死系伊父，究难容隐。"①　按照法律规定，大功以上及同居亲属都可以容隐，特升阿之母及侄德克精额皆有权容隐，判词中所谓"律得容隐"和"究难容隐"，依据显然是容隐人与被害人之间的身份关系。

对于卑杀尊的案件中卑幼容隐杀害尊长凶手的行为，清代条例有处罚越来越重的趋势。乾隆年间的条例规定禁止子女容隐母杀父的行为，但处罚不重，只有杖八十；嘉庆时期的条例禁止丈夫容隐妻妾殴毙翁姑的行为，处罚很重，为绞立决。②　如此严厉的处罚措施，进一步加剧了身份关系不同导致的处罚差别。道光三年（1823），蒋胜发容隐因通奸而谋杀婆母蒋王氏之妻蒋杨氏，被判流三千里（案例47）；嘉庆二十二年（1817），袁我松容隐致死祖父袁万镒之子袁涌照，即比照丈夫容隐妻妾殴毙翁姑条例被处斩立决（案例41）。而同治九年（1870），刘学礼伤母亲刘尚氏身死，祖父刘卿明为孙容隐，法司判罚刘卿明杖八十（案例73）。这三例案件，都属于容隐卑幼致

---

① 《沈家本辑刑案汇览三编》卷六《名例·亲属相为容隐》"父被胞叔殴死听从祖母捏保"条，第 4 册，第 167 页。
② 郭成伟主编《大清律例根原》卷一四《名例律下》"亲属相为容隐"条附例、卷八八《刑律·斗殴下》"殴祖父母、父母"条附例，第 202、1416 页。

死直系尊亲，但容隐人遭受的处罚悬殊。处罚不同的主要原因在于容隐者与被害人之间的身份关系。在案例 73 中，容隐者同时是受害人和加害人的直系尊亲，有权决定卑幼的生死，帮助加害者逃脱法律制裁，处罚就轻；而案例 41、47 中，容隐者只是加害人的尊长，但对于被害人而言，他的身份是卑幼，容隐加害人，可视为帮助凶犯致死尊长，自然要加重处罚。

容隐手段也是影响容隐人处罚轻重的因素之一。比如对于采用令人顶罪的处罚重于自行顶罪，08、72 号案例都是父亲容隐儿子杀害常人，但容隐手段分别为自行顶罪和令人顶罪，处罚结果分别为杖八十和徒三年。再如，采用毁尸灭迹的处罚重于弃尸灭迹，弃尸灭迹的重于埋尸灭迹，53、61、71 号三例，容隐人的身份及案件性质皆相近，都是子女容隐母亲致死父亲的案件，但案例 53 当事人采用的容隐手段为埋尸灭迹，案例 61 当事人为移尸灭迹，案例 71 当事人为毁尸灭迹，判决结果分别为杖八十、流二千里、斩立决。

但容隐手段并非影响判罚轻重的关键因素，从表 4-5 来看，对容隐行为的惩罚力度与容隐手段并不能形成明确的对应关系。判处绞候以上的五个案例中，容隐手段分别是毁尸灭迹、弃尸灭迹、埋尸灭迹、移尸灭迹、贿买顶凶。同是贿和，但判处从流三千里到杖八十不等；同是埋尸灭迹，但判处从绞立决到杖七十不等；同是毁尸灭迹，但处从斩立决到杖徒不等。所以，清代对容隐行为的司法裁判中，决定处罚轻重的主要因素是所容隐罪行的性质以及容隐人与被害人之间的身份关系。

依照被容隐者所犯罪行的轻重或容隐者的身份来决定处罚的轻重，至少可以说明以下三点：一是司法审判以贯彻纲常大义、维护尊卑伦常为根本目的；二是法司向来没有将容隐看作普遍性权利，容隐权利其实已经特权化；三是法司在裁量容隐案例时已形成了某些判决上的"定制"，类似的案件判决基本相同，本书所列 75 个容隐案例或许可以代表清代司法实践处置容隐案件的一般状况，我们即便找出更多的案例，相信处罚结果也会与上述案例大同小异。

三 清代法司限制、否定容隐权的方法

大体而言，清代法司限制、否定容隐权的方法有以下两种。

一是制定新条例限制容隐手段和特定亲属的容隐权。容隐从来不是无限制的，法律原本对容隐的适用范围和亲属范围有所限定，从唐律到清律，皆无例外，如谋反、谋大逆、谋叛三项罪行不适用容隐，非同居的小功以下亲属不得相互容隐。对于容隐范围内的亲属，法律并没有将其区分为三六九等，权利是平等的。但清代从乾隆年间开始，制定新条例来限制卑杀尊案件中特定亲属的容隐权。

乾隆五十三年（1788），冯克应之父冯青被母亲冯龚氏殴死，冯克应容隐母亲的罪行，帮助其潜逃，到官后也不主动供述（案例11）。四川地方官在判决时，对于冯克应的处置意见是"请免置议"。此案上报中央后，迟迟得不到批覆意见。直到乾隆六十年（1795），刑部才奉旨批覆认为，法律虽准许子女容隐父母，但父母尊卑有别，母被父杀，可以容隐；而父被母杀，到官后应该立即供述，方为人子之道。而冯克应到官后仍不主动供述，至破案后才供明实情，不得免议。遂制定新例云："父为母所杀，其子隐忍，于破案后始行供明者，照不应重律杖八十。如经官审讯，犹复隐忍不言者，照违制律杖一百。若母为父所杀，其子仍听，依律容隐免科。"[1] 道光四年（1824），周均友容隐致父自尽之母，就依"父为母所杀、其子隐忍、于破案后供明者，照不应重例"杖八十（案例53）。这样一来，母杀父的行为，子女不仅不能容隐，而且必须告发。

---

[1] 《大清律纂修条例（乾隆六十年）·名例下》"亲属相为容隐"条续纂条例，刘海年、杨一凡总主编《中国珍稀法律典籍集成》丙编第1册，第810~811页。

嘉庆八年（1803），李绍燮容隐致婆母自尽之妻李周氏，案发地贵州法司却没有按母杀父子容隐例来判决，而是将李绍燮依"故纵罪囚情重、全科至死者绞监候"律加重拟绞监候。到了朝廷，刑部又奉旨改为绞立决（案例18）。嘉庆十五年（1810），刑部奏请，今后有"子媳殴毙翁姑之案，如犯夫有匿报、贿和情事者，应照李绍燮一案定拟"。[①] 嘉庆十九年（1814），制定新例："子妇殴毙翁姑之案，如犯夫有匿报、贿和情事，拟绞立决。"[②] 按此，若发生妻妾殴死翁姑之案，其夫不得知情不告，更不许容隐。

以上两个条例，表面上看，似乎是规定母杀父、妻妾殴毙翁姑的案件不能容隐，其实只是要求特定主体不能容隐——母杀父案件中的子女以及妻妾殴毙翁姑案件中的丈夫。其他亲属还是可以容隐的。条例不是对容隐适用范围的限制，而是对容隐亲属范围或是对特定亲属容隐权利的限制。

上举条例尽管只是对特定亲属容隐权利的限制，但在司法实践中往往比照扩张适用，成为法司限制容隐权的手段和依据。出现容隐弟杀兄或次兄杀长兄的行为，往往比照子女容隐母杀父条例来处置。道光四年（1824），唐受羔误伤致死胞兄唐边方，唐礼云私埋匿报长兄唐边方尸体，替次兄唐受羔容隐罪行（案例50）；道光十三年（1833）发生了与上例案件非常相似的一件案例，黄汶兹适伤胞兄黄汶琴身死，黄价人私埋匿报胞兄黄汶琴尸体，替胞弟黄汶兹容隐罪行（案例67）。这两起容隐行为，法司皆比照"父为母所杀，其子容隐"例杖八十。又咸丰三年（1853），世袭佐领德克精额听从祖母之

① 参见（清）佚名辑《驳案续编》卷七"子媳殴毙翁姑犯夫匿报及贿和分别拟罪"条，（清）全士潮、张道源等纂辑，何勤华、张伯元、陈重业等点校《驳案汇编》，第754~755页。

② 郭成伟主编《大清律例根原》卷八八《刑律·斗殴下》"殴祖父母、父母"条附例，第1416页。

命，容隐致死其父特依清之胞叔特升阿，德克精额也比照"父被母杀其子隐忍"例杖八十（案例70）。容隐子孙杀父祖的行为，也比照容隐妻妾殴毙翁姑例来处置，如嘉庆二十二年（1817），袁我松容隐杀死祖父袁万镒之子袁涌照，即照此条例被处绞立决（案例41）。

禁止子容隐母杀父和丈夫容隐妻妾杀翁姑行为的条例扩张适用到卑幼容隐弟杀兄、子杀父的案件中，这多少还有些合理性。但同治九年（1870），刘学礼误伤母亲刘尚氏致死，祖父刘卿明容隐其罪行，直隶地方法司以律得容隐故判勿论。但刑部直隶司认为，"查父杀其母，其子例得容隐，若母杀其父，其子不在得相容隐之列，诚以父尊于母，故不得徇私情而忘大义。比类参观，媳尊于孙，若孙杀其媳，其祖不在得相容隐可知"，改拟杖八十（案例73）。

直隶司理解法条的水平确实堪忧。条例之所以设例禁止子女容隐母杀父和丈夫容隐妻妾杀翁姑，是因为卑幼无权决定尊长的生死，故不能无视尊长被害的事实而庇护加害人；而尊长有权决定卑幼的生死，自然可以帮助行凶者逃脱法律制裁。换言之，条例的原意不在于一概禁止容隐卑杀尊的行为，只是禁止卑杀尊行为中被害人的卑幼容隐加害人，[①] 但若身为被害人的尊长，则可以容隐。直隶司以禁止子容隐母杀父之例来否定子杀母行为中祖父的容隐权，大失条例本意。

虽然禁止卑幼在卑杀尊的行为中容隐致死尊长的凶手符合纲常伦理的要求，但对容隐妻妾杀翁姑的丈夫处以绞立决的惩罚，无论如何都有过重之嫌；而且，对容隐母杀父的子女的处罚仅为杖八十，二者之间的差距也过于明显。故司法实践中，丈夫容隐妻妾杀翁姑的行为

---

① 在亲属相犯的案件中，禁止卑幼容隐致死尊长的凶手，只适用于卑杀尊的情形；若是尊杀卑，尽管被害人为尊长，卑幼也可容隐犯罪人。如上引清代条例："父为母所杀，其子隐忍……照不应重律杖八十……若母为父所杀，其子仍听，依律容隐免科。"所以，这样的规定，并非出于亲情的考虑，也不是认识到了允许容隐亲属相犯行为的不合理性，纯粹是出于维护伦常等级观念的需要。

往往减一等处罚。道光三年（1823），蒋杨氏与人合谋杀害婆母蒋王氏，其夫蒋胜发容隐埋尸灭迹、贿和，为妻容隐罪行，事发，蒋胜发"比照子妇殴毙翁姑，犯夫贿和匿报拟绞立决例量减一等，拟以满流"（案例47）。与之处理类似的还有第34、63号案例。虽减等为满流，但处罚依然很重，与处罚子女容隐母杀父条例悬殊不等的问题依旧存在。

或许受严惩丈夫容隐妻妾杀翁姑行为的影响，在清代司法实践中，一旦发生子妇殴毙翁姑之类的案件，其夫即便没有容隐行为，也要受到制裁。嘉庆五年（1800）五月，高傅氏殴伤翁父高大身死，虽然其夫高奇山并不知情，但嘉庆皇帝认为："高奇山一犯，虽于伊妻素日悍泼，顶撞伊父，屡经殴责，但该犯平日果能教导其妻，亦何至凶恶至此。且伊妻既经屡责不悛，亦早应休出，是该犯平日徇纵其妻，致酿此案。"为纵妻不孝者戒，判高奇山枷号一个月，重责四十板。[①] 嘉庆十五年（1810），张杨氏殴伤翁父张昆予身死，经审讯，其夫张青辉并无纵妻违忤情事，事发时亦未在家，但也被枷号一个月，重责四十板。[②]

清律有"尊长为人杀私和"条，亲属被杀若私和要被处罚，若是受贿私和，还要加重处罚，[③] 其目的在于禁止亲属忘仇与凶手私和。此条原本只制裁私和及受贿私和，并无制裁凶犯亲属行贿私和的内容。清律中有制裁行贿一类犯罪的专条："凡诸人有事以财行求，（官吏欲）得枉法者，计所与财坐赃论。若有避难就易，所枉（法之罪）重（于与财）者，从重论。（其赃入官）其官吏刁蹬，用强生

---

① 《清实录·清仁宗实录》卷六八"嘉庆五年五月庚子"条，第28册，第900页。
② 郭成伟主编《大清律例根原》卷八八《刑律·斗殴下》"殴祖父母、父母"条所附案例，第1416页。
③ 《大清律例》卷二六《刑律·人命》"尊长为人杀私和"条，第441页。

事，逼抑取受者，出钱人不坐。"① 但从律文内容来看，"以财行求"系专指向官吏行贿，目的在于"枉法"，向受害人家属行贿私和，是出于庇护亲属的目的，也有赔偿受害人的善意在内，不在制裁范围内。犯罪人的亲属行贿私和，可以看作法律许可的容隐手段。

但嘉庆四年（1799），王全与王黄氏通奸，因奸情败露致氏自尽，王全之父王成安私和匿报，王成安被杖八十（案例 17）。嘉庆六年（1801）制定的新条例，正式加入了制裁行贿私和的内容："凶犯期服以下亲属用财行求者，俱计赃，准枉法论，分别定罪……其以财行求者，如亦系凶犯之祖父母、父母，无论受财者系被杀之尊长、卑幼，亦不计赃，拟杖一百。若凶犯罪止军、流者，以财行求之祖父母、父母，减一等，杖九十；罪止拟徒者，减二等，杖八十。说事过钱者，各减受财人罪一等。"② 按此，制裁行贿私和分为两种情况，一是期亲及以下亲属，计赃准枉法论；二是祖父母、父母，不计赃，罪止杖一百。

嘉庆九年（1804）修改条例，在祖父母、父母之外加上了夫和家长，他们行贿私和也不计赃，罪止杖一百。道光四年（1824），在重修条例时，法司认为：

> 原例内：凶犯期服以下，用财行求，系计赃，准枉法论；祖父母、父母、夫、家长，为子孙、妻妾、奴婢、雇工行贿私和，系无论赃数多寡，罪拟满杖。而"为祖父母、父母、夫、家长，行贿私和之子孙"等项，并未载及。查各项亲属服制，虽有亲疏，其为律不容隐则一。今同一用财行求……为期亲伯、叔、兄弟等项行求，例应准枉法论，而为妻妾、奴雇行求者，转得仅科

---

① 《大清律例》卷三一《刑律·受赃》"有事以财请求"条，第 501 页。
② 郭成伟主编《大清律例根原》卷八二《刑律·人命》"尊长为人杀私和"条附例，第 1311 页。

杖责，实不足以示持平。且将亲属中代图免罪之人，与亲属中忘仇受贿之人一例并论，亦未免漫无区别……自应将此条例文，改为以财行求之凶犯缌麻以上有服亲属，及家长、奴婢、雇工人，均不计赃数多寡，各止科以满杖，以昭平允。①

最终条例中的行贿私和部分修改为："其以财行求者，如系凶犯之缌麻以上有服亲属，及家长、奴婢、雇工人，均不计赃数，拟杖一百。若凶犯罪止军、流者，以财行求之亲属等，各杖九十；罪止拟徒者，各杖八十。说事过钱者，各减受财人罪一等。"

制裁行贿私和行为，无疑是限制容隐手段。其实，在案件审理和条例的修撰过程中，参与其中的官员都很清楚，制裁行贿私和会妨碍容隐权的实现。如嘉庆六年（1801），刑部官员在制定此条时曾言："其以财行求者，如亦系凶犯之祖父母、父母，究系律得容隐，应无论受财者系被杀之尊长、卑幼，亦不得计赃，拟杖一百。"② 看来，法司也很清楚，制裁有容隐权之人的行贿私和行为并不合适，但依旧制裁，只是作了"不计赃"的减免。道光四年（1824）修订条例时，刑部官员认为"将亲属中代图免罪之人与亲属中忘仇受贿之人一例并论，亦未免漫无区别"，但还是要制裁行贿私和之人，最多减轻处罚而已。

二是以其他法条、伦纪纲常或危害结果来否定容隐权。在司法实践中，对于容隐行为，法官总是想尽办法寻找治罪的依据和理由，从而否定容隐权。

危害结果是法司寻找的制裁容隐行为的理由之一。乾隆四十一年

---

① 郭成伟主编《大清律例根原》卷八二《刑律·人命》"尊长为人杀私和"条，第1312页。
② 郭成伟主编《大清律例根原》卷八二《刑律·人命》"尊长为人杀私和"条附例，第1310页。

（1776），王超民夫妇容隐致死继祖母苗赵氏的出继子王锦，法司以"虽律得容隐，但几致凶徒漏网"为由对其处以杖刑（案例05）；道光十一年（1831），张牛庇容隐助父张旺得自尽之胞侄张燕，法司以其行为"几致逆伦重犯漏网"为由，判张牛庇杖一百、流三千里（案例66）。嘉庆二十五年（1820），郭杨氏容隐谋杀父亲之子郭春年，被以"纵恶逆"为由发遣为奴（案例43）；光绪十一年（1885），金茂禾容隐殴死父亲金阿翔之胞弟金阿二，被以"纵凶"为由判杖一百、流三千里（案例75）。

伦纪纲常作为古代社会的法理原则，自然也是法司否定容隐权的依据之一。乾隆五十三年（1788），冯克应容隐母亲殴死父亲之罪，四川地方官府的处置意见是"请免置议"（案例11）。但上报中央后，刑部奉旨批覆认为：

> 人子之于父母，原有容隐之例，但父之于母尊亲，虽属相等，然父为子纲，夫为妻纲，《礼经》有"母出与庙绝"之文，是人子之于父母恩同，而分则有间。设为人子者，遇有其父殴母致死之事，自当隐忍不言，原可免其科罪。若其父被母殴死，即迫于母命，当时未敢声张，至经官审讯时，自应据实诉出，方谓处人伦之变而不失其正。此等纲常大义，虽乡僻蚩氓，未能通晓，但准情断狱，不可不示以等差，折衷至当。①

刑部要求"父为子纲""夫为妻纲"一类的"纲常大义"，一定要体现于判决中，于是冯克应被改判有罪，处以杖刑。嘉庆二十二年（1817），袁我松容隐杀死祖父袁万镒之子袁涌照，法司认为其行为属于

---

① 郭成伟主编《大清律例根原》卷一四《名例律下》"亲属相为容隐"条续纂条例说明，第202页。

"伦理蔑绝"，处斩立决（案例41）。嘉庆二十五年（1820），胡成琳殴死强奸儿媳未遂的父亲胡觐尧，其母胡姜氏容隐，被判徒刑；胡成琳岳父仅仅知情，未参与容隐，但也被法司以"事关伦纪"为由，杖八十（案例42）。与以上类似的还有第43、51、61、62、63、75号案例。

有时，笼统的"不合"一类也可以作为否定容隐权的理由。乾隆四十一年（1776），王超民、王陈氏夫妇容隐杀死继祖母苗赵氏之亲生子王锦，王超民的行为"殊属不合"，杖八十；王陈氏的行为"虽属不合"，但念其女流无知，请免置议（案例05）。嘉庆十四年（1809），张添纲殴死胞兄张添健，其弟张添常、雇工陈登润容隐，法司认为"虽律得容隐，但听从抬埋，究有不合，张添常、陈登润均合依不应重律，杖八十"（案例21）。

比起以上所言否决容隐权的方法，更直接的办法是用其他法条来否定容隐权。乾隆五十六年（1791），孙万全纵容其姊陈孙氏的奸情，四川地方法司原以律许容隐判孙万全无罪。此案上报中央后，刑部认为，律有大功以上亲属有罪相为容隐条，而例也有本夫本妇之有服亲属皆许捉奸之条。推究律例之意，所谓亲属得相容隐，系指寻常犯罪而言。至于犯奸一类，辱没祖宗，凡是亲属均有义忿防闲之责，所以律文有尊长有纵奸科罪之条，即卑幼亦在应许捉奸之列，不在容隐之列。"如有知情容隐，自不得援照得相容隐之律予以免议。"[1]

刑部同时引用了允许容隐和允许捉奸的条文，并以后者来限定前者，得出了奸罪不在容隐范围之列的结论。这是非常片面的解释。允许捉奸并不意味着不能容隐，法律中同时出现允许容隐和允许捉奸的条文，无非让人们对于亲属间的奸情多了一个选择，既可以容隐，也可以捉奸告官。两者并不矛盾。退而言之，即使二者是矛盾的，按照

---

① （清）祝庆祺、鲍书芸：《刑案汇览》卷五《名例·亲属相为容隐》"犯奸不得容隐埋尸亦系侵损"条，第185页。

上位法优先的原则，也应该是《名例》中的容隐法优先于《刑律》中的捉奸法条。

容隐属于积极行为，是给予犯罪亲属实际的帮助，藏匿人犯、帮助逃亡、通报消息、毁灭证据、贿和、冒名顶罪是常见的容隐手段。由于古代法律制度中禁止性条款众多，如清律中就有禁止藏匿罪人、禁止毁弃尸体、禁止以财行求及说事过钱、禁止受贿顶凶等，几乎常见的容隐手段都有对应的禁止性条款，这为官府在审判时用其他律条制裁容隐行为提供了极大的便利。否决容隐权，不仅有了法条依据，也少了一分顾虑。

清律中的容隐条款，对于何为容隐没有明确的解释，或者说对于容隐手段没有明确的界定，这也为司法判决中否定容隐行为提供了便利。以埋尸灭迹、贿和这两类行为为例，在某些案件的审判中，主审官员及中央法司都认可这些行为属于容隐。如乾隆四十六年（1781）张翔鹄杀妻案中，雇工武清成帮助主人埋尸灭迹，法司判词中有"系张翔鹄雇工，律得容隐"之语，武清成也得以免责（案例06）。又道光十年（1830），席加积杀人案中，席加仁帮助其兄埋尸灭迹，法司判词中也有"情切同胞，律得容隐"之语（案例60）。以上两例都是承认埋尸灭迹为容隐行为。嘉庆六年（1801），在拟定制裁行贿私和条例时，刑部官员认为如果是凶犯之祖父母、父母"以财行求"，毕竟他们"究系律得容隐"，制裁此类行为并不合适。① 嘉庆十四年（1809），陕西紫阳县王黄氏殴死小功堂侄王玉，王黄氏长子王仲"恐伊母问罪，恳求（王玉之弟）王臣免报，并给银私和，律得容隐，应予免议"（案例22）。是认可贿（私）和一类为合法的容隐行为。

但毕竟法典中没有明确写明埋尸灭迹、贿和属于正当的容隐行

---

① 郭成伟主编《大清律例根原》卷八二《刑律·人命》"尊长为人杀私和"条附例，第1310页。

为，所以，同样的埋尸灭迹、贿和行为，法司也可以依据其他禁止性法条予以制裁。03、05、09、13、14、18、21、32、34、36、44、46、47、49、50、51、53、54、56、59、60、62、63、65、67、70、71、75 号案例，就是制裁容隐手段为埋尸灭迹的案例，而 07、15、17、23、24、25、26、28、29、31、35、38、39、45、47、48、52、66 号案例，都属于制裁容隐手段为贿和的案例。

相同的容隐行为，处罚依据却五花八门，这是清代司法中一个不得不注意的现象。我们以埋尸灭迹为例进行说明。乾隆五十六年（1791），严懋田杀人案中，严懋连帮助其兄埋尸灭迹，法司认为埋尸行为属于杀人为从行为，以"一家共犯侵损于人"科以杖刑（案例 13）。道光四年（1824）林洸生殴死胞叔林文连案内，其堂弟林洸上帮助收敛埋尸，法司比照"尊长为人所杀而卑幼私和律"拟杖（案例 49）。而道光十年（1830）席加积杀人案中，其胞弟席加仁帮助埋尸灭迹，法司却照"地界内有死人不报官司而辄移他处律"杖八十（案例 60）。又如嘉庆十九年（1814），孙癸娃之嫂杀其兄，孙癸娃帮同埋尸，被以"毁弃尊长尸体律"科流刑（案例 32）。道光十年（1830），吴老汶杀父案内，其兄吴老土帮助埋尸，比照"父被杀，子受贿私和例"判流（案例 62）。同年发生的王孙氏因违反教令致婆母王覃氏自尽之案，其夫王正品私埋母亲尸体，为王孙氏容隐，法司"比照子妇殴毙翁姑，犯夫贿和绞决例量减一等，杖一百，流三千里"（案例 63）。同治六年（1867），冯白氏殴死丈夫冯补沅案内，其女郗冯氏埋尸、毁尸灭迹，容隐母亲罪行，结果"将郗冯氏比照子发父冢、不分首从、开棺见尸并毁弃尸骸凌迟处死例，酌减为斩立决"（案例 71）。光绪十一年（1885），金阿二杀父案内，其兄金茂禾、母金姚氏帮助埋尸，结果，金茂禾比照"故纵与囚同罪、至死减一等律"拟流，金姚氏比照"夫为人所杀、妻私和律"拟徒（案例 75）。因为比照的法条不同，同样是埋尸灭迹，判决结果差异却很大，最轻杖责，最重斩决。

同一种行为处罚依据却各不相同，这里不能排除法官的个人好恶和认识差异。如 52、69 号两例，所容隐罪行都属于尊杀卑，容隐手段都是毁弃儿媳死尸，因法官对于毁弃儿媳死尸行为的性质认识不同，判决结果有较大区别。在第 52 号案例中，法司将公婆毁弃儿媳死尸看作父母毁弃子孙死尸，这一类行为，清律中处罚很轻，罪至杖八十。① 但舅姑与儿媳稍稍有别于父母子女，按原律条处罚，稍显过轻，故加重为杖一百。而第 69 号案例中，法司认为，父母毁弃子孙死尸中的"子孙"，不应包括子孙之妇，故不能以父母毁弃子孙死尸来处罚，而是按"尊长毁弃卑幼死尸律"，杖七十、徒一年半。但总体而言，用不同的法条制裁相同的容隐行为，是出于罪刑均衡的需要，是法司有意为之的行为，以便按照被容隐者所犯罪行的轻重以及容隐者的身份来决定对容隐者的处罚。

在清代司法实践中，法司之所以惯用其他法条来否定容隐权，理解上的偏差是原因之一，毕竟法典中对于容隐手段没有作出明确规定。但根本原因在于对权利的漠视。法官往往将容隐行为看作不正当的行为甚至是犯罪行为予以否定，75 个案例中的容隐者，大多被判有罪，就充分证明了这一点。

值得注意的是，即使承认容隐是权利，法司也将之视为一种不正当的权利。不少案例中，法官一方面承认当事人具有容隐权，另一方面则将容隐视为有碍社会公义的不正当行为进行制裁。在第 21 号案例中，张添常容隐胞兄张添纲、陈登润容隐雇主张添纲，法司承认律得容隐，但以"究有不合"为由，将张添常、陈登润均依不应重律拟

① 对于毁弃尸体，清律规定常人之间毁弃尸体，杖一百、流三千里。若是发生在亲属之间，清律重点制裁的是卑幼毁弃尊长尸体，按律当为斩监候；而尊长毁弃卑幼尸体，按照服制递减，毁弃子孙死尸，只是杖八十。参见《大清律例》卷二五《刑律·贼盗下》"发冢"条，第 409 页。

杖。在第 42 号案例中，胡觐尧强奸子媳胡黄氏未成，被其子胡成琳殴伤身死，胡姜氏容隐其子，谎报案情，以私和罪名拟徒。但胡黄氏之父黄谦受仅仅是知情，没有实际的帮助行为，算不上是容隐，但法司依然处罚："黄谦受系胡成琳妻父，本属律得容隐，但案关伦纪，应照不应重律杖八十。"在第 60 号案例中，法司一面说"情切同胞，律得容隐"，一面将容隐人席加仁处以杖八十的刑罚。这种承认容隐权却又处罚行为人的事例，还有 05、11、64、73 号案例，不再详述。

我们注意到，有些容隐行为，清代地方法司原判依律准许，不予制裁，但中央法司对地方的裁判往往予以"驳正"。同治九年（1870），刘学礼误伤母亲身死一案中，其伯父刘长先、祖父刘卿明容隐刘学礼罪行，地方法司以行为"固属非是，惟俱系刘学礼同居大功以上亲属，律得容隐，均照例勿论"。但上报中央后，刑部认为，按照现行条例，若母杀其父，其子不在得相容隐之列。按此类比，媳尊于孙，若孙杀其媳，祖父也不得相容隐。故原判"声称刘卿明得相容隐，照例勿论，尚未允协，应即更正"，刘卿明应改依"子之妇被杀父私和律"，拟杖八十；刘长先因在押身死，从宽免议（案例 73）。乾隆四十一年（1776），王超民、王陈氏夫妇容隐杀死继祖母苗赵氏之亲生子王锦，直隶地方认为虽有权容隐，但仍照不应重律，杖八十，只是"事犯在钦奉恩诏以前"，其罪应该援免；但刑部认为，王超民的行为"几致凶徒漏网"，虽事犯在恩诏以前，但杖罪不准援免（案例 05）。与之类似的还有 11、13 号案例。此外，还有一些处罚容隐行为的案例，刑部认为地方原判较轻，遂加重处罚。如嘉庆八年（1803），李绍燮容隐致婆母李绍氏自尽之妻李周氏，地方原判绞监候，但刑部改为绞立决（案例 18）。类似的还有 07、34、41、68、71 号案例。

综上所述，容隐虽是法律明确规定的权利，但在清代的司法实践中，法司多以各种理由限制、否定容隐权，容隐权根本得不到保障，事实上并不存在。

结论　虚拟的权利

　　容隐是指隐匿亲属的犯罪行为，帮助其逃脱法律制裁。尽管不揭发、保持沉默一类的消极行为也可以起到隐匿作用，但法律意义上的容隐是指比消极行为更进一步的积极行为，也即用庇护的方式帮助犯罪的亲属逃避法律制裁。法律许可的容隐手段以犯罪人被逮捕为界，前后有所不同。被捕之前，亲属有权对犯罪的亲属进行各种庇护，包括藏匿罪犯、通报消息、帮助逃亡、毁灭犯罪证据、隐瞒实情、贿（私）和、阻拦报官等，甚至利用职务之便向犯罪人"漏露其事"和"摘语消息"。被捕以后，亲属只享有拒绝作证的权利，其他的实际帮助行为，诸如作伪证、帮助逃狱、协助自杀或利用权力干预司法审判等均在禁止之列。

　　回护亲人，是出于人类的自然情感，天性使然。容隐制度基于人情而产生，是对亲情的认可和尊重。在中国古代法律中，基于亲情的法规虽为数不少，但随着儒家亲属伦理宗旨由"亲亲"转向"尊尊"，这些法规也往往以国家利益和社会秩序为重，大多背离了亲情，转向"尊尊"，成为维护尊卑、长幼秩序的工具。而容隐制度并没有向"尊尊"伦理靠拢，从唐律到清律，容隐法条保持纯粹，始终遵循"亲亲"至上的原则，这主要表现在三个方面。

　　首先，亲属范围重情义而轻服制。服制的精神在于强调宗法伦理，所以古代亲等也成为一种等级亲等制，表现在男女不平等、尊卑不平等、内外亲不平等等方面。古代法律中绝大多数体现亲属关系的法条，如继承、析产、干名犯义、缘坐、独坐等，在界定亲属范围时，一般以服制为标准。而容隐制度确定亲属范围的标准主要是情义，有权容隐的亲属包括同居亲属、大功以上亲及外祖父母、外孙、妻之父母、女婿、孙之妇、夫之兄弟及兄弟妻等三类。其中，只有大功以上亲是以服制来确定的，其余两类都是依据情义：像外祖父母、外孙等一些服制虽轻但情义深重的亲属都被纳入，而且只要有同居共财的生活情义，无论亲等远近，也不论有服无服，也皆在容隐的范围内。

其次，尊卑之间权利平等。基于亲属关系的法规，在涉及具体权利义务关系时，多根据身份界定彼此的权利义务，尊卑之间权利义务不对等，如干名犯义、尊卑同罪不同罚等。而容隐是双向的，尊卑互隐，没有身份上的差别。同时，容隐权利的行使也取决于自由意志，对于犯罪的亲属，个人可以自行抉择进行容隐或放弃容隐，法律从来不曾规定必须容隐，包括卑幼对尊长。

最后，违反尊卑伦常的犯罪行为也可以容隐。一般而言，体现血缘关系的法条，多以"尊尊"为重，讲亲情以不违反伦常为前提。如唐宋明清各朝法律中都有"存留养亲"的制度，犯罪人在直系尊亲无人侍奉时可免刑或缓刑而回家侍亲，但"不孝""恶逆"等违反伦常的犯罪行为，则不适用留养制。容隐制度就没有类似的限定，按照律文的规定，除去谋反、谋大逆、谋叛等不忠一类的罪行，其余罪行一般皆可以容隐，这就意味着违反尊卑伦常的犯罪行为也适用容隐制。清代条例虽然有子不得容隐母杀父、夫不得容隐妻妾殴詈翁姑一类行为的规定，但只是针对子女、丈夫等特定身份的人，其他亲属还是可以容隐此类罪行的。

容隐的纯粹性，使其显得较为"另类"，有异于其他法规。一般来说，中国古代法律具有"不讲平等、无视个人、不知权利为何物，只看身份，没有自由合意"的特点,①所以，法律中多见身份特权而罕见普遍权利。容隐重平等而不看身份，既不讲等级、阶级，"地位最卑微的奴隶也可以一样隐亲",②也不重伦常名分，尊卑可以互隐。容隐权利的行使也取决于自由意志，个人可以自行抉择进行容隐或放弃容隐。身份平等、意志自由这两点，使容隐成为古代法律中罕见的普遍性权利。③

　　容隐制度能够出现于中国古代法律之中，令人称奇。④儒家亲属伦理的主旨，在秦汉时期已经转变为"尊尊"，或许因为"亲亲"是儒家伦理的本原依据，所以在汉晋之际法律儒家化的运动中，出于遵从本原的情怀，利用修撰法典的机会，儒生还是将容隐写入法律制度中，并在设计上忠实地贯彻了"亲亲"原则。但这样一种制度设计，设计超前，不合时宜，人们对容隐存在认知障碍，其正当性难以得到认可，也超出了国家司法的忍耐限度。无论是社会文化还是国家司法，都没有做好真正接受这一制度的准备，容隐制度其实缺乏实施的

---

① 梁治平、齐海滨等:《新波斯人信札——变化中的法观念》，贵州人民出版社，1988，第117页。

② 范忠信:《容隐制的本质与利弊：中外共同选择的意义》，《比较法研究》1997年第2期。

③ 魏道明:《中国古代容隐制度的价值与正当性问题》，《青海社会科学》2012年第1期。

④ 西方近现代的法律中有容隐制度，具体论述请参见范忠信《中西法律传统中的"亲亲相隐"》，《中国社会科学》1997年第3期。但西方近代以前的法律中是没有容隐制度的。罗马法中子女对家长提起财产诉讼，限于"特有财产"，其他诉讼则要"事先获得许可"（参见〔罗马〕查士丁尼《法学总论——法学阶梯》，张企泰译，商务印书馆，1989，第208～209页），这种诉权限制类似于中国古代禁止干名犯义的规定，并非真正意义上的容隐权。此外，罗马法规定，奴隶犯罪，受害人可以向奴隶主提起"交出加害人之诉"，主人必须将奴隶交给受害人，否则不能免责。起初，这一规定也适用于处在家父权下的子女。后来出于对亲情的考虑，取消了这一规定，家父不必再以向受害人交出子女的方式来免除自己的责任（参见〔罗马〕查士丁尼《法学总论——法学阶梯》，张企泰译，第221～223页）。这与只是单纯强调父权，与尊卑亲属可以相互庇护犯罪行为还是有区别的，而且针对对象是受害人而非权力机关，这种权利也不是真正意义上的容隐权。

社会条件。

中国古代法律中，在如何对待亲属犯罪行为的问题上，除了容隐制度外，还有禁止"干名犯义"的规定，即不得告发尊亲属的犯罪行为，否则予以制裁。这两项规定分别属于授权性规范和禁止性规范，性质不同，区别明显，但将二者合并为同类项的情形非常普遍，人们往往从义务及纲常伦理的角度去理解容隐制度，以为不告发便是容隐，忘记容隐的本义是指庇护行为。当这种误解出自律学家和审判者时，就会对容隐制度的适用产生直接影响。唐、宋、元、清都有将容隐视为卑幼对尊长义务的书判或判例；将干名犯义维护尊卑伦理的精神移植到容隐制度中的情况也很常见，清代曾设例禁止子女容隐母杀父的行为，但父杀母，子女仍可以容隐；至于将知情不告即当作容隐、否认庇护为容隐的情形，在清代司法中也绝非个案。可以说，容隐制度在适用过程中已经背离了制度设计的初衷。

容隐本是亲情的体现，具有为私的一面。而中国古代社会的法律文化，自战国开始，公法文化就占据主流，"废私"成为法律的主旋律。私权不仅不能对抗公权，相反，为了社会公义和国家统治，应该摒弃一切私权，"能去私曲就公法者，民安而国治；能去私行行公法者，则兵强而敌弱"。① 体现个人主义的容隐权利，其实很难找到存在下去的道德理由。为了体现其正当性，儒家一开始就试图赋予容隐道德属性。孔子在《论语》中说"父为子隐，子为父隐，直在其中矣"，就是说容隐具有"直"这一道德属性。那么，到底是什么让体现"私曲"的容隐具备了"直"的道德属性呢？孔子并没有解释。

孔子无疑给自己的门徒出了一道论证难题。"直"作为一种品行，一般与社会公义相联系，将维护私人利益的容隐行为称为"直"，论证起来比较困难。宋代的儒生曾从"顺情"或"顺理"的

① 《韩非子·有度》，诸子集成本，第22页。

角度解释容隐称"直"的原因，如范祖禹认为"夫隐有似乎不直，至于父子天性，则以隐为直也"；①　又如朱熹认为"父为子隐，子为父隐，本不是直，然父子之道，却要如此，乃是直"。②　这样的论证，缺乏逻辑，基本属于无效论证，反而越描越黑，容隐的"不直"的特性愈加突出。清人李光地就说："若父子相庇护而济其恶，则真曲矣；掀然揭之于外，又所谓矫枉而过直，不得为直也。惟隐字最妙，盖不敢护其恶以伤理，又不忍列其过以害情，是以直在其中。"③　在李光地看来，庇护犯罪的行为属于"济恶"，无论如何都谈不上"直"，所以他宁愿把孔子所谓的"隐"理解为沉默而非庇护。

容隐的正当性，只有在主张个人权利为国家权力之本的话语体系下，才能得到真正承认，而在"君权神授"、"公直"至上的国家主义观念下，很难被认可。在中国古代，容隐成为法律权利，当然不是因为它具有正当性，而是统治者害怕出现"相隐之道离，则君臣之义废；君臣之义废，则犯上之奸生"④　的局面，希望通过承认父子之道成就君臣之义，带来国家的长治久安。

无法解释容隐的正当性，容隐行为自然缺乏同情与认可。容隐虽是法律规定的权利，但很多时候被看作不当行为，"（族亲）互为容隐者，罪得递减"⑤，"若亲属纠合外人藏匿，亲属虽免罪、减等，外人仍科藏匿之罪"。⑥　"罪得递减""免罪、减等"的表述，是将容隐

---

① （宋）朱熹：《论语精义》卷七上《子路第十三》引范祖禹语，文渊阁四库全书本，第 198 册，第 298 页上栏。

② （宋）朱熹撰，（清）李光地辑《御纂朱子全书》卷一一《论语二·为政》"子张学干禄"章，文渊阁四库全书本，台北：台湾商务印书馆，1986 年影印本，第 720 册，第 269 页上栏。

③ （清）李光地撰，（清）徐用锡、李清植辑《榕村语录》卷四《下论》，文渊阁四库全书本，台北：台湾商务印书馆，1986 年影印本，第 725 册，第 48 页下栏~49 页上栏。

④ 《晋书》卷三〇《刑法志》，第 939 页。

⑤ 《明史》卷九三《刑法志一》，第 2283 页。

⑥ 《大清律例》卷三五《刑律·捕亡》"知情藏匿罪人"条注，第 552 页。

视为犯罪行为，只是免予或减轻处罚而已。在司法实践中，法司对于容隐行为，一方面承认当事人有权容隐，一方面却将之视为有碍社会公义的不正当行为而予以制裁。

其实，法律允许容隐，不仅挑战古人的认知，也超出了国家司法的忍耐限度。允许容隐的前提是国家具备强大的司法能力，亲属的庇护行为不足以让犯罪人逃脱法律制裁。但实际情况是，古代社会刑侦技术落后，司法能力有限，官府习惯于从犯罪人及其近亲属的口供中获取犯罪证据来定罪量刑，或是将拘捕亲属作为胁迫犯罪人投案自首的主要手段。允许容隐等于堵塞了官府办案定罪的主要途径，犯罪人很可能因为亲属的庇护及拒绝作证而逃脱法律制裁，从而对国家司法构成严重威胁。

在古代社会，国家真正能够接受、认可的也就是对亲属的犯罪行为保持沉默。沉默行为对国家司法造成的干扰有限。虽然希望民众检举犯罪行为，但除去什伍、保甲之内的特殊人群，法律并没有强制常人之间必须揭发犯罪行为，实际上是认可了民众的沉默权。在亲属之间，国家鼓励甚至是强迫亲属必须行使这一"权利"，故历朝历代法典禁止卑幼告尊长，唐宋法典同时也禁止尊长告卑幼。权利变成义务，尽管不是什么好事，但反映出官府愿意至少是不畏惧沉默权落到实处的态度。

但容隐权很难落到实处。历代法律都严禁常人容隐，而允许亲属容隐，只是表明国家重视亲情的态度，做做姿态而已，并没有打算真正履行这一承诺。容隐法条规定简略，很少进行修订和补充，甚至对何为容隐都没有明确的解释，对于容隐手段也无具体说明；容隐法条孤立无援，常见的容隐手段几乎都有对应的禁止性条款。其敷衍的态度可见一斑。

在司法实践中，对于容隐行为，法官总是想尽办法寻找治罪的依据和理由，从而否定容隐权。在清代，绝大多数进入司法官视野的容隐行为，均遭到处罚，未被处罚的占比很小，属于例外。因此，容隐尽管是法律权利，但属于危险行为，一旦进入司法程序，容隐人被处罚的可能性极大。容隐权缺乏保障，徒有虚名，属于"纸上的权利"，备而少用甚至是备而不用，不过是标榜的工具。

正是因为这种标榜的功能，容隐制度才保持了纯粹性，始于"亲亲"，终于"亲亲"，没有向"尊尊"也即纲常伦理靠拢。曾有学者非难、质疑中国古代的容隐制度以伦常为本，尊卑之间权利、义务不对等。① 仅就制度设计层面而言，容隐制度允许尊卑之间平等互隐、准许容隐有违伦常的犯罪行为，并没有刻意维护纲常伦理，非难不过是将容隐与干名犯义混为一谈，错把干名犯义维护尊卑伦常的精神加到容隐制度上。② 但吊诡的是，如果从容隐制度的实际运行来看，学者的非难与质疑，却是完全成立的。清代容隐案件的处置中，处处要求贯彻"纲常大义"，所容隐的罪行性质影响判罚力度，被判流刑、死刑的容隐人，都是因为容隐卑幼杀尊长一类严重违反儒家伦理的犯罪行为；以容隐人与被害人之间的身份关系决定是否给予处罚，否定特定亲属的容隐权，将容隐权利特权化。这说明在宗法等级社会中，任何普遍性的权利都不可能真正存在。

---

① 这方面的质疑与非难，以邓晓芒先生为代表，他说："现代西方法制社会则把罗马法中这种尊重私有者个体人格的原则平等地扩大到一切成年人，甚至在某种程度上扩大到未成年人，使例外成为常态，才冲破了古代以家庭尊卑结构为原则的容隐方式，建立了今天以一切人的基本人权为普遍原则的容隐方式，从而实现了一次'从量变到质变'的飞跃。对比之下，中国古代的容隐制度，一开始'重心都在"子为父隐"，而"父为子隐"是次要的'，'尊卑伦常压倒了亲情'。实际上，亲情只是诱饵，维护尊卑伦常和家长权威才是真正的目的，而最终的目的当然是为了维护皇权了。"参见邓晓芒《再议"亲亲相隐"的腐败倾向——评郭齐勇主编的〈儒家伦理争鸣集〉》，《学海》2007 年第 1 期。

② 魏道明：《中国古代容隐制度的价值与正当性问题》，《青海社会科学》2012 年第 1 期。

参考文献

历史文献

《尚书》，（清）阮元校刻《十三经注疏》，中华书局，1980 年影印本。

《仪礼》，（清）阮元校刻《十三经注疏》，中华书局，1980 年影印本。

《礼记》，（清）阮元校刻《十三经注疏》，中华书局，1980 年影印本。

《左传》，（清）阮元校刻《十三经注疏》，中华书局，1980 年影印本。

《公羊传》，（清）阮元校刻《十三经注疏》，中华书局，1980 年影印本。

《论语》，（清）阮元校刻《十三经注疏》，中华书局，1980 年影印本。

《孝经》，（清）阮元校刻《十三经注疏》，中华书局，1980 年影印本。

《尔雅》，（清）阮元校刻《十三经注疏》，中华书局，1980 年影印本。

《孟子》，（清）阮元校刻《十三经注疏》，中华书局，1980 年影印本。

《庄子》，诸子集成本，中华书局，2006。

《荀子》，诸子集成本，中华书局，2006。

《吕氏春秋》，诸子集成本，中华书局，2006。

《淮南子》，诸子集成本，中华书局，2006。

《韩非子》，诸子集成本，中华书局，2006。

《国语》，上海古籍出版社，1998。

睡虎地秦墓竹简整理小组编《睡虎地秦墓竹简》，文物出版社，1978。

陈松长主编《岳麓书院藏秦简》（肆），上海辞书出版社，2015。

《史记》，中华书局，1982。

张家山二四七号汉墓竹简整理小组编《张家山汉墓竹简（二四七号墓）》，文物出版社，2001。

（汉）荀悦：《汉纪》，文渊阁四库全书本，台北：台湾商务印书馆，1986 年影印本。

（汉）桓宽著，王利器校注《盐铁论校注》，天津古籍出版社，1983。

《汉书》，中华书局，1962。

《后汉书》，中华书局，1965。

（魏）曹植：《曹子建集》，文渊阁四库全书本，台北：台湾商务印书馆，1986 年影印本。

（魏）何晏集解，（梁）皇侃义疏《论语集解义疏》，文渊阁四库全书本，台北：台湾商务印书馆，1986 年影印本。

《晋书》，中华书局，1974。

《十六国春秋》，文渊阁四库全书本，台北：台湾商务印书馆，1986 年影印本。

《宋书》，中华书局，1974。

《魏书》，中华书局，1974。

《隋书》，中华书局，1973。

《唐律疏议》，中华书局，1983。

〔日〕仁井田陞：《唐令拾遗》，东京：东京大学出版会，1983。

《通典》，中华书局，1984年影印本。

《旧唐书》，中华书局，1975。

《宋刑统》，法律出版社，1999。

（宋）傅霖撰，（元）郄□韵释，（元）王亮增注《刑统赋解》，杨一凡主编《中国律学文献》（第一辑），黑龙江人民出版社，2004。

《名公书判清明集》，中华书局，1987。

《资治通鉴》，上海古籍出版社，1987年影印本。

《续资治通鉴长编》，文渊阁四库全书本，台北：台湾商务印书馆，1986年影印本。

《宋史》，中华书局，1977。

（清）徐松辑《宋会要辑稿》，中华书局，1957年影印本。

（宋）王应麟：《汉制考》，文渊阁四库全书本，台北：台湾商务印书馆，1986年影印本。

（宋）刘敞：《公是集》，文渊阁四库全书本，台北：台湾商务印书馆，1986年影印本。

（宋）欧阳修：《文忠集》，文渊阁四库全书本，台北：台湾商务印书馆，1986年影印本。

（宋）李刚：《梁溪集》，文渊阁四库全书本，台北：台湾商务印书馆，1986年影印本。

（宋）吕陶：《净德集》，文渊阁四库全书本，台北：台湾商务印书馆，1986年影印本。

（宋）黄伦：《尚书精义》，文渊阁四库全书本，台北：台湾商务印书馆，1986 年影印本。

（宋）朱熹：《论语精义》，文渊阁四库全书本，台北：台湾商务印书馆，1986 年影印本。

（宋）朱熹：《四书或问》，文渊阁四库全书本，台北：台湾商务印书馆，1986 年影印本。

（宋）朱熹撰，（清）李光地辑《御纂朱子全书》，文渊阁四库全书本，台北：台湾商务印书馆，1986 年影印本。

（宋）黎靖德编《朱子语类》，中华书局，1988。

（宋）陈耆卿：《嘉定赤城志》，中华书局编辑部编《宋元方志丛刊》，中华书局，1990 年影印本。

《册府元龟》，中华书局，1960 年影印本。

《太平御览》，中华书局，1960 年影印本。

《文苑英华》，中华书局，1966 年影印本。

《重订大金国志》，文渊阁四库全书本，台北：台湾商务印书馆，1986 年影印本。

《文献通考》，浙江古籍出版社，2000 年影印本。

《元典章》，中华书局、天津古籍出版社，2011。

《元史》，中华书局，1976。

《大明律》，法律出版社，1999。

（明）高举等纂《大明律集解附例》，高柯立、林荣辑《明清法制史料辑刊（第三编）》，国家图书馆出版社，2015。

（明）雷梦麟：《读律琐言》，法律出版社，2000。

《明史》，中华书局，1974。

《续文献通考》，文渊阁四库全书本，台北：台湾商务印书馆，1986 年影印本。

（明）吴有性《瘟疫论》，文渊阁四库全书本，台北：台湾商务印书馆，1986 年影印本。

（明）俞汝楫编《礼部志稿》，文渊阁四库全书本，台北：台湾商务印书馆，1986年影印本。

（明）张潢：《图书编》，文渊阁四库全书本，台北：台湾商务印书馆，1986年影印本。

《大清律例》，法律出版社，1999。

郭成伟主编《大清律例根原》，上海辞书出版社，2012。

《大清律纂修条例（乾隆六十年）》，刘海年、杨一凡总主编《中国珍稀法律典籍集成》，科学出版社，1994。

《大清会典》，文渊阁四库全书本，台北：台湾商务印书馆，1986年影印本。

《大清会典则例》，文渊阁四库全书本，台北：台湾商务印书馆，1986年影印本。

《皇朝文献通考》，文渊阁四库全书本，台北：台湾商务印书馆，1986年影印本。

（清）祝庆祺、鲍书芸编《刑案汇览》，北京古籍出版社，2004。

（清）祝庆祺、鲍书芸编《续增刑案汇览》，北京古籍出版社，2004。

（清）潘文舫、徐谏荃辑《新增刑案汇览》，北京古籍出版社，2004。

（清）吴潮、何锡俨等辑《刑案汇览续编》，法律出版社，2009。

《沈家本辑刑案汇览三编》，凤凰出版社，2016年影印本。

（清）全士潮、张道源等纂辑，何勤华、张伯元、陈重业等点校《驳案汇编》，法律出版社，2009。

（清）许梿、（清）熊莪纂辑，何勤华、沈天水等点校《刑部比照加减成案》，法律出版社，2009。

（清）赵舒翘：《慎斋文集》，法律出版社，2014。

律例馆编《说帖类编》，高柯立、林荣辑《明清法制史料辑刊（第二编）》，国家图书馆出版社，2014。

郑秦、赵雄主编《清代"服制"命案——刑科题本档案选编》，中国政法大学出版社，1999。

杜家骥编《清嘉庆朝刑科题本社会史料辑刊》，天津古籍出版社，2008。

《清实录》，中华书局，1986。

《太宗文皇帝圣训》，文渊阁四库全书本，台北：台湾商务印书馆，1986年影印本。

《世宗宪皇帝圣训》，文渊阁四库全书本，台北：台湾商务印书馆，1986年影印本。

《世宗宪皇帝朱批谕旨》，文渊阁四库全书本，台北：台湾商务印书馆，1986年影印本。

（清）黄宗羲：《明儒学案》，文渊阁四库全书本，台北：台湾商务印书馆，1986年影印本。

（清）顾炎武著，（清）黄汝成集释《日知录集释》，岳麓书社，1994。

（清）李光地撰，（清）徐用锡、李清植辑《榕村语录》，文渊阁四库全书本，台北：台湾商务印书馆，1986年影印本。

（清）王懋竑：《白田杂著》，文渊阁四库全书本，台北：台湾商务印书馆，1986年影印本。

《清代巴县档案汇编（乾隆卷）》，档案出版社，1991。

《清代南部县衙档案》，南充市档案馆藏。

〔罗马〕查士丁尼：《法学总论——法学阶梯》，张企泰译，商务印书馆，1989。

近人论著

专 著

曹旅宁：《秦律新探》，中国社会科学出版社，2002。

陈鹏生主编《中国古代法律三百题》，上海古籍出版社，1991。

丁凌华：《五服制度与传统法律》，商务印书馆，2013。

戴炎辉：《唐律通论》，台北："国立"编译馆，1977。

费孝通：《乡土中国 生育制度》，北京大学出版社，1998。

顾颉刚、刘起釪：《〈尚书〉校释译论》，中华书局，2005。

梁治平、齐海滨等：《新波斯人信札——变化中的法观念》，贵州人民出版社，1988。

刘俊文：《唐律疏议笺解》，中华书局，1996。

吕思勉：《吕思勉读史札记》，上海人民出版社，1982。

瞿同祖：《中国法律与中国社会》，中华书局，1981。

魏道明：《始于兵而终于礼——中国古代族刑研究》，中华书局，2006。

杨伯峻：《论语译注》，中华书局，1980。

张德胜：《儒家伦理与社会秩序：社会学的诠释》，上海人民出版社，2008。

张晋藩主编《中国法制通史》，法律出版社，1999。

张中秋：《中西法律文化比较研究》，南京大学出版社，1999。

〔日〕牧野巽：《支那家族研究》，东京：生活社，1944。

〔日〕滋贺秀三：《中国家族法原理》，张建国、李力译，法律出版社，2003。

〔日〕冨谷至：《秦汉刑罚制度研究》，柴生芳、朱恒晔译，广西师范大学出版社，2006。

论　文

边芸：《清代服制命案中的夹签制度研究》，博士学位论文，青海师范大学，2020。

陈慧萍：《〈唐律〉中的"礼"：以"亲亲相隐"为中心》，硕士学位论文，青海师范大学，2009。

初仕宾：《居延简册〈甘露二年丞相御史律令〉考述》，《考古》

1980 年第 2 期。

崔发展：《缘情立法：中西法律中的容隐制的情感本源》，《北京青年政治学院学报》2008 年第 3 期。

邓晓芒：《再议"亲亲相隐"的腐败倾向——评郭齐勇主编的〈儒家伦理争鸣集〉》，《学海》2007 年第 1 期。

范忠信：《容隐制的本质与利弊：中外共同选择的意义》，《比较法研究》1997 年第 2 期。

范忠信：《中西法律传统中的"亲亲相隐"》，《中国社会科学》1997 年第 3 期。

范忠信：《中国亲属容隐制度的历程、规律及启示》，《政法论坛》1997 年第 4 期。

甘肃居延考古队：《居延汉代遗址的发掘和新出土的简册文物》，《文物》1978 年第 1 期。

韩树峰：《汉魏无"亲亲相隐"之制论》，中国政法大学法律古籍整理研究所编《中国古代法律文献研究》（第六辑），社会科学文献出版社，2012。

黄裕生：《普遍伦理学的出发点：自由个体还是关系角色?》，《中国哲学史》2003 年第 3 期。

黄源盛：《人性、情理、法意——亲亲相隐的传统与当代》，《法制史研究》第 29 期，2016 年。

李明：《为爱鬼头银，命比鸿毛轻：清代命案中的贿买顶凶》，《法制史研究》第 29 期，2016 年。

黎小龙：《义门大家庭与宗族文化的区域特征》，《历史研究》1998 年第 2 期。

林桂榛：《关于"亲亲相隐"问题的若干辨正》，《哲学动态》2008 年第 4 期。

刘家和、何元国、蒋重跃：《孝与仁在原理上矛盾吗?》，《中国哲学史》，2004 年第 1 期。

　　刘清平：《父子相隐、君臣相讳与即行报官：儒家"亲亲相隐"观念刍议》，《人文杂志》2009 年第 5 期。

　　罗彤华：《唐代伍保制》，《新史学》1997 年第 8 期。

　　宋大琦：《亲属容隐制度非出秦律说》，《内蒙古大学学报》2005 年第 6 期。

　　王东平：《清代天山南路地区刑案审判中的"亲亲相隐"》，《新疆大学学报》2019 年第 6 期。

　　王善军：《关于义门大家庭分布和发展的几个问题：与黎小龙先生商榷》，《历史研究》1999 年第 5 期。

　　王文锦：《礼记》，文史知识编辑部编《经书浅谈》，中华书局，1984。

　　魏道明：《汉代的不道罪与大逆不道罪》，《青海社会科学》2003 年第 2 期。

　　魏道明：《中国古代容隐制度的价值与正当性问题》，《青海社会科学》2012 年第 1 期。

　　魏道明：《清代对容隐行为的司法处置》，《青海社会科学》2015 年第 5 期。

　　魏道明：《汉代"殊死"考》，《青海民族大学学报》2018 年第 1 期。

　　杨辉：《中国"亲亲相隐"制度研究》，硕士学位论文，华东政法学院，2006。

　　俞荣根：《私权抗御公权——"亲亲相隐"新论》，《孔子研究》2015 年第 1 期。

　　张传玺：《再议古代法律中的"亲属容隐"规定》，《法制史研究》第 15 期，2009 年。

　　〔日〕布目潮沨：《试论汉律体系化：围绕列侯的死刑》，《东方学报》第 27 册，1957 年。

〔日〕小仓芳彦：《围绕族刑的几个问题》，杨一凡主编《中国法制史考证》丙编《日本学者考证中国法制史重要成果选译》第一卷《通代先秦秦汉卷》，中国社会科学出版社，2003。

工具书

《说文解字注》，上海古籍出版社，1981。

《佩文韵府》，文渊阁四库全书本，台北：台湾商务印书馆，1986 年影印本。

《中国大百科全书·法学》（修订版），中国大百科全书出版社，2006。

《法学词典》（第三版），上海辞书出版社，1989。

《辞海》（第六版）（缩印本），上海辞书出版社，2010。

附录　清代容隐案例

案例〇一：殷从荣容隐（移尸灭迹）因通奸杀死本夫萧天贵之胞兄殷从仁

（乾隆二十七年三月）川民殷从仁奸拐李氏殴死本夫萧天贵……殷从仁之父殷维祚并其弟殷从荣、殷从富闻声趋问，惊见萧天贵被杀，当将殷从仁吐骂，殷从仁回言抵触。殷维祚气忿，偕子殷从富避开。殷从仁旋胁伊弟殷从荣帮同移尸，刨坑掩埋灭迹，回家将李氏拴藏屋后……殷维祚解放李氏，先令自归，一面亦即率子殷从荣、殷从富畏累而逸。李氏图报夫仇，于二十六日行至川省屏邑大溪脑地方遇该地乡约王良臣，备诉前情，报经屏邑差提……屡审供认不讳。将殷从仁依律拟斩监候，照例刺字……李氏合依"军民相奸者枷号一个月、杖一百"例应枷号一个月、杖一百……帮同移尸之殷从荣仍饬严缉，获日另结。（乾隆二十八年六月二十一日题）

（清）全士潮、张道源辑《驳案新编》卷一一《刑律·人命》"奸夫自杀本夫奸妇不知情拟杖"条，（清）全士潮、张道源等纂辑，何勤华、张伯元、陈重业等点校《驳案汇编》，法律出版社，2009，第222~223页。

案例〇二：侯学添容隐（顶凶认罪）殴死大功兄侯岳添之胞弟侯七郎

乾隆三十一年钦差侍郎期审奏，湖南省侯七郎殴死大功兄侯岳添，伊兄侯觉添等代认正凶一案，侯觉添亦曾与殴，因衅由伊起自行顶罪，并冒为死者堂兄，希图轻罪。将该犯即照伊所冒殴杀大功堂弟之罪拟以满流，侯学添迫于母命代弟认罪，与常人顶罪不同，照不应重律杖八十，加枷号两个月奏结。（乾隆五十八年说帖）

（清）祝庆祺、鲍书芸辑《刑案汇览》卷五〇《刑律·受赃·有事以财请求》"夫顶妻凶其妻首明夫得免罪"条，北京古籍出版社，2004，第 1876~1877 页。

案例〇三：耿福禄容隐（埋尸灭迹）殴妻林耿氏身死之婿林永喜

缘林永喜娶妻耿氏，结缡十载，素相和好。乾隆三十三年正月初二日，林永喜夫妇同往岳父家拜节，伊母虔卢氏嘱令当日回归。嗣因耿氏留住母家，卢氏令林永喜将耿氏唤回，耿氏未惬其意，啧有烦言，卢氏出言斥骂，耿氏回詈，卢氏抓其头发欲殴，被耿氏抓伤右手背。林永喜气忿，顺取面杖殴伤耿氏左胳膊，耿氏益肆哭骂，林永喜复用脚踢伤耿氏左肋倒地，延至五更殒命。林永喜畏罪，央求妻父耿福禄并甲保人等免报。耿福禄嘱令从厚殓埋，即不禀报，林永喜依允，随匿报寝息。旋经该署县访闻，验详伤审。据按察使伊嘉铨审解，臣讯据林永喜。供认不讳。林永喜依夫殴妻至死律，拟绞监候。耿福禄依律杖责，甲总邢夫天，保总宋得福，杖责革役，县审在热审期内均照例减折发落，理合具题。谨题请旨。（乾隆三十三年七月二十四日）

郑秦、赵雄主编《清代"服制"命案——刑科题本档案选编》"林永喜殴死伊妻耿氏私埋匿报案"条，中国政法大学出版社，1999，第 161~162 页。

案例〇四：郭郎若容隐（弃尸灭迹）杀死奸夫郑家训之胞叔郭仓五

先据护湖南巡抚觉罗敦福疏称，缘郭仓五胞弟郭六吉娶妻武氏，与郭仓五分居已久。郭六吉病故，武氏雇族侄郭昭清在家做工，又雇郑家训帮做零工。乾隆三十六年七月内，郑家训与武氏调戏成奸……郭仓五忿恨交迫，起意致死除害……郭仓五起意弃尸灭迹，复令郭昭清喊同胞侄郭郎若，告知前情，嘱其相帮。郭昭清等随将死尸安放摇篮，解下缚尸绳索连篮捆住，抬至马公湖墈上。郭仓五恐尸浮识破，复捡石块放入篮内，同尸丢弃湖内回家。经州访闻获犯，检明尸伤，屡审供认不讳……郭仓五合依"应许捉奸之亲属杀死不拒捕奸夫，照'罪人已就拘执而擅杀'以斗杀论"例拟绞监候，秋后处决……郭昭清等事犯在乾隆四十一年五月初一日恩诏以前，郭昭清、郭郎若所犯徒罪均减为杖一百，武昆若等所犯枷杖均予援免。（乾隆四十一年十月初十日题）

（清）全士潮、张道源辑《驳案新编》卷一三《刑律·人命》"已就拘执而擅杀"条，（清）全士潮、张道源等纂辑，何勤华、张伯元、陈重业等点校《驳案汇编》，第255~258页。

案例〇五：王超民、王陈氏容隐（埋尸灭迹、拦阻报官）杀死继祖母苗赵氏之亲生子王锦

（王锦）系王超民之子，出继与堂伯王超士为嗣，与继母王苗氏之母苗赵氏素无嫌隙……王锦出外游荡，花费银钱。王苗氏时加训斥……王锦疑系苗赵氏从中唆使……起意将其谋害……（乾隆四十一年）三月二十五日早……于窗洞内取出种地余信放入粥内，送与苗赵氏服食……讵苗赵氏中毒深重，即于是晚殒命……王超民恐伊子获罪，随同伊妻王陈氏带领王锦往向王苗氏央求，嘱勿告官。王苗氏不允，欲通知保长禀究。经王陈氏拦阻，王超民随买备棺木，硬将苗赵氏尸身盛殓……经该县访闻拘获王锦等到案，屡审供认不讳……王锦将苗赵氏谋毒毙命，应改照"为人后者犯所后母之父母，服属小功尊属，拟斩立决"新例拟斩立决。该督疏称"王超民当伊子谋死苗赵氏之时，虽系律得容隐，但该犯始则向王苗氏央求，继复硬将苗赵氏尸身棺殓，复又将王苗氏防守不令告官，殊属不合。王超民应照不应重律，杖八十。该犯事犯在钦奉恩诏以前，所得杖罪应请援免。王苗氏当伊母苗赵氏被王锦谋毒致死之时，被王超民等恃强拦阻，硬将尸身棺殓，后因气忿成病，是以不克控告、并非有意私和，应请免其置议。王陈氏拦阻王苗氏免报虽属不合，姑念女流无知，且已罪及伊夫，请免置议……"等语，查王超民知伊子谋死苗赵氏，辄敢硬将尸身棺殓，阻禁不令告官。虽律得容隐，但几致凶徒漏网，所得杖罪虽事犯在恩诏以前，不准援免。余均应如该督抚所题完结。（乾隆四十二年八月二十日）

（清）全士潮、张道源辑《驳案新编》卷二二《刑律·斗殴下》"毒死继母之母按照新定服制斩决"条，（清）全士潮、张道源等纂辑，何勤华、张伯元、陈重业等点校《驳案汇编》，第414~417页。

案例〇六：武清成容隐（埋尸灭迹）杀妻张赵氏之主人张翔鹄

（乾隆四十六年）张翔鹄因赵氏不守妇道，欲行休弃，往诉妻母赵张氏，令将赵氏领回……（张氏）因念及伊女聚赌，泼悍不服管教，心生忿恨，起意勒死。与张翔鹄商允，张氏寻取麻绳，从赵氏项脖绕转咽喉，与张翔鹄分头抽勒殒命。张翔鹄堂叔张大刚主令私埋灭迹，张翔鹄备棺，将张赵氏尸棺抬埋，张来喜等各得工钱而散。经邻妇田刘氏投明牌头报县，审认不讳……赵氏之死实由伊母赵张氏起意谋勒所致……应杖六十、徒一年，系妇人、照律收赎外……张大刚虽无预谋加功情事，但既知张翔鹄勒死伊妻赵氏，不行首告，反主令私埋，应比依"殴故杀人案内凶犯起意埋尸灭迹，其听从抬埋之人，审系在场帮殴有伤，拟杖一百、徒三年"例，该犯系张翔鹄小功尊属，应照律减三等，杖七十、徒一年半……李大久、张来喜受雇抬埋，并不知赵氏勒死情事，均合依"地界内有死人，不报官司而辄埋藏"律杖八十，各折责三十板。武清成听从张翔鹄指使匿报，帮

同抬埋，系张翔鹄雇工，律得容隐，应免置议。（乾隆四十七年四月十三日）

（清）全士潮、张道源辑《驳案新编》卷一六《刑律·人命》"听从妻母将妻勒毙"条，（清）全士潮、张道源等纂辑，何勤华、张伯元、陈重业等点校《驳案汇编》，第329～331页。

案例〇七：徐三容隐（贿买顶凶）杀死张文耀之胞兄徐刚

乾隆四十八年本部核题云南省徐刚殴伤张文耀身死案内，将贿嘱顶凶之犯弟徐三依说合人减等拟流，奉旨刑部核议：徐刚殴伤张文耀身死一案，率照云南巡抚刘秉恬定拟，将顶凶之唐二照本犯绞罪全科，其正凶之弟徐三系踏伤田内豆苗起衅之犯，恐到官连累，许给银两央求唐二顶凶，该部亦照依说合人减等拟以杖流，所办殊欠平允，盖从中说合系指案内本无关涉，徒与犯人通信说合之人而言，若徐三一犯本系正凶胞弟，且事因伊起，又系伊觌面贿嘱舞弊，其中并无另有辗转为之说合之人，何得比照说合人减等之例仅拟杖流？刑部率行照覆，误矣。着将徐三一犯暂行拟绞监候，俟拿获徐刚到案，审明正凶及起意央求顶凶情节，另行定拟具奏。（乾隆五十七年说帖）

（清）祝庆祺、鲍书芸辑《刑案汇览》卷五〇《刑律·受赃·有事以财请求》"犯弟起意贿买顶凶犯兄写票"条，第1878～1879页。

案例〇八：郭廷祥容隐（顶凶认罪）杀死冯幅志之子郭小蹭

（乾隆）四十八年山东省郭小蹭护父殴死冯幅志，伊父郭廷祥迫于母命代子认罪一案，将郭廷祥照不应重律杖八十题结。（乾隆五十八年说帖）

（清）祝庆祺、鲍书芸辑《刑案汇览》卷五〇《刑律·受赃·有事以财请求》"夫顶妻凶其妻首明夫得免罪"条，第1877页。

案例〇九：余官郎容隐（埋尸灭迹）殴伤夫余添明身死之婶母余冯氏

缘冯氏因前夫谢永兰身故，乾隆三十六年间转嫁余添明为妻，并带前夫之女谢氏配与余添明胞侄余官郎为室，同居各爨。余添明与冯氏平素和好。五十一年六月初一日，余添明因藏贮糯米被虫蛀坏，斥骂冯氏不为收管，冯氏剖辩。余添明气忿辱骂，拾取堆上柴棒殴伤冯氏左额角，冯氏亦拾柴棒架格……致伤余添明顶心并偏左两处，延至十四日下午殒命。冯氏、余官郎隐匿不报，将尸收殓。余官郎因余添明并无子嗣，图得遗产，向冯氏索讨田房契券不允，于十六日赴县呈报。审认不讳。余冯氏依妻殴夫致死律，拟斩立决；余官郎照律杖八十、徒二年，地保英中芳照律杖八十、革役。谨题请旨。（乾隆五十一年闰七月十九日）

郑秦、赵雄主编《清代"服制"命案——刑科题本档案选编》"余冯氏殴伤伊夫余添明身死，余添明侄余官郎听从私殓匿报案"条，第 350~351 页。

案例一〇：潘连容隐（毁尸灭迹）殴妻潘赵氏身死之次子潘彭

潘连因次子潘彭殴妻赵氏致死，情急求救，该犯起意焚尸灭迹，即同潘彭将尸身抬至山内烧化。是潘连因虑子抵罪，忍于惨毁媳尸，律例内并无翁姑毁弃媳尸作何治罪专条，该抚以毁弃卑幼死尸律，按大功服制递减拟徒，系属照律办理，参会殴杀子孙之妇较殴杀子孙加重之律义，亦属贯通，似可照覆。（乾隆五十二年说帖）

（清）祝庆祺、鲍书芸辑《刑案汇览》卷二一《刑律·贼盗下·发冢》"烧子妇尸身灭迹依服制拟徒"条，第 746 页。又，律例馆辑《说帖类编》卷一四《刑律·贼盗下》"山西司"条，高柯立、林荣辑《明清法制史料辑刊（第二编）》，国家图书馆出版社，2014，第58 册，第 242 页。

案例一一：冯克应容隐（帮助逃亡）殴死丈夫冯青之母冯龚氏

（乾隆六十年）奉旨："刑部题覆，四川省冯龚氏殴伤伊夫冯青身死，将冯龚氏问拟斩决一本，冯龚氏著即处斩。至此案冯青之子冯克应，于伊母冯龚氏在途殴伤冯青殒命时，因取火转回瞥见，当即哭喊。龚氏吓勿声张，令其一同潜逃。该部以冯克应业经该督审明，不知父母争殴，是以未及往救，请免置议。人子之于父母，原有容隐之例，但父之于母，尊亲虽属相等，然父为子纲，夫为妻纲，《礼经》有'母出与庙绝'之文，是人子之于父母恩同，而分则有间。设为人子者，遇有其父殴母致死之事，自当隐忍不言，原可免其科罪。若其父被母殴死，即迫于母命，当时未敢声张，至经官审讯时，自应据实诉出，方谓处人伦之变而不失其正。此等纲常大义，虽乡僻蚩氓未能通晓，但准情断狱，不可不示以等差，折衷至当。此案冯克应于伊父被伊母殴死，到案时如即行供出实情，自可免议。倘并未供明前项案情，皆系审讯冯龚氏而得，冯克应即不得为无罪，亦应酌加薄罚，以示人道大伦。该督原题及部议，皆于此处未经声叙明晰。著刑部遵旨行文驳饬，令该督将冯克应到案，曾否即行供出之处，讯明覆到，再行核办等因。"钦此，当即行文四川总督，查明冯克应于到案后，虽将伊母殴死伊父情由供出，但差役盘获之际，实因冯龚氏告述破案，将冯克应拟照不应重律，杖八十。并经臣部议请，嗣后如有其父为母所杀，其子到案，经官审讯，犹复隐忍不言者，照违制律杖一百。奏准在案，应纂辑遵行。（乾隆六十年）

《大清律纂修条例》"亲属相为容隐"条续纂条例所引案例，刘海年、杨一凡主编《中国珍稀法律典籍集成》丙编第 1 册，科学出版社，1994，第 810~811 页；又见郭成伟主编《大清律例根原》卷一四《名例律下》"亲属相为容隐"条续纂条例所附案例，上海辞书出版社，2012，第 202 页。

案例一二：吴士告容隐（顶凶认罪）杀死朱邦华之父吴名勒

（乾隆）五十三年湖北省吴名勒殴死朱邦华，伊子吴士告代认正

凶一案，声明吴士告不忍伊父抵罪出自天性，应请免议等因题结。（乾隆五十八年说帖）

（清）祝庆祺、鲍书芸辑《刑案汇览》卷五〇《刑律·受赃·有事以财请求》"夫顶妻凶其妻首明夫得免罪"条，第 1877 页。

案例一三：严懋连容隐（埋尸灭迹）杀死奸夫陈标之胞兄严懋田

查律载，大功以上亲有罪相为容隐者勿论。又例载本夫本妇之有服亲属皆许捉奸各等语。详绎律例，盖亲属得相容隐，系指寻常犯罪而言。至犯奸则辱没祖宗，在亲属均有义忿防闲之责，故尊长有纵奸科罪之条，即卑幼亦在应许捉奸之列。如有知情容隐，自不得援照得相容隐之律予以免议，致与例义龃龉。今川省陈固荣戳死奸妇陈孙氏案内之孙万全，系孙氏胞弟，例许捉奸，其于孙氏犯奸知情容隐，与亲属有犯别项罪名容隐者不同。该督声称得容隐，似未允协。惟孙氏业已出嫁，孙万全分属卑幼，无管束之责，尚可免议，拟于稿尾另行声说。至严懋田杀死陈标案内之严懋连，系严懋田胞弟，明知伊兄纵妻傅氏与陈标通奸，既不能劝阻于前，又复帮同埋尸于后，自应依一家共犯侵损于人，以凡人首从论，科该犯以埋尸为从之罪。该督亦称律得容隐，竟予免议，核与律例不符，并请改拟。（乾隆五十六年说帖）

（清）祝庆祺、鲍书芸辑《刑案汇览》卷五《名例·亲属相为容隐》"犯奸不得容隐埋尸亦系侵损"条，第 185 页。

案例一四：戴贤杰容隐（埋尸灭迹）殴死胞叔戴求柏之胞兄戴贤俊

安义县民戴贤俊殴伤胞叔戴求柏身死……戴贤俊起意私埋灭迹，令戴贤虎回取锹钯邀人帮埋，戴贤虎先唤工人戴贤柳不允，即向伊三弟戴贤杰告知情由，邀同至山，戴贤聪不肯相帮，当即往省，戴贤俊令戴贤虎伴同前去，戴贤俊即与戴贤杰将尸抬至巴茅垄田旁，挖坑掩埋，回家将木桩烧毁。迨至四月下旬，戴贤柳将戴求柏被戴贤俊打死之事私向戴求荣吐露，戴求荣会遇尸子戴贤泰，遂即转告，戴贤泰即与伊母挖起尸身，戴贤俊闻信逃逸。报县验讯，通报获犯，讯详委审不讳。戴贤俊依律拟斩决，戴贤杰等杖责。（乾隆五十六年三月初七日）

郑秦、赵雄主编《清代"服制"命案——刑科题本档案选编》"戴贤俊殴伤胞叔戴求柏身死私埋案"条，第375页。

案例一五：江士珍容隐（贿买顶凶）杀死无服族叔江文川之胞弟江士连

江士连致伤无服族叔祖江文川身死，贿嘱江车俚顶认一案。奉谕："以正犯胞兄江士珍代为写立欠票贿嘱顶凶，该抚声明律得容隐之处，曾记近年云南、贵州有奉过谕旨不准援引容隐之案，交馆查核等因"……当经本部酌议，嗣后本犯有服亲属肇衅，起意贿嘱顶凶，希图免累，本犯并不知情者，即照此办理，并议将受贿顶凶之人或本系在场帮殴以刃伤人，并助殴伤多伤重，又或受贿赃至满贯者，仍入情实，其行贿之正凶，原犯情节本应缓决，照例改为情实者，受贿顶替之犯或仅止事后贪贿顶认，赃数无多，正凶又未漏网，俱酌拟缓决等因奏准通行在案。此外并无不准援引容隐之案。复查名例载：大功以上亲有罪相为容隐者，勿论；若犯谋叛以上者不用此律。集注开载《据会》云：私窃放囚逃走，虽有服亲属与常人同。又与囚金刃解脱，系子孙、奴婢、雇工人，亦止减狱卒一等。与此律异者，此是犯罪之后，官司未经拘执，得以恩掩义，彼是已禁之囚拘执在官，即当以义断恩等语。此案江士珍于伊弟贿买顶凶，时并未觌面说合，止代为写立欠票，与窃放罪囚等项情事不同……既据该抚援照说合人减等拟流例量减一等拟以满徒，似可照覆。（乾隆五十七年说帖）

（清）祝庆祺、鲍书芸辑《刑案汇览》卷五〇《刑律·受赃·有事以财请求》"犯弟起意贿买顶凶犯兄写票"条，第 1878～1879 页。

案例一六：甘学商容隐（顶凶认罪）致死刘汉洪之妻甘涂氏

此案甘学商因与刘汉贞争殴，被刘汉洪扑向揪扭，伊妻涂氏见而帮护，顺用木棒戳伤刘汉洪脐肚致毙，涂氏因跑走伤胎，生产患病，甘学商心存顾恤，到官自认，旋据涂氏病愈查知，赴案自首等情，详加参酌，甘学商因涂氏生产患病，不忍其妻坐罪，到官自认，事出一时爱护之私，本与奸徒得受贿赂挺身顶凶者有间，而涂氏于病愈后查知，即行自首，不敢隐罪贪生，致陷其夫于非罪，本案正凶得以改正，是涂氏系殴人致死，法不准首，自应按律拟抵。至其夫甘学商既于事未发觉之前，经伊妻首明，正与亲属代首律得免罪之义相符，即案内甘位系甘学商之侄，因甘学商业已自认，扶同供指，究系连累致罪，甘学商既得首免，则甘位亦应照律原免，该督将甘学商比依知人欲告而自首减二等，甘位依证佐不言实情减二等俱拟满徒，似未妥协，应请改予免议。（乾隆五十八年说帖）

（清）祝庆祺、鲍书芸辑《刑案汇览》卷五〇《刑律·受赃·有事以财请求》"夫顶妻凶其妻首明夫得免罪"条，第 1877 页。

案例一七：王成安容隐（贿和匿报）与王黄氏通奸致氏自尽之子王全

嘉庆四年，湖南巡抚吴熊光审拟，王全与王黄氏通奸败露，致氏自尽，王全之父王成安私和匿报案内，臣部因王全罪止拟徒，与应抵命之案较轻，将王成安"于满杖上减二等，杖八十"等因。咨行亦在案，应于例内添纂明晰，以便引用。

郭成伟主编《大清律例根原》卷八二《刑律·人命》"尊长为人杀私和"附例引案，第 1310 页。

案例一八：李绍燮容隐（埋尸灭迹、贿嘱乡约）咬伤婆母李绍氏并致其自尽之妻李周氏

嘉庆八年四月，贵州巡抚福题李周氏咬伤伊姑李绍氏致令忿激自缢，犯夫李绍燮出银贿嘱乡约等匿报一案。该抚将李绍燮依"故纵罪囚情重、全科至死者绞监候"律拟绞监候，臣部照拟题覆，奉旨："李绍燮素知伊妻赋性强悍，不能管教，致伊母常被触忤，已属有亏子道。迨伊母被周氏咬伤手背，忿激自尽，该犯复希图隐瞒，竟将母棺敛，并于邻人传明乡约莫士汉等。查知后贿银累累，求为寝息，其昵爱忘仇尤为罪无可逭。李绍燮著即行处绞等因。钦此"……李绍燮昵爱忘仇，竟至贿和匿报，则改予立决。准情定案，实属权衡至当。臣等敬谨遵行在案。（嘉庆十五年九月初四日）

（清）佚名辑《驳案续编》卷七"子媳殴毙翁姑犯夫匿报及贿和分别拟罪"条，（清）全士潮、张道源等纂辑，何勤华、张伯元、陈重业等点校《驳案汇编》，第 754~755 页。

案例一九：张其助容隐（移尸灭迹、伪造自缢现场）杀死王照沅之胞兄张其陇

王照沅素有疯疾，时发时愈。嘉庆六年十一月二十八日王照沅旧病复发……张其陇家大门虚掩未关，王照沅误入伊家，由梯上楼……张其陇赶出，复用棍殴其左额角并右前肋各一下……受伤身死……张其陇心怀恐惧，起意移尸。胡大兰畏累避开。张子秀、张其助应允，商量定妥。张其陇即将尸身头上、衣领血迹用水揩洗净尽，与张子秀等轮流负至大岩塘岭山腰，解下尸身布带，将尸吊在路旁树上假装自缢而回……张其陇合依"共殴人致死，下手伤重者，绞监候"律拟绞监候，秋后处决。该抚既称"张子秀除帮同移尸轻罪不议外，合依'余人'律杖一百。张其助讯未在场共殴，仅止听从移尸，合依'地界内有死人不报官司而辄移他处，杖八十'律，为从减一等，杖七十。胡大兰讯无帮殴移尸情事，惟知情容隐，应照'不应'轻律笞四十。地保张扳（攀）桂虑受比责，讯无贿嘱，劝令尸亲匿报殓埋，应革役，照'地界内有死人，里长不申报官司'律杖八十，再加枷号一个月。王陈氏听劝殓埋，系由妇女无知，请免置议"等语，

均应如该督所题完结。（嘉庆九年六月初九日）

（清）佚名辑《驳案续编》卷二"疑贼共殴毙命装缢移尸"条，（清）全士潮、张道源等纂辑，何勤华、张伯元、陈重业等点校《驳案汇编》，第 640~642 页。

案例二〇：向春阳容隐（掩盖实情）殴死胞兄向思武之子向思希

嘉庆七年因向思武私将耕牛卖银花用，经伊父向春阳查知训责……向思武使性出门，一去不回。嘉庆十年九月内，向思希因兄久出不归、兄嫂田氏不时嗟怨……前至寻见，言父思念，令其辞归。向思武当与向思希、田宏才一同起身。田宏才至中途分路各回。二十八日傍晚，向思希弟兄行抵风桶岩地方……向思武声称伊父相待刻薄，詈其祖护。向思希理斥其非，向思武不服，即将向思希揪住殴打……（向思希）致伤向思武项颈右倒地，移时身死。该犯畏惧，因见旷野无人，随将尸身背至岩下私行藏匿，连夜跑走回家，将杀伊兄情由，向父告知。向春阳惊闻，将伊痛骂，声言欲行送官治罪。向思希跪地哀求，向春阳念及报官必须抵偿，伊已年老，无人养活，当云事已至此，不必声张，随尔容隐。次早，向思武之妻田氏见向思希已回，向问其夫。向思希谎称寻无踪迹，捏词支饰。本年正月田宏才前至向春阳家探望，不见向思武在屋，当即询问向春阳，答以尚未归家。田宏才当称上年九月系伊帮同寻获，何得尚称未回。向田氏闻而出询，田宏才复与向思希面同抵质。向思希无言可辩，谎称伊兄在途跌岩身死，向田氏惊骇不已，欲令寻还伊夫尸首下落，哭嚷吵闹。经向春阳喝住，向思希虑事破露即行逃避。当经铜仁府饬差访闻，提审究出前情，缉获凶犯起获尸身……向思希合依弟殴胞兄至死者斩律，拟斩立决。该抚既称：向春阳护庇，知情匿报，系属年老乡愚，且律得容隐，应请免议……均应如该抚所题完结。（嘉庆十一年十一月二十二日）

杜家骥编《清嘉庆朝刑科题本社会史料辑刊》"贵州铜仁府民向

思希因口角致死胞兄藏尸匿报案"，天津古籍出版社，2008，第84~85页。

案例二一：张仕荣容隐（主谋埋尸灭迹）殴死胞兄张添健之子张添纲、张添常容隐（埋尸灭迹）殴死胞兄张添健之兄张添纲、陈登润容隐（埋尸灭迹）殴死胞兄张添健之雇主张添纲

（嘉庆十四年）张添纲因伊兄张添健不给伊父赡谷，又向伊父顶撞，拢前理劝，张添健携取铁耙向殴。该犯将耙夺过，又被张添健用扁担向殴。该犯一时情急，用耙抵格适伤致毙，与有心干犯者有间，相应声明……细核情节，实系有心干犯，无可矜悯，与声请之例不符。所有该督声请之处，应毋庸议。该督既称：张仕荣因张添健违犯不孝，又持耙行凶致被格毙，主令私埋，应免置议。张添常系张仕荣之子，陈登润系张仕荣雇工，虽律得容隐，但听从抬埋，究有不合，张添常、陈登润均合依不应重律，杖八十，折责三十板。张王氏夫杀不报，系由伊翁张仕荣主令所致，应请免议……均应如该督所题完结。（嘉庆十五年八月三十日）

杜家骥编《清嘉庆朝刑科题本社会史料辑刊》"四川忠州民张添纲因赡谷纠纷将胞兄殴伤身死私埋匿报案"，第1742~1743页。

案例二二：王仲容隐（贿和）殴死小功堂侄王玉之母王黄氏

嘉庆十四年……七元河民人王玉因向伊堂婶王黄氏借米争角，被王黄氏同媳胡氏、于氏殴伤身死……王黄氏合依妻殴夫卑属至死者绞监候律，拟绞监候。胡氏、于氏共殴夫小功服兄伤至骨损，均合依妻殴夫小功服兄与夫殴同罪，于凡斗破伤人骨杖一百上加二等律，杖七十，徒一年半，系妇人，照律收赎。王臣于伊兄被殴身死之后，得受王仲给与超度银两，私埋匿报，固有不合，业已据实首告，与犯罪未发自首之律相符，应照律免罪。其所得银两均为王玉斋醮使用，并未入己，亦请免征。王仲恐伊母问罪，恳求王臣免报，并给银私和，律得容隐，应予免议。杨鸡儿劝阻不力，又不首告，合依知人谋害他人不即阻挡救护，及被害后又不首报，杖一百律，杖一百，折责四十板。乡约张东海失于查察，应照不应重律，杖八十，折责三十板。王任氏、王罗氏知情隐匿，讯系畏累所致，应予免议。（嘉庆十五年十月二十五日）

杜家骥编《清嘉庆朝刑科题本社会史料辑刊》"陕西紫阳县民妇王黄氏殴伤小功堂侄王玉身死私和匿报案"，第 1749～1751 页。

案例二三：帅信秋容隐（贿和未成）殴死无服族兄帅直旬之子帅直塈

嘉庆十四年……帅直塈殴伤无服族兄帅直旬身死……犯父帅信秋欲为伊子脱罪，许银私和。尸母帅刘氏听许银两，将伊子私埋拦验，赃未入手，与贿和已成者有间。帅直塈、帅信秋、帅刘氏均照不应重律，杖八十。帅直塈、帅信秋折责发落，帅刘氏系妇人照律收赎。帅直塈转央族人帅维清向刘氏许银私和，讯系听从父命，已罪坐伊父，应与不知情之帅直才及救阻不及之喻维贤均毋庸议。帅维清饬缉，获日另结。帅刘氏听许银两，尚未入手，系口许虚赃，免其着追。（嘉庆十六年五月二十四日）

杜家骥编《清嘉庆朝刑科题本社会史料辑刊》"江西义宁州帅直塈殴伤无服族兄帅直旬身死贿和未成案"，第 1754～1755 页。

案例二四：曾庆祥容隐（贿和）殴死小功叔曾九祥之子曾灶育

嘉庆十五年四月间，有民人曾灶育致伤服叔曾九祥身死，曾灶育之父曾庆祥主意私埋，并贿嘱地保吴厚孚等匿报情事……曾灶育合依卑幼殴本宗小功尊属死者斩律，拟斩立决，照例刺字。曾庆祥系凶犯曾灶育之父，起意贿和匿报，合依私和人命用财行求，系凶犯之父母不计赃，杖一百，折责四十板。地保吴厚孚事后查知，受贿匿报，计得受赃钱十五千文，折实纹银一十五两。吴厚孚合依在官人役取受有事人财，以枉法赃科罪例，枉法赃一十五两，杖一百，无禄人减一等，杖九十，折责三十五板，革役，仍照追所得钱文入官。古井下田亩系属绝卖，仍归曾庆祥管种。逸犯曾乾连、曾用久饬缉，获日另结。除杖犯曾庆祥等照例先饬发落外，理合具题，伏祈皇上睿鉴，敕下法司，核覆施行。（嘉庆十六年八月二十六日）

杜家骥编《清嘉庆朝刑科题本社会史料辑刊》"福建归化县曾灶育因买卖土地纠纷致死小功服叔贿和匿报案"，第1760~1761页。

案例二五：李王氏容隐（贿和）致死贺阿五之子李备

嘉庆十五年七月……贺阿五向李备等争种公田，口角争闹，李备用石掷伤贺阿五身死，尸兄贺阿四受贿私和匿报之事……李备合依斗殴杀人者，不问手足、他物、金刃并绞律，应拟绞监候，秋后处决。贺阿四系贺阿五胞兄，服属期亲，其受贿私和所得九三银二十两……合依期亲卑幼被杀而尊长私和者，各依服制减卑幼一等律，于期亲尊长被杀卑幼私和杖八十、徒二年上减一等，应杖七十，徒一年半，到配所折责安置。李王氏行贿私和，合依以财行求者，系凶犯之父母，不计赃杖一百例，应杖一百，系妇人，照例收赎。王潮俸、王阿富、王尚义讯未得财，应照说事过钱，减受财者一等例，于贺阿四应得杖九十本罪上减一等，应各杖八十。头人李荣失察人命，应照不应重律，杖八十，与王潮俸等均照例折责发落。尸妻贺杨氏因病未报，并未在场私和，免其置议。该处公田，仍令照旧轮流耕种，毋许争占。贺阿四所得贿银已为棺殓费用，免其追缴。无干省释。尸棺饬属领埋。（嘉庆十六年闰三月十九日）

杜家骥编《清嘉庆朝刑科题本社会史料辑刊》"贵州兴义府李备因争种公田纠纷致死贺阿五并私和匿报案"，第1767~1768页。

案例二六：姚文高容隐（贿和）殴死邱楚升之子姚佳连

（嘉庆十五年）十一月……邱楚升被姚佳连殴伤，延至十二月初七日身死……（姚佳连）拟绞监候，秋后处决。邱双长系已死邱楚升之兄，服属期亲尊长，得钱私和，其叔邱映汉仅以林氏贿和投保，并将邱双长受财实情呈首……邱双长依卑幼被杀而尊长私和者，依服制减卑幼一等律，于期亲尊长被杀卑幼私和，杖八十，徒二年律上减一等，应杖七十，徒一年半。姚文高出钱求和，合依以财行求者，系凶犯之父母不计赃、拟杖一百例，应杖一百。姚文沛代为说合，除二次过付邱映汉钱票未经允和不计外，应依说事过钱减受财人一等律，于初次所给邱双长钱文计赃，准枉法赃二十两，杖六十，徒一年，无禄人减一等，杖一百罪上再减一等，杖九十，系属监生，照律纳赎。邱林氏因邱双长得钱允和，是以随同匿报，且经夫叔邱映汉呈首，应免置议。邱映汉首报不尽，系属律得容隐，与劝阻不及之曾幅昌等均毋庸议。无干省释。（嘉庆十六年十一月二十九日）

杜家骥编《清嘉庆朝刑科题本社会史料辑刊》"浙江桐庐县姚佳连殴伤邱楚升身死案"，第 1785～1786 页。

案例二七：龚周氏容隐（主谋埋尸灭迹）殴死胞兄龚三元之子龚五子

（嘉庆十六年）六月十二日，龚五子救护伊母，将伊胞兄龚三元戳伤身死，私埋匿报……龚五子系龚三元同母胞弟，服属期亲，龚五子除听从私埋匿报轻罪不议外，合依弟殴兄死者斩律，应拟斩立决，照例刺字。再查龚五子戳伤胞兄龚三元身死，因龚三元恃酒逞凶，欲殴其母，龚五子情急救护，用刀吓戳，适毙其命，与有心干犯者有间，自应照例声明。陈金、赵光华、梅世俊帮同抬埋，并不知龚三元被龚五子戳伤身死，应免置议。约邻卢下爵、龚顺清一经得信即行具报，亦无不合。龚周氏系已死龚三元亲母，因伊子凶横不孝，主令私埋匿报，应毋庸议。此案系前署厅陈崇礼自行访闻验报，所有失察职名邀免。开送尸棺，饬属领埋。无干省释。（嘉庆十六年十一月十六日）

杜家骥编《清嘉庆朝刑科题本社会史料辑刊》"四川江北厅民龚五子救母情切戳死胞兄龚三元案"，第 209～210 页。

案例二八：吴僕腾容隐（贿和）殴缌麻服侄吴能辉身死之子吴潮献

吴潮献之父吴僕腾因向吴能辉索找猪价，互相争詈，吴能辉将吴僕腾揿按倒地，骑压身上……该犯拢救，虑父被搦气闭，一时情急顺拾柴棍吓殴，一伤适毙，实属事在危急情切救护……将吴潮献减为杖一百，流三千里……尸父吴衡真受贿私和匿报，合依子被杀，父受贿私和，无论赃数多寡杖一百例，杖一百。犯父吴僕腾出钱私和，合依以财求和系凶犯之父，亦不计赃，拟杖一百例，杖一百。吴于兴、吴光民、吴至言、吴复胜、吴会试听从犯父说合贿和，过交钱文，并各得受赃钱一千二百文，除计赃轻罪不议外，均合依说事过钱者减受财人罪一等例，于吴衡真杖一百罪上减一等，各杖九十。保正刘付祥失察，私和人命，应照不应轻律，笞四十，各折责发落。保正仍革役。吴能辉殴伤缌麻叔祖吴僕腾，罪应拟徒，业已被殴身死，应与救阻不及之吴能帼，均毋庸议。（嘉庆十六年十一月二十五日）

杜家骥编《清嘉庆朝刑科题本社会史料辑刊》"湖南安化县吴潮献殴伤缌麻服侄吴能辉身死贿和匿报案"，第1794～1795页。

案例二九：张有良容隐（贿和）殴死无服族婶张黄氏之胞侄张光华

（嘉庆十六年）宁化县民张光华致伤张黄氏身死，张光华之叔张有良贿和匿报一案……张光华合依同姓服尽亲属相殴至死以凡论、斗杀者绞律，拟绞监候，秋后处决。张有良畏累行求写立契据，议明以田价作抵钱三十五千文，又送给黄从生等各现钱共计出钱四十七千文，折实纹银四十七两。该犯系张光华胞叔，服属期亲，合依凶犯期服以下，亲属用财行求计赃准枉法论例，枉法赃四十五两，杖一百流二千里，无禄人减一等，应杖一百徒三年。业于取供后提禁病故，应毋庸议。尸夫张色受贿私埋匿报……杖一百，折责四十板。范文吉、官轿系张有良邀同说合行贿私和……合各于张色杖一百罪上减一等，杖九十，折责三十五板。张光宗争水肇衅亦有不合，姑念伊母已死非命，应予免议。（嘉庆十七年七月二十一日）

杜家骥编《清嘉庆朝刑科题本社会史料辑刊》"福建宁化县民张光华因争灌圳水致死无服族婶并贿和匿报案"，第 205~207 页。

案例三〇：赵刘氏容隐（主谋埋尸灭迹）殴死胞兄赵消气之子赵活儿

（嘉庆十六年）稷山县民赵活儿听从伊母赵刘氏主使赵掌娃殴扎胞兄赵消气身死……系伊母逼往帮殴，仅止拦挡推持，尚未遽逞凶暴。嗣因被揪情急吓扎一伤适毙，且系骂母罪犯应死胞兄，核与夹签声明之例相符，理合附疏声明，请旨定夺。赵掌娃起意谋殴，意属首祸之人……应杖一百流三千里，至配所折责四十板。该犯等逃后，讯无行凶为匪及知情容留之人，应毋庸议。赵三远、赵六娃、赵旺儿听从抬埋，虽讯无受贿情事，亦属不合，应与听嘱不报之乡地苏明，均照不应重律，杖八十，各折责三十板，苏明仍革役。苏吉儿劝阻不及，应毋庸议。赵刘氏央求免报，并主令私埋，律得容隐，亦免置议。（嘉庆十七年五月二十七日）

杜家骥编《清嘉庆朝刑科题本社会史料辑刊》"山西稷山县民赵活儿因其兄不孝听从母命扎伤胞兄身死案"，第 210~211 页。

案例三一：顾广源容隐（贿和）推跌人受伤并致其自尽之父顾钮

嘉庆十八年，浙江省咨顾钮推跌徐锡照之妻朱氏受伤后服毒自尽案内，顾广源虑父顾钮问罪，向徐锡照求和，许给洋银三百五十圆，该省以核与凶犯之父为子用财行求者情无二致，将顾广源比照私和人命以财行求之父母不计赃拟杖一百，若凶犯罪止拟徒者减二等例拟杖八十。咨结在案。（道光四年说帖已纂例）

（清）祝庆祺、鲍书芸辑《刑案汇览》卷三六《刑律·人命·尊长为人杀私和》"凶犯之妻行贿尸叔得钱私和"条，第 1336 页。

案例三二：孙癸娃容隐（埋尸灭迹）通奸杀夫之嫂

孙癸娃因伊嫂与陈纬通奸，谋杀伊胞兄。该犯被胁听从埋尸灭迹。查毁缌麻以上尊长死尸罪应拟斩，弃而不失减一等，为从又减一等，应拟满徒。惟该犯于伊嫂杀死胞兄并不首告，反随从弃尸应酌加一等，拟杖一百，流二千里。（嘉庆十九年案）

（清）祝庆祺、鲍书芸辑《刑案汇览》卷二一《刑律·贼盗·发冢》"胞兄被嫂谋杀听从埋尸灭迹"条，第 745~746 页。

案例三三：张小许容隐（顶凶认罪）殴死夏汝香之胞弟

张小许因伊弟将夏汝香殴死，听从母命顶凶认罪，已经成招，该犯系同案之人，例应减正犯罪一等拟流，第系迫于母命代弟顶认，与常人受贿顶凶者有间，应于流罪上量减一等，拟杖一百，徒三年。（嘉庆十九年案）

（清）祝庆祺、鲍书芸辑《刑案汇览》卷五〇《刑律·受赃·有事以财请求》"迫于母命代弟顶凶"条，第 1877 页。

案例三四：李碌容隐（埋尸灭迹）违反教令致婆母李陈氏自尽之妻李赵氏

顺尹奏李赵氏违犯教令，致伊姑李陈氏抱忿自尽一案。查赵氏之夫李碌平日不能管教其妻，事后又听从伊兄匿报，固未便仅拟枷责，惟尚无贿和情事，且伊母究因伊妻违犯教令自行轻生，亦与子妇殴毙翁姑之案情节不同，未便遽拟绞决。惟该府尹将李碌于李赵氏绞罪上减一等拟以满流，是以妻为首而夫为从，所拟究未允当，应将李碌改照子妇殴毙翁姑，犯夫贿和匿报拟绞立决例量减一等，拟以满流。（嘉庆二十年直隶司说帖）

（清）祝庆祺、鲍书芸辑《刑案汇览》卷四四《刑律·斗殴·殴祖父母父母》"妻违反母自尽其夫听从匿报"条，第 1620 页。

案例三五：顾章氏容隐（贿和）肇衅致酿人命之子顾章咬

张秀红致死朱兴富案内顾章咬肇衅酿命，应照不应重律杖八十，顾章氏因事由伊子顾章咬起衅，虑及连累贿求匿供。查顾章咬罪应满杖，应比照凶犯罪止拟徒，以财行求之父母杖八十例再减一等，拟杖七十。（嘉庆二十年案）

（清）祝庆祺、鲍书芸辑《刑案汇览》卷三六《刑律·人命·尊长为人杀私和》"因子肇衅酿命其母贿求匿供"条，第 1341～1342 页。

案例三六：刘任氏容隐（埋尸灭迹）殴死胞兄之叔弟刘玉环

韩城县民人刘玉环殴伤胞兄刘玉辰身死，贿和私埋一案……刘玉环合依弟殴胞兄死者斩律，拟斩立决，照例先行刺字。尸妻刘任氏因刘玉环再三跪求，得受地亩，私和殓埋，合依夫被杀妻受贿私和者，无论赃数多寡例，杖一百，流三千里，系妇女，照律收赎。刘大用、苏幅正、孙思银说合私埋，讯无受贿情事，合依说事过钱者，减受财人罪一等，杖一百，徒三年……乡约刘大定讯无得贿情事，惟失于查察，照不应重律，杖八十，折责三十板。尸子刘幅幅子出外回归，知伊父被杀，吵闹欲报，旋被访闻，应免置议。刘玉环给付刘任氏地亩，系具罪之赃，惟原系典当，应将当价银三十两，照律著追入官。（嘉庆二十年三月二十九日）

杜家骥编《清嘉庆朝刑科题本社会史料辑刊》"陕西韩城县民刘玉环殴伤胞兄刘玉辰身死贿和私埋案"，第 1851～1852 页。

案例三七：邱文明容隐（主谋埋尸灭迹）殴死胞兄邱受华之子邱冲斗、邱彰茂容隐（埋尸灭迹）殴死胞兄邱受华之胞弟邱冲斗、邱欧氏容隐（埋尸灭迹）殴死胞兄邱受华之夫邱冲斗

嘉庆十九年九月初十日，据地保张武聪禀，据邱丁氏投称：伊夫邱受华同夫弟邱冲斗有湖洋坑茶山一所，左右分管立有界址。十九年九月初四日，邱受华往山采摘茶子。因界址坍塌辨认不清，误摘邱冲斗界内茶子。被邱冲斗看见，斥阻争闹，用刀将邱受华致伤左手第二指、额门偏左。时邱冲斗之妻欧氏经见，回家报知伊翁邱文明、夫兄

邱彰茂同伊往看，将伊夫背回，旋即身死。伊翁随将伊夫棺殓埋葬，将伊防范不许具报，并嘱村邻王日光、杨黄祐不必声张。伊不忍夫冤无伸，乘间逃出投报……查已死邱受华系邱冲斗胞兄，邱冲斗合依弟殴胞兄死者斩律，拟斩立决，照例先行刺字。邱文明因虑邱冲斗受罪，起意私埋，系律得容隐，应免置议。邱彰茂、邱欧氏听从抬埋匿报，系迫于尊长之命，应与首报之尸妻邱丁氏，均毋庸议。地保张武聪、村邻王日光、杨黄祐讯无贿和情事，但一则失于查察，一则知情不报，均有不合，张武聪、王日光、杨黄祐均合依不应重律，杖八十，折责三十板，先行分别折责发落。张武聪仍革去地保。（嘉庆二十年二月初一日）

杜家骥编《清嘉庆朝刑科题本社会史料辑刊》"广东乐昌县民邱冲斗致伤胞兄邱受华身死伊父匿报案"，第 1847～1848 页。

案例三八：苏良德容隐（贿和）殴死曾森林之子苏岳秀

嘉庆十九年九月……苏岳秀等共殴致伤曾森林身死，私和匿报一案……苏岳秀合依共殴人致死，下手致命伤重者绞律，拟绞监候，秋后处决。曾虔林系曾森林胞弟，得贿私和，计赃钱六十千文，合银六十两，应照尸亲期服以下亲属受财私和者……应杖九十，徒二年半……犯父苏良德先殴曾森林，并非父助子势，其行贿私和与共殴余人罪各相等，应从一科断。苏良德合依凶犯之父，以财行求不计赃，杖一百例，应杖一百。地保苏帼华事后知情不首，应照不应重律，杖八十，革役。（嘉庆二十年七月十五日）

杜家骥编《清嘉庆朝刑科题本社会史料辑刊》"浙江汤溪县客民曾森林被苏岳秀等共殴身死犯父私和匿报案"，第 1848～1849 页。

案例三九：王现容隐（贿和）殴死王董氏之子王莺

王莺踢伤王董氏身死，犯父王现恐子问罪，许钱求和未成。照本律量减问拟，王现合依"以财求和系凶犯之父母杖一百"例上减一等，拟杖九十。（嘉庆二十一年）

（清）许梿、（清）熊莪纂辑，何勤华、沈天水等点校《刑部比照加减成案》卷一八《刑律·人命·尊长为人杀私和》"江苏司"条，法律出版社，2009，第 197 页。

案例四〇：吴正兆容隐（埋尸灭迹）致死胞弟吴正起之兄吴正发

嘉庆二十一年正月初九日，访闻县民吴正发等有勒毙胞弟吴正起私埋匿报之事……吴正发应如该抚所题，合依尊长谋杀卑幼，依故杀法，故杀期亲弟照故杀大功弟律，拟绞监候例，拟绞监候，秋后处决。该抚既称：吴秉元、吴汝际、汪胜文明知谋死，任听私埋匿报。吴秉元系该犯吴正发无服族叔，吴汝际系无服族兄，汪胜文系母舅，服属小功，吴秉元、吴汝际均合依无服之亲容隐减一等律，于知人谋害他人不首告者杖一百罪上减一等，杖九十。汪胜文于杖一百罪上依小功以下亲容隐减凡人三等，杖七十。吴秉元年逾七十，照律收赎，吴汝际、汪胜文各折责发落。吴正兆系凶犯期亲服弟，律得容隐，应毋庸议。地保吴作云失于查察，应照不应重律，杖八十，折责发落。逸犯吴正旺与不知情受雇抬埋之不知姓名乞丐等，饬缉获日另结……均应如该抚所题完结。（嘉庆二十二年十一月二十二日）

杜家骥编《清嘉庆朝刑科题本社会史料辑刊》"江西乐平县民吴正发将胞弟吴正起勒死私埋匿报案"，第 1858~1860 页。

案例四一：袁我松容隐（弃尸灭迹）杀死祖父袁万镒之子袁涌照

袁涌照砍伤伊祖袁万镒身死，伊父袁我松听从弃尸匿报一案。查律载：子孙毁弃祖父母、父母死尸者，不论残失与否，斩监候。又例载子妇殴毙翁姑之案，如犯夫有匿报、贿和情事，拟绞立决各等语。此案袁我松于伊子袁涌照砍伤伊父时，该犯并不在场，迨伊父因伤毙命，该犯因子跪求免报，虑恐伊子获罪，许为隐匿，并任听弃尸河内，经邻人报验获案。查子孙毁弃父母死尸，即系病毙尸身，亦应照律斩候，至孙殴毙祖父母，犯父听从容隐匿报，虽例无明文，有犯即应照子妇殴毙翁姑，犯夫匿报例绞决。今该犯忘父之仇祖护逆子，隐匿不报，复容令弃尸，实属伦理蔑绝，不惟与子妇殴毙翁姑，犯夫匿报者有别，即较之寻常弃父尸者，情罪尤重，该抚仅将该犯照子弃父母死尸本律拟以斩候，尚属情浮于法，似应请旨即行正法，以昭炯戒。（嘉庆二十二年说帖）

（清）祝庆祺、鲍书芸辑《刑案汇览》卷四四《刑律·斗殴·殴祖父母父母》"孙殴死祖犯父任听弃尸匿报"条，第1619～1620页；又见律例馆编《说帖类编》卷一四《刑律·贼盗下》"湖广司"条，高柯立、林荣辑《明清法制史料辑刊（第二编）》，第58册，第265页。

案例四二：胡姜氏容隐（主谋谎报案情）殴死父亲胡觐尧之子胡成琳

胡觐尧强奸子媳黄氏未成，被伊子胡成琳殴伤身死，将胡成琳凌迟正法，尸妻胡姜氏于伊子身犯蔑伦重罪，辄虑无人养赡，扶同徇隐，实属昧于大义。胡姜氏应比照夫为人所杀、妻私和律，拟杖一百，徒三年，收赎。张圣传以蔑伦重案，辄听胡成琳跪求，转向胡姜氏劝免报验，未便照私和本律拟杖。应比照知人谋害他人不即首告杖一百律加一等，杖六十，徒一年。黄谦受系胡成琳妻父，本属律得容隐，但案关伦纪，应照不应重律杖八十。（嘉庆二十五年案）

（清）祝庆祺、鲍书芸辑《刑案汇览》卷三六《刑律·人命·尊长为人杀私和》"子杀父而母容隐"条，第1341页。

案例四三：郭杨氏容隐（主谋谎报案情）谋杀父亲之子郭春年

郭杨氏平素溺爱其子郭春年以致乖张游荡，入于匪僻，迫至谋死其父，酿成巨案。该氏事后查知，尤不即时据实报官，复又扶同庇纵，任听捏报，几致郭春年幸逃寸磔，应比照故纵与囚同罪至死减一等律拟流。该犯妇昧大义而纵恶逆，应不准收赎，实发驻防为奴。郭春年之妻马氏事后知情，应于郭杨氏罪上减一等拟徒收赎。郭岙德事后知情被胁，帮同弃尸，应照弃尸为从满徒，不失尸减一等，仍酌加一等，拟杖一百，徒三年。施德沅事后查知实情，并不首告，应照知人谋害他人不即首告杖一百律加一等，杖六十，徒一年。地保秦任禀报迟延，（照）不应重律杖八十。（嘉庆二十五年案）

（清）祝庆祺、鲍书芸辑《刑案汇览》卷三六《刑律·人命·尊长为人杀私和》"犯母溺爱致子杀父尤复不报"条，第1341页。

案例四四：宋八容隐（埋尸灭迹）殴夫宋六并致其自尽之嫂宋谢氏

道光二年，浙江司审办提督奏送宋八于伊兄宋六被伊妻殴伤后自尽，并不报官，私行瘗埋，将宋八比照期亲尊长被杀而卑幼私和律，杖八十，徒二年。惟宋六死由自缢，究与殴杀不同，应酌减一等，杖七十，徒一年半，奏结在案。

（清）祝庆祺、鲍书芸辑《刑案汇览》卷三六《刑律·人命·尊长为人杀私和》"胞叔被兄殴死听从埋尸匿报"条，第1338页；又见（清）许梿、（清）熊莪纂辑，何勤华、沈天水等点校《刑部比照加减成案》卷一八《刑律·人命·尊长为人杀私和》"浙江司"条，第196页。

案例四五：吴贞元容隐（贿和）致死族侄吴凤翔之胞兄吴集元

吴集元扎伤族侄吴凤翔身死案内之监生吴贞元于伊兄吴集元扎伤吴凤翔时，并未在场。惟因伊兄在县捏供，虑及尸亲质证，致干刑责，许给尸父银五百两，教令捏供迁就。虽凶犯业已坐罪，究属恃富妄为，但无治罪明文，应即依例量减，将吴贞元照"尸亲人等私和人命、如凶犯期服亲属用财行求者计赃准枉法论、罪止满流"例上，减等满徒。（道光二年）

（清）许梿、（清）熊莪纂辑，何勤华、沈天水等点校《刑部比照加减成案》卷一八《刑律·人命·尊长为人杀私和》"陕西司"条，第 197 页。

案例四六：佘均山容隐（埋尸灭迹）谋杀父亲佘帼兴之胞弟佘长才子

佘长才子等谋死伊父佘帼兴案内之佘均山于伊父被胞弟等谋死，扶同隐匿私埋，虽因被逼畏累，第事后仍不首告，实属忘仇纵凶。将佘均山比照故纵（罪囚）与囚同罪至死减一等律，于佘长才子等死罪上减一等，杖一百、流三千里。（道光三年案）

（清）祝庆祺、鲍书芸辑《刑案汇览》卷三六《刑律·人命·尊长为人杀私和》"父被胞弟谋死犯兄畏累不报"条，第 1340～1341 页。

案例四七：蒋胜发容隐（埋尸灭迹、贿和）通奸而谋杀婆母蒋王氏之妻蒋杨氏、杨正发容隐（埋尸灭迹、贿和）通奸而谋杀婆母蒋王氏之女蒋杨氏

蒋杨氏与蒋小甫通奸，被姑王氏查知不依，即商同蒋小甫将王氏勒死。维时本夫蒋胜发在田看稻，事后盘出实情，复被妻父杨正发商同李鹤松调停，经李鹤松收受银两，分给地保钱文私和匿报。蒋胜发因被妻父吓制隐匿，除奸妇依律凌迟外，蒋小甫应照因奸同谋杀死亲夫，奸夫斩监候律，改为斩立决。本夫蒋胜发比照子妇殴毙翁姑，犯夫贿和匿报拟绞立决例量减一等，拟以满流。李鹤松比照教诱人犯法，与蒋胜发同罪拟以满流。地保杨双仿听嘱私和匿报，照故纵与囚同罪，至死减一等律，拟以满流。（道光三年案）

（清）祝庆祺、鲍书芸辑《刑案汇览》卷四四《刑律·斗殴·殴祖父母父母》"因奸杀姑地保贿和犯夫匿报"条，第 1620～1621 页。

案例四八：罗韦氏容隐（贿和）殴死陆老二之夫罗阿便

此案罗阿便共殴陆老二身死，罗阿便之妻韦氏恐伊夫到官问罪，令甥赵登堂送给尸叔陆复得银十五两，陆复得图利寝息……自应从重照期亲……卑幼被杀而尊长私和者减一等律杖七十、徒一年半……至韦氏系凶犯之妻，虑恐伊夫问罪，出银十二两零向尸杀（亲）贿和，虽计赃罪名较轻，设有计赃重于杖一百者，势难计赃科断。办理殊多格碍，自应比照凶犯之夫为妻以财行求不计赃拟杖一百……其说事过钱之赵登堂未便于陆复得罪上减等，应依说事过钱减受财人一等，应仍照枉法赃一十两杖九十律减一等，杖八十。（道光四年说帖已纂例）

（清）祝庆祺、鲍书芸辑《刑案汇览》卷三六《刑律·人命·尊长为人杀私和》"凶犯之妻行贿尸叔得钱私和"条，第1335～1336页；又见（清）许槤辑《刑部比照加减成案续编》卷一八《刑律·人命·尊长为人杀私和》"贵州司"条，第600页。

案例四九：林洸上容隐（埋尸灭迹）殴死胞叔林文连之堂兄林洸生

此案林洸上因胞叔林文连被伊堂兄林洸生殴毙，该犯被林洸生吓逼听从收殓抬埋，该省将该犯于毁弃缌麻以上尊长死尸者斩为从减一等，弃而不失又减一等，满徒例上减一等，杖九十，徒二年半等因。查该犯被伊堂兄吓逼听从殓埋伊胞叔尸身，并非弃尸灭迹，与毁弃尊长死尸律文未符。该省照毁弃尊长死尸律上量减拟徒，殊未平允，自应比例问拟。该司将林洸上比照期亲尊长被杀，卑幼私和拟徒律，为从减一等，拟杖七十，徒一年半，洵属允协，似可照办。（道光四年说帖）

（清）祝庆祺、鲍书芸辑《刑案汇览》卷三六《刑律·人命·尊长为人杀私和》"胞叔被兄殴死听从埋尸匿报"条，第1338～1339页。

案例五〇：唐礼云容隐（埋尸灭迹）误毙长兄唐边方之次兄唐受羔

唐受羔因胞兄唐边方用木耙柄向殴，唐受羔夺过耙柄，唐边方扭住唐受羔胸衣推送，绊跌倒地，将唐受羔带跌扑压身上，致手内耙柄

误伤唐边方太阳殒命。唐礼云听从次兄唐受羔私埋匿报，将唐礼云比照父为母所杀，其子容隐例，杖八十。（道光四年案）

（清）祝庆祺、鲍书芸辑《续增刑案汇览》卷一〇《刑律·人命·尊长为人杀私和》"因次兄误毙长兄听从匿报"条，第307页；又见（清）许槤辑《刑部比照加减成案续编》卷一《名例·亲属相为容隐》"湖广司"条，（清）许槤、（清）熊莪纂辑，何勤华、沈天水等点校《刑部比照加减成案》，第367~368页。

案例五一：周正敖容隐（埋尸灭迹）因违反教令致父周彬才自尽之胞弟周正沅

此案周正敖与弟周正沅系分居另住，伊父周彬才因周正沅违犯教令气忿自缢身死，周正沅告知该犯周正敖走看，至明因周正沅畏罪求免报官，即允许殓埋匿报。查周正敖明知伊父自缢系由伊弟违犯教令所致，自应即时报官治伊弟以违犯之罪，乃因伊弟畏罪求免，置伊父自尽于不问，辄即殓尸允埋匿报，即与私和无异。伊父系因伊弟违犯教令自尽，较之父母为人所杀而子私和者情罪尤轻，即或以伦纪攸关从严惩办，亦止应将该犯照父为人杀而子私律拟徒。该省将该犯比照毁弃父尸于斩罪上量减拟流，不惟情轻法重，且亦比拟失伦，应即交司更正。（道光四年说帖）

（清）祝庆祺、鲍书芸辑《刑案汇览》卷三六《刑律·人命·尊长为人杀私和》"弟违犯致父自尽兄听从匿报"条，第1339页。

案例五二：胡进贤容隐（贿和、毁尸灭迹）杀死妻子胡张氏之子胡五十一

胡进贤于伊子胡五十一扎伤伊媳张氏身死，出钱私和，又起意烧尸灭迹，例无作何治罪明文。若照"毁弃子孙死尸"律问拟，罪至杖八十；自应从重照"贿和"例论，胡进贤合依"子孙被杀、父母受贿私和无论赃数多寡杖一百"例，拟杖一百。（道光四年）

（清）许槤辑《刑部比照加减成案续编》卷一八《刑律·人命·

尊长为人杀私和》"陕西司"条，（清）许槤、（清）熊莪纂辑，何勤华、沈天水等点校《刑部比照加减成案》，第600～601页。

案例五三：周均友容隐（埋尸灭迹）致夫自尽之母

周均友因伊母与伊父口角致令伊父自尽，听从私埋匿报，周均友依"父为母所杀、其子隐忍、于破案后供明者，照不应重例"杖八十。（道光四年）

（清）许槤辑《刑部比照加减成案续编》卷一《名例·亲属相为容隐》"湖广司"条，（清）许槤、（清）熊莪纂辑，何勤华、沈天水等点校《刑部比照加减成案》，第367页。

案例五四：张宝成容隐（埋尸灭迹）触忤干犯致父自尽之胞弟张魁

张宝成于伊弟张魁向伊父触忤干犯，致伊父自尽，辄因伊弟央求，听从私埋匿报，将张宝成比照父为人所杀子私和律，杖一百，徒三年。（道光六年）

（清）祝庆祺、鲍书芸辑《续增刑案汇览》卷一〇《刑律·人命·尊长为人杀私和》"弟触犯伊父自尽兄听从匿报"条，第307页。

案例五五：钟廷四容隐（顶凶认罪）伤人身死之胞兄钟廷三

钟廷三铳伤谢启聪、谢启业身死，例应拟斩，今在逃未获，其胞弟钟廷四恐家属无人养赡，冒名到案顶认兄罪，与凡人得受正凶贿赂顶认者不同，应于奸徒顶认正凶，审系案外之人，尚未成招旋即破案，减正犯罪二等例上酌减一等，于钟廷三斩罪上统减三等，杖九十，徒二年半。（道光六年案）

（清）祝庆祺、鲍书芸辑《续增刑案汇览》卷一三《刑律·受赃·有事以财请求》"因兄杀人其弟代认顶凶"条，第413页。

案例五六：刘陈氏容隐（埋尸灭迹）殴死祖母刘朱氏之子刘丑

璧山县刘丑殴踢伊祖母刘朱氏身死，私埋匿报。刘陈氏系刘丑之母，刘丑殴踢祖母刘朱氏毙命，该氏虽值病重昏迷，无从知觉。惟事后伊幼子刘四儿向伊告知，该氏只向刘丑斥骂，令人往邀伊夫回家，并不实时投邻赴官告究，直至巡役访闻盘诘，始行吐实，究属隐匿。例无殴踢祖母身死之犯、其母事后知情隐匿作何治罪明文，自应比例问拟，刘陈氏应比照"祖父母父母被杀、子孙受贿私和者杖一百、流三千里"例杖一百，流三千里，系妇人，照律收赎。（道光六年）

（清）许槤辑《刑部比照加减成案续编》卷一八《刑律·人命·尊长为人杀私和》"四川司"条，（清）许槤、（清）熊莪纂辑，何勤华、沈天水等点校《刑部比照加减成案》，第 600 页。

案例五七：夏兰花容隐（伪造自杀现场）因图奸杀媳之主人伍济瀛

伍济瀛见子妇彭氏少艾，起意图奸……潜入彭氏房中……彭氏即骂伍济瀛无耻……伍济瀛用手按住其口……讵手势过重，旋即气闭殒命。惟时夏兰花在屋补衣，听闻彭氏声喊，携灯走至查看，见彭氏业经身死，向伍济瀛问知情由，伍济瀛央其帮同装吊，夏兰花不允，伍济瀛声称如不应允，一并处死，向其吓唬。夏兰花畏惧允从。伍济瀛嘱其寻取带条，绕在彭氏颈上，将尸身悬吊，装点自缢情形，吩咐夏兰花不许声张，次早假意喊叫彭氏起来做饭，希图掩人耳目……嗣经该县访闻获犯，检明尸骨，实系搭伤致毙……伍济瀛合依强奸未成，将本妇立时杀死例，拟斩立决……其夏兰花与伍济瀛通奸，并听从移尸装吊，讯系迫于主命，应免置议。（道光七年通行）

（清）祝庆祺、鲍书芸辑《刑案汇览》卷五三《刑律·犯奸·亲属相奸》"图奸子媳不从登时搭死灭口"条，第 1993～1995 页。

案例五八：张庭斗容隐（弃尸灭迹）殴死奸夫宋挺之父张华山

张华山殴死奸夫宋挺案内之张庭斗，系奸妇张么膈之兄，例得捉奸，其帮同捆缚，系为送官起见。迨伊父张华山将宋挺殴毙，该犯听从伊父背负移尸，应比依在家致死奸盗之犯罪本不应拟抵，将尸移

投水中，照地界内有死人不报官司，私自掩埋例，杖八十，系为从减一等，杖七十。（道光七年案）

（清）祝庆祺、鲍书芸辑《续增刑案汇览》卷七《刑律·贼盗·发冢》"杀死奸夫案内奸妇之兄移尸"条，第195~196页。

案例五九：刘应发容隐（埋尸灭迹）致父气忿自尽之胞弟刘玉发

刘应发明知伊父系因伊弟刘玉发饮醉夜归，欲行送究，伊弟避匿，致伊父气忿自尽，辄听从私埋匿报。将刘应发比照父为人所杀子私和律，杖一百、徒三年。（道光八年案）

（清）祝庆祺、鲍书芸辑《续增刑案汇览》卷一〇《刑律·人命·尊长为人杀私和》"弟违犯伊父自尽兄听从匿报"条，第307~308页。

案例六〇：席加仁容隐（埋尸灭迹）因奸杀死本夫路臣儿之胞兄席加积

席加积谋杀纵奸本夫路臣儿身死一案。查席加积之弟席加仁事后听从埋尸灭迹，系情切同胞，律得容隐，应比照地界内有死人不报官司而辄移他处律，杖八十。（道光十年案）

（清）祝庆祺、鲍书芸辑《续增刑案汇览》卷七《刑律·贼盗·发冢》"兄谋杀人其弟事后听从埋尸"条，第195页。

案例六一：江玉淋容隐（移尸灭迹、伪造他杀）杀夫江相明之母江王氏

江王氏掐死伊夫江相明，逼令伊子移尸图赖一案。查江玉淋明知伊父江相明被伊母王氏掐死，并不首喊，转听从移尸图赖，到官又复隐匿不吐实情，实属蔑理忘哀。将江玉淋除父为母所杀隐忍不言轻罪不议外，依将父尸图赖人拟徒律上酌加一等，杖一百，流二千里。（道光十年案）

（清）祝庆祺、鲍书芸辑《续增刑案汇览》卷一〇《刑律·人命·尊长为人杀私和》"父被母杀不报听从移尸图赖"条，第306页。

案例六二：吴老土容隐（埋尸灭迹）殴死父亲吴老海之胞弟吴老汶

苗人吴老汶蹬伤伊父吴老海身死，犯兄吴老土并不首官究办，辄听从伊弟私埋匿报，实属忘亲不孝，应比照父被杀，子受贿私和例，杖一百、流三千里。（道光十年案）

（清）祝庆祺、鲍书芸辑《续增刑案汇览》卷一○《刑律·人命·尊长为人杀私和》"父被胞弟殴死犯兄私埋匿报"条，第306页。

案例六三：王正品容隐（埋尸灭迹、销毁罪证）因违反教令致婆母王覃氏自尽之妾王孙氏

王正品之妾王孙氏违犯教令，致王正品之母王覃氏抱忿自尽一案。查王正品平日不能教导其妾，已属不孝，迨伊母自缢后，敢烧毁缢帕，捏称病故，意图私埋匿报，更属溺爱忘亲。惟覃氏死由自尽，与子妇殴毙翁姑，犯夫贿和者不同，应比照子妇殴毙翁姑，犯夫贿和绞决例量减一等，杖一百，流三千里。（道光十年案）

（清）祝庆祺、鲍书芸辑《续增刑案汇览》卷一○《刑律·人命·尊长为人杀私和》"妾违犯致伊母自尽听从匿报"条，第308页。

案例六四：常再秋容隐（帮助逃亡）毒死儿媳常刘氏之妻常陈氏

（常再秋妻常陈氏毒毙儿媳常刘氏及婢女祥儿）常再秋事后查知容隐，常陈氏即逃至姚大家，捏称天晚借宿，常再秋逃往左翼总兵联顺雇工家人周顺家告知实情，恳留暂住。周顺依允，嗣常再秋在门首，被北城差役隋幅协同看街兵六儿访拿查拿……先后获犯送部。常陈氏……毒毙二命情节凶残，应从重发驻防为奴。周顺明知常再秋畏罪躲避，乃敢容留……照棍徒量减一等，拟杖一百，徒三年，年逾七十不准收赎……常再秋讯无同谋加功，迨后盘出实情逃避，亦律得容隐……照不应重律杖八十，酌加枷号一个月。（道光十一年邸抄）

（清）祝庆祺、鲍书芸辑《刑案汇览》卷三九《刑律·斗殴·良贱相殴》"家奴之妻谋杀契买奴婢"条，第1414~1416页。

案例六五：姜吴氏容隐（埋尸灭迹）因奸谋死父亲姜万友之女姜观女

陈兴与姜观女通奸，被其父姜万友撞破，辄起意商同姜观女将姜万友致死。将陈兴比照奸夫杀死亲夫例拟斩立决。该犯奸污其女，谋杀其父，致陷姜观女罪干寸磔，应加拟枭示。姜吴氏明知伊夫被陈兴商同伊女因奸谋死，辄听姜观女跪求殓埋匿报，即属私和。虽无受贿情事，应照夫被杀而妻私和拟徒律酌加一等，杖一百，流二千里。（道光十一年案）

（清）祝庆祺、鲍书芸辑《续增刑案汇览》卷一〇《刑律·人命·尊长为人杀私和》"夫被女因奸谋死辄听从匿报"条，第304~305页。

案例六六：张牛庇容隐（埋尸灭迹、贿和）助父张旺得自尽之胞侄张燕

张旺得起意自缢，令伊子张燕下手加功案内之张牛庇，既知胞兄张旺得自缢系胞侄张燕下手加功，乃并不报究，迨被人吓诈，复出银贿和，几致逆伦重犯漏网。将张牛庇比照子妇殴毙翁姑，犯夫贿和绞决例量减一等，杖一百、流三千里。（道光十一年案）

（清）祝庆祺、鲍书芸辑《续增刑案汇览》卷一〇《刑律·人命·尊长为人杀私和》"兄被子杀死胞弟贿和匿报"条，第307页。

案例六七：黄价人容隐（埋尸灭迹）误毙长兄黄汶琴身死之胞弟黄汶兹

黄汶兹因被胞兄持耙赶殴，情急用胳肘搪抵，不期将耙格转，适伤胞兄黄汶琴身死。黄价人于伊弟黄汶兹格伤伊长兄身死，听从私埋匿报，将黄价人比照父为母所杀，其子容隐例，杖八十。（道光十三年案）

（清）祝庆祺、鲍书芸辑《续增刑案汇览》卷一〇《刑律·人命·

尊长为人杀私和》"胞弟误毙长兄听从私埋匿报"条，第307页。

案例六八：贾大容隐（伪造自缢现场、埋尸灭迹）殴死张三之胞弟贾四

贾大因弟贾四将张三殴打垂毙，起意用绳吊挂，装作自缢，贾大代为取绳拴套，并听从抬埋尸身。未便仅照"听从埋尸"本律科断，贾大应比照"殴故杀人案内凶犯起意埋尸灭迹其听从抬埋、在场帮殴有伤者杖一百、徒三年，不失尸"减一等、"兄助弟势"加一等，仍拟满徒。（道光十三年）

（清）许槤辑《刑部比照加减成案续编》卷一一《刑律·贼盗·发冢》"浙江司"条，（清）许槤、（清）熊莪纂辑，何勤华、沈天水等点校《刑部比照加减成案》，第499页。

案例六九：周继善容隐（弃尸灭迹）殴死儿媳周李氏之妻周赵氏

周继善之妻赵氏因子媳李氏贪懒，不听管教，将李氏踢伤身死。周继善问悉情由，恐报案受累，将李氏尸身撩弃河内，漂失无获。该督将赵氏依非理殴子孙之妇至死者，杖一百，徒三年，周继善依毁弃子孙死尸者，杖八十。续据该督检出历办成案咨部，并以翁弃媳尸，例无专条，应否按期功分别科断，抑与子孙同论，咨请核示各等因……今周继善将长子妇李氏之尸撩弃水中无获，自应依毁弃卑幼死尸律，按服制递减，于凡人弃尸水中，满流罪上递减四等，杖七十，徒一年半。（道光十六年说帖）

（清）祝庆祺、鲍书芸辑《续增刑案汇览》卷七《刑律·贼盗·发冢》"弃子妇尸身灭迹依服制拟徒"条，第198页。

案例七〇：□□氏容隐（主谋谎报案情）殴死胞兄特依清之次子特升阿、德克精额容隐（谎报案情）殴死胞兄特依清之胞叔特升阿

世袭佐领德克精额于伊父特依清被伊胞叔特升阿殴伤身死，该员听

从祖母隐匿捏报。在伊祖母，则死系伊子，原属律得容隐之人；而在该员，则死系伊父，究难容隐，固不得以迫于祖母之命竟与勿论。唯系听从隐匿，亦未便律以父祖被杀子孙私和之条。衡情酌断，应将德克精额比照父被母杀其子隐忍，照不应重律拟杖八十。（咸丰三年案）

（清）吴潮、何锡俨等辑《刑案汇览续编》卷四《名例律·亲属相为容隐》"父被胞叔殴死听从祖母隐匿"条，法律出版社，2007，第145页；又见《沈家本辑刑案汇览三编》卷六《名例·亲属相为容隐》"父被胞叔殴死听从祖母捏报"条，凤凰出版社，2016年影印本，第4册，第167页。

案例七一：郗冯氏容隐（埋尸、毁尸灭迹）殴死丈夫冯补沅之母冯白氏

此案郗冯氏于伊母冯白氏将伊父冯补沅殴毙后，始则帮同将父尸抬埋粪坑灭迹，继因日久腐臭难闻，恐致败露，复听从伊母刨出伊父尸身，刮去皮肉，砍断筋络，拆散骨殖抛弃。是该犯妇先既帮同伊母将父尸抬埋灭迹，嗣又听从刨出尸身毁弃，较之毁弃未埋尸身者情节为重，若仅照毁弃父尸律按从减等问拟，殊觉轻纵。惟究与发冢开棺而又毁弃尸骸者有间，衡情酌断，应将郗冯氏比照子发父冢、不分首从、开棺见尸并毁弃尸骸凌迟处死例，酌减为斩立决，以持情法之平。（同治六年说帖）

（清）吴潮、何锡俨等辑《刑案汇览续编》卷一二《刑律·贼盗下·发冢》"父被母杀听从母命毁弃父尸"条，第525~526页；又见《沈家本辑刑案汇览三编》卷一九《刑律·贼盗·发冢》"听从母命将父尸抬埋灭迹复听从刨出毁弃"条，第12册，第169~174页。

案例七二：厉均憻容隐（令人顶凶）殴人致死之子厉金石、厉明淋容隐（顶凶认罪）殴人致死之侄厉金石

今厉明淋因胞侄厉金石将张淀枪戳致毙，听从胞兄厉均憻嘱令顶认，与凡人受贿顶凶不同。至正凶厉金石虽在逃未获，惟该犯曾经顶认重罪，岂得因尸亲见证人等供指均已确凿，转恐尚有避就……厉明淋应照奸徒受正凶贿赂，挺身到官顶认，尚未成招，罪未议定，受贿顶凶者减正犯二等例，于厉金石绞罪上减二等，杖一百、徒三年上再减一等，拟杖九十、徒二年半。至嘱令胞弟代子顶凶之犯兄厉均憘亦应改与厉明淋同罪，拟杖九十、徒二年半。扶同捏报尚无受贿之社差杨治卿应与厉均憘徒二年半罪上再减一等，拟杖八十、徒二年。与厉明淋等均即定地充徒，至配折责拘役。（同治八年）

《沈家本辑刑案汇览三编》卷四一下《刑律·受赃·有事以财请求》"有服亲属顶凶"条，第28册，第477~479页；又见（清）吴潮、何锡俨等辑《刑案汇览续编》卷二七《刑律·受赃·有事以财请求》"有服亲属顶凶不照凡人问拟"条，第1226~1227页。

案例七三：刘卿明容隐（隐瞒实情）误伤母亲刘尚氏身死之孙刘学礼、刘长先容隐（隐瞒实情）误伤母亲刘尚氏身死之侄刘学礼

此案刘学礼因赵沅厚与伊母尚氏通奸，气忿捕捉，按住赵沅厚用刀狠扎，尚氏潜至身后拉住该犯胳膊，该犯仓促未遑顾及何人，用手向推冀图脱手，不期手内小刀误扎伤尚氏咽喉身死，自应按律问拟，应如该督所题，刘学礼合殴子殴母杀者凌迟处死律，拟凌迟处死……犯伯刘长先、犯祖刘卿明，既知该犯刘学礼装点盗杀情由，并不据实呈明，固属非是，惟俱系刘学礼同居大功以上亲属，律得容隐，均照例勿论。赵沅厚与刘尚氏通奸，本干律议（义），业已被杀身死，俱勿庸议，无干省释。至刘大兴、刘长先，先后在押身死之处，既据验讯明确委因病剧医治不痊所致，并无别故，看役人等亦无凌虐情弊，均毋庸议等语。查父杀其母，其子例得容隐，若母杀其父，其子不在得相容隐之列，诚以父尊于母，故不得徇私情而忘大义。比类参观，媳尊于孙，若孙杀其媳，其祖不在得相容隐可知。今刘卿明查知伊孙刘学礼误杀伊媳刘尚氏身死，辄听嘱隐瞒，与私和无异。该督声称刘卿明得相容隐，照律勿论，尚未允协，应即更正。刘卿明应改依子之妇被杀父私和律，拟杖八十，折责发落，犯伯刘长先听嘱捏报，系与刘卿明一家共犯，既已罪坐伊父，从宽免议。（同治九年）

《沈家本辑刊刑案汇览三编》卷三一下《刑律·人命·尊长为人杀私和》"祖父查知伊孙误杀伊媳听嘱隐瞒"条，第21册，第495~502页。

案例七四：刘李氏容隐（移尸灭迹、伪造他杀）搕死父亲之夫刘凡溁

此案刘李氏于伊夫刘凡溁搕毙父命移尸图赖，仅止事后被夫吓逼帮抬尸身，并未知情预谋……即原讯刘凡溁，亦坚称伊妻实无同谋加功情事，仅于事后吓逼帮同抬移尸身，用绳套项令其拖拉，后因尸重，力弱拖拉不动登时放手，原验该尸咽喉白色绳痕一道，系由听从拖拉所致，并非有心装点……刘李氏应比照子将父母尸身装点伤痕、图赖他人斩立决例上，量减为斩监候，秋后处决。（光绪十年）

《沈家本辑刑案汇览三编》卷一九《刑律·贼盗下·发冢》"子媳于伊夫搕毙翁命后帮抬尸身拖扯致伤"条，第12册，第175~178页；又见（清）潘文舫、徐谏荃辑《新增刑案汇览》卷八《刑律·人命·谋杀祖父母父母》"逆伦案犯妇并未预谋只帮抬尸身"条，北京古籍出版社，2004，第608~609页。

案例七五：金茂禾容隐（埋尸灭迹）殴死父亲金阿翔之胞弟金阿二、金姚氏容隐（主谋埋尸灭迹）殴死父亲金阿翔之子金阿二

此案金茂禾于胞弟金阿二殴毙父命，不即送官，竟敢听从其母，私行瘗埋，实属纵凶忘仇，与故纵罪因无异。金茂禾应比照故纵与因同罪、至死减一等律，于金阿二罪上减一等，拟杖一百，流三千里，到配所折责安置。金姚氏于伊子金阿二身犯蔑伦重罪，辄因借图养赡，徇隐匿报，亦属昧于大义。金姚氏比照夫为人所杀、妻私和律，

拟杖一百，徒三年，系妇女，照例收赎。（光绪十一年案）

（清）潘文舫、徐谏荃辑《新增刑案汇览》卷一〇《刑律·人命·尊长为人杀私和》"逆命案内徇隐匿报之犯兄比例定拟"条，第641页。

后　记

　　容隐的话题性很强，容易成为人们抒发情怀、表达见解的工具与对象。或因为此，尽管相关论著很多，但对于容隐制度的细节，大家并不穷究，留下了一些发挥空间。今天还能写一部题为容隐研究的专书，多少有捡漏的感觉。

　　本书的写作历时多年，力气主要花费在史料的搜集、整理与考订方面，但收获有限，资料不足的问题依旧存在。书稿的内容，第二章第二节曾以《中国古代容隐制度的流变》为题发表过论文，第三章第一节中的"儒家亲属伦理主旨的转变"，与其他著作重复，其余部分未曾发表过。从这个意义上讲，这本小书可以算是"新书"吧。

　　本书最终能够完成出版，离不开各位师友的帮助和支持。曾随我读研现供职于云南师范大学附属镇雄中学的王晶老师，帮助我摘录核对《四库全书》中九百余处出现"容隐"的文句，费时费力，很是辛苦，至今我书桌上还保留着三本字迹娟秀的"《四库》所见'容隐'条摘录"的笔记。书稿的部分内容曾在青海师范大学历史学院"法律社会史读书班"上宣读，听取朱宏才教授及各位同学意见，受益良多。社会科学文献出版社编审、首席编辑周丽女士，编辑李淼先生对本书的出版给予了诸多帮助；在文字加工、体例统一、资料校对等方面，李淼、贾全胜两位先生，又不辞辛劳，做了大量的工作，纠正了许多舛误，使本书增色不少。本书获得了国家社科基金西部项目及青海师范大学历史学院学科建设专项经费的资助，保证了研究及出版经费。特别是在项目结项审查时，五位匿名通讯鉴定专家在肯定与鼓励的同时，从谋篇布局到资料运用再到内容设计，提出了许多有价值的建议，甚至指出不少文字上的脱漏、错讹、衍文等，在令作者汗颜的同时也非常感动。在此，一并致以诚挚的谢意！

魏道明

2022 年 9 月 6 日记于西宁

图书在版编目（CIP）数据

虚拟的权利：中国古代容隐制度研究／魏道明著
. -- 北京：社会科学文献出版社，2023.6
ISBN 978-7-5228-1545-9

Ⅰ.①虚…　Ⅱ.①魏…　Ⅲ.①法伦理学-研究-中国
-古代　Ⅳ.①D90-053

中国国家版本馆 CIP 数据核字（2023）第 045948 号

虚拟的权利：中国古代容隐制度研究

著　　者／魏道明

出 版 人／王利民
组稿编辑／周　丽
责任编辑／李　淼
文稿编辑／贾全胜
责任印制／王京美

出　　版／社会科学文献出版社·城市和绿色发展分社（010）59367143
　　　　　地址：北京市北三环中路甲 29 号院华龙大厦　邮编：100029
　　　　　网址：www.ssap.com.cn
发　　行／社会科学文献出版社（010）59367028
印　　装／三河市东方印刷有限公司

规　　格／开本：787mm×1092mm　1/16
　　　　　印张：15.25　字数：205 千字
版　　次／2023 年 6 月第 1 版　2023 年 6 月第 1 次印刷
书　　号／ISBN 978-7-5228-1545-9
定　　价／78.00 元

读者服务电话 4008918866